Miro Simčič

Die Schlachten am Isonzo

Miro Simčič

DIE SCHLACHTEN AM ISONZO

888 Tage Krieg im Karst in Fotos, Karten und Berichten

Leopold Stocker Verlag

Graz – Stuttgart

Vor- und Nachsatz: Zeitgenössische Karte des Isonzotales

Übersetzung: Mitja Slane

Bibliografische Information Der Deutschen Bibliothek
Die Deutsche Bibliothek verzeichnet diese Publikation in der Deutschen Nationalbibliografie;
detaillierte bibliografische Daten sind im Internet über http://dnb.ddb.de abrufbar.

Hinweis
Dieses Buch wurde auf chlorfrei gebleichtem Papier gedruckt. Die zum Schutz vor Verschmutzung verwendete Einschweißfolie ist aus Polyethylen chlor- und schwefelfrei hergestellt. Diese umweltfreundliche Folie verhält sich grundwasserneutral, ist voll recyclingfähig und verbrennt in Müllverbrennungsanlagen völlig ungiftig.

ISBN 3-7020-0947-7
Layout: Ecotext-Verlag, Mag. G. Schneeweiß-Arnoldstein, 1010 Wien
Gesamtherstellung: Gorenjski tisk, Kranj – Slowenien

Inhalt

1916 – Die Italiener lernen schnell

1918 – Das Ende des Krieges 213

Neue Kriegstechnik: Die ersten Funkgeräte

1915–1917: Zwölf Isonzo-Schlachten

Das Schicksal des Nachlasses von Boroević

Bildquellenverzeichnis

Vorwort

Der Krieg und die Wahrheit

Von Mai 1915 bis Oktober 1917 kämpften an der Isonzofront zwei mächtige Heere gegeneinander, im Verlauf der Auseinandersetzungen wurden viele hunderttausend Soldaten getötet, verwundet oder gerieten in Gefangenschaft; viele gelten bis heute als vermißt. Die Zahl von einer Million Gefallenen am Isonzo, die in der Vergangenheit immer wieder genannt wurde, ist jedoch übertrieben. Selbst die ungefähren Verlustzahlen lassen sich nur mehr schwer ermitteln, genau wird man sie wohl niemals bestimmen können.

Dennoch muß man davon ausgehen, daß die gesamten Verluste, d. h. die Zahl der Toten, Verwundeten, Vermißten, Erkrankten und Gefangenen, die Millionengrenze überschritten. Denn Kampfhandlungen fanden am Isonzo nicht nur während der großen Schlachten statt, sondern es kam tagtäglich zu kleinen Gefechten. Konkrete Angaben über die Verluste bei diesen Scharmützeln sind sehr spärlich bzw. überhaupt nicht vorhanden. Während der Wintermonate erfroren zahlreiche Soldaten oder wurden Opfer der Lawinenabgänge. Nicht wenige Soldaten erlagen später den Folgen ihrer Verwundungen in den Lazaretten. Während der elften Isonzoschlacht wurde auf beiden Seiten zusammen eine Million Soldaten von Seuchen befallen. Wie viele an den Krankheiten zugrunde gingen, werden wir wohl niemals wissen, denn die Zahl derer, die an den Folgen der Erkrankungen starben, wurde nicht in die offiziellen Gefallenenstatistiken aufgenommen.

Am Ende des Krieges nahmen die Italiener über 360.000 österreichisch-ungarische Soldaten gefangen, von denen viele in der Gefangenschaft starben. Auch diese Zahlen scheinen in den Statistiken nicht auf. Die Wahrheit über die tatsächlichen Verluste am Isonzo ist nicht zuletzt auch deshalb so schwierig festzustellen, weil die Kämpfe auf einem sehr gebirgigen und unzugänglichen Gelände stattfanden. Im Karst und in den

Bergen wurden Millionen von Granaten verschossen, und noch heute findet man die verstreuten Gebeine von Vermißten unter der dünnen Kalksteinschicht.

Man muß sich allerdings stets vor Augen halten, daß die Isonzofront trotz großer Verluste nur ein Nebenkriegsschauplatz war. Der wichtigste Kriegsschauplatz war die Westfront, wo die Alliierten gegen die Deutschen kämpften. Auf ihren Schlachtfeldern sollte sich der Ausgang des Krieges und die Zukunft Europas entscheiden. Für die Donaumonarchie jedoch waren die Süd- und die Ostfront von größter Bedeutung.

Die Wahrheit und der Krieg vertragen sich irgendwie nicht. Ein jüdisches Sprichwort besagt: „Wenn der Krieg beginnt, befindet sich die ganze Vernunft in der Trompete." In den Kriegszeiten werden die Medien in den Dienst der Kriegspropaganda gestellt. Es gelten andere Gesetze als in Friedenszeiten: Die Nachrichten werden nicht an ihrem Wahrheitsgehalt, sondern nach ihrer Wirkung auf die Massen gemessen. Es geht in erster Linie darum, den Gegner um jeden Preis zu treffen, zu demoralisieren und zu verwirren. Auf der anderen Seite gilt es aber, die Kampfmoral der eigenen Truppen zu heben, den Widerstand zu stärken und den unversöhnlichen Haß auf den Gegner (in diesem Falle spricht man gar vom „Feind") zu schüren. Und die Folgen dieser Entstellung der Wahrheit wirken bis in die Gegenwart nach.

Erst Jahre nach dem Ende des Krieges mußte die Öffentlichkeit in den einzelnen Ländern erfahren, daß sie von der politischen und militärischen Führung belogen und ihr die Wahrheit über die tatsächlichen Verluste nicht nur in Bezug auf Menschenleben vorenthalten worden war. Vielfach waren die Niederlagen wider besseres Wissen einfach verschwiegen worden.

Die beste Propagandamaschinerie hatten wohl die Briten, deren Meldungen von den anderen Alliierten einfach übernommen wurden. Die britische Öffentlichkeit war nämlich mit dem Kriegseintritt ihres Staates ganz und gar nicht einverstanden. Wenn sie beispielsweise erfahren hätte, daß in den ersten Kriegswochen mehr britische Offiziere gefallen waren als in allen Kolonialkriegen in den vorausgegangenen hundert Jahren zusammen, hätte die Ablehnung möglicherweise zu einem Kriegsaustritt geführt. Das Informationsmonopol in Bezug auf den Krieg und seine Ereignisse lag eben bei den Generälen – und das war nicht nur bei den Briten so.

Und wenn die Berichterstatter während des Krieges die Verlustzahlen verschweigen, die Fehler der Kommandeure ignorieren und die tatsächlich vom Krieg ausgehende Gefahr herunterspielen mußten, so versuchten sie nach dem Krieg, als der Frieden geschlossen wurde, die Verluste hochzuspielen, um die territorialen Forderungen gegenüber anderen Staaten zu rechtfertigen. Die ganze Wahrheit über den Krieg konnte sich auch in der Nachkriegszeit sehr schwer durchsetzen, denn die militärische Tradition benötigte leuchtende Vorbilder, um eine neue Generation von Soldaten heranzuziehen. Die Niederlagen, Fehler und so manches „unehrenhafte Verhalten" (wie in der Vergangenheit Kriegsverbrechen bezeichnet wurden) sind der Vergessenheit anheimgefallen. Ein gutes Beispiel für diese kollektive Amnesie bietet die zwölfte Isonzoschlacht, der Durchbruch bei Karfreit am 24. Oktober 1917 (slowenisch: Kobarid, italienisch: Caporetto), die als die größte Schlacht im Hochgebirge gilt. In den Geschichtsbüchern findet sie allerdings kaum Erwähnung.

Die Schlachten am Isonzo hatten auch katastrophale Folgen für die Umwelt, noch heute läßt sich ein erhöhter Anteil von Schwermetallen im Grundwasser sowie im Isonzo und seinen Zuflüssen messen. Hand aufs Herz: Umweltverschmutzung wurde erst vor zwei Jahrzehnten zu einem Thema.

Zwölf Schlachten wurden zwischen den Heeren Italiens und Österreich-Ungarns in der Zeitspanne von Juni 1915 bis Oktober 1917 ausgefochten. Abgesehen von der letzten Schlacht ging die Initiative dabei immer von den Italienern aus. Die Schlachten selbst unterschieden sich sehr in ihrer Intensität, in der Dauer, hinsichtlich der Truppenkonzentrationen und -zusammensetzungen und auch bezüglich der Verluste. Einige Schlachten dauerten nur wenige Tage (die 7., 8. und 9.), andere zogen sich über Wochen hin. Nur selten war dabei das italienische Heer erfolgreich. Am erfolgreichsten waren die Italiener in der sechsten Schlacht, als sie Görz einnahmen. Zu den blutigsten Schlachten am Isonzo gehörten sicherlich die beiden vorletzten (die 10. und 11.).

Wie bereits angedeutet wurde, fanden die Kämpfe im Hochgebirge und im Karst unter außergewöhnlichen Bedingungen statt; am schlimmsten für Mensch und Tier war wohl der Wassermangel, an dem beide Seiten zu leiden hatten. Das größte Interesse findet unter Historikern naturgemäß die letzte und entscheidendste Schlacht, der Durchbruch bei Karfreit. Auch in diesem Buch soll dem „Wunder von Karfreit" viel Platz eingeräumt werden. Diese zwölfte Schlacht war zugleich die letzte Offensive am Isonzo.

Für die Italiener hatte die dabei erlittene Niederlage schwerwiegende strategische Folgen: Der deutschen 14. Armee und den ihr unterstellten österreichisch-ungarischen Truppen gelang es, in lediglich vier Tagen die italienische 2. Armee zu vernichten. Es war eine Vernichtungsschlacht wie aus dem Lehrbuch. Das italienische Heer und der italienische Staat gerieten in die schwerste Krise seit dem Beginn des Krieges. Der Angriff der Mittelmächte erfolgte hier völlig überraschend, und zwar zu einem Zeitpunkt, als die österreichisch-ungarischen Truppen bereits in die Enge getrieben und dem völligen Zusammenbruch näher waren als jemals zuvor. Ansonsten wäre es nur sehr schwer zu erklären, daß die Kampfmoral der Italiener innerhalb von Stunden so rapide gesunken ist.

Obwohl sich die Italiener in der Folge bis hinter den Piave zurückziehen mußten und der Gebietsgewinn der österreichisch-ungarischen Armee vorerst gesichert war, erfolgte durch den Sieg der Mittelmächte am Isonzo keine echte Wende im Krieg. Genau ein Jahr nach dem Durchbruch bei Karfreit gingen die Italiener am Piave in die Offensive und besetzten in kürzester Zeit große Gebiete der ehemaligen Habsburgermonarchie, wie es ihnen entsprechend dem Londoner Pakt zustand.

Daß dieser Vertrag ungerecht gegenüber den nichtitalienischen Bewohnern dieser Gebiete war, darüber besteht kein Zweifel. Trotz des von Wilson proklamierten Selbstbestimmungsrechtes der Völker nahmen die Italiener keine Rücksicht auf die Bevölkerung – seien es die Deutschen in Südtirol oder Slowenen und Kroaten im Küstenland und in Istrien. Italien bekam auch Gebiete zugesprochen, die ausschließlich von Slowenen und Kroaten bzw. Deutschösterreichern bewohnt wurden. Darin bestand die eigentliche Ungerechtigkeit des Vertrages. Nach dem Zweiten Weltkrieg wurden die Grenzen wenigstens zum Teil revidiert. Es fällt dabei natürlich besonders auf, daß die heutige Grenze zwischen Italien und Slowenien entlang der Isonzofront verläuft.

Blickt man zurück, so ist festzustellen, daß es im Ersten Weltkrieg keine echten Gewinner gab. Europa büßte seine dominierende Stellung in der Welt ein. Die Friedenskonferenz von Versailles schuf keinen dauerhaften Frieden und der Zweite Weltkrieg war noch folgenschwerer für die Völker Europas.

Heute leben wir zum Glück in einem anderen Europa, in dem die Zusammenarbeit im Vordergrund steht und die nationalen Konflikte keinen Platz haben. Das gilt in gleicher Weise auch für den Raum zwischen den Alpen und der Adria, wo die drei europäischen Stämme zusammentreffen: Romanen, Germanen und Slawen. Sollten die hehren Ziele eines friedlichen Miteinanders in Europa Wirklichkeit werden, so waren die Opfer der 888 Tage dauernden Kämpfe am Isonzo nicht umsonst.

1915

Der Kriegseintritt Italiens

Im Frühjahr 1915 begannen die österreichisch-ungarischen Zeitungen erstmals über einen möglichen Krieg mit Italien zu berichten. Die Donaumonarchie wurde in diesen Monaten mit den größten Problemen seit ihrem Bestehen konfrontiert, so daß ihr Zusammenhalt ernsthaft bedroht war. Die militärische Führung der Doppelmonarchie mußte, genau wie Deutschland, mit dem Albtraum eines Zweifrontenkrieges zurechtkommen: ihre Soldaten kämpften an der Ostfront gegen Rußland und auf dem Balkan gegen Serbien. Das Scheitern der Offensive gegen Serbien zu Beginn des Krieges schmerzte besonders. Im Frühjahr 1915 herrschte jedoch auf den Schlachtfeldern des Balkans trügerische Ruhe, denn Deutschland und Österreich-Ungarn stellten eine gemeinsame Offensive gegen Serbien erst Ende 1915 in Aussicht, um die Schiffahrt auf der Donau wieder zu öffnen und die Isolierung ihres türkischen Verbündeten zu beenden. Die Alliierten konnten wiederum die serbische militärische Führung nicht von der Notwendigkeit einer Offensive gegen Österreich-Ungarn überzeugen, denn Serbien war völlig abgekämpft und mit seinen Kräften am Ende.

Krieg oder Friede?

Die militärische Führung der Doppelmonarchie hatte kein Vertrauen in Italien. Ihr Generalstabschef Franz Freiherr Conrad von Hötzendorf machte kein Hehl daraus, daß er einen Präventivschlag gegen Italien für angebracht halte, um den italienischen Irredentisten zuvorzukommen. Der Kaiser hielt aber nichts davon, und auch die Deutschen waren sehr skeptisch.

Im Frühjahr 1915 berichteten die Zeitungen tagtäglich auf den ersten Seiten über den Stand der Verhandlungen mit dem ehemaligen Verbündeten. Welche Richtung würde wohl die italienische Politik nehmen? Man hatte die Hoffnung, daß Italien weiterhin neutral bleiben werde, noch nicht völlig aufgegeben. Der Dreibund bestand seit 1882 und wurde fast routinemäßig immer wieder verlängert, das letzte Mal eineinhalb Jahre vor dem Ausbruch des Krieges. Dieser Bund hätte ein Pfeiler des Friedens sein sollen. Als im Sommer 1914 der Krieg ausbrach, hielt sich Italien aus allen kriegerischen Handlungen heraus und verkündete die Neutralität. Diese Entscheidung wurde damit begründet, daß Österreich-Ungarn eine offensive Politik betrieben und Italien nicht vor dem Angriff auf Serbien konsultiert hatte. Die Neutralität Italiens hatte schwerwiegende strategische Folgen für beide Seiten. Die Vereinbarungen des Dreibundvertrages sahen nämlich vor, daß im Falle eines Angriffs der Entente eine italienische Armee in die Vogesen entsandt und die italienische Marine im Mittelmeer unter den Befehl der österreichisch-ungarischen Admiralität gestellt werden sollte. Die Neutralität Italiens nutzte also in erster Linie Frankreich, das seine Truppen aus Nordafrika nach Europa abziehen konnte. Die Deutschen wiederum konnten die eingeplanten italienischen Truppen in den Vogesen nur zum Teil durch ihre eigenen ersetzen, was sich wiederum auf die Realisierung des Schlieffen-Plans auswirkte. Nach der Vorstellung des ehemaligen deutschen Generalstabschefs hätte der rechte Flügel der verbündeten Heere stärker sein sollen (das Zentrum bildete die Festung Metz), damit der Umfassungsversuch gegen das französische Heer auch wirklich gelungen wäre. Die fehlenden italienischen Truppen schwächten den rechten Flügel entscheidend, und der deutsche Vorstoß gestaltete sich weniger erfolgreich als geplant. Mit einer raschen Entscheidung im Westen konnten die Deutschen also nicht mehr aufwarten und waren so gezwungen, einen Zweifrontenkrieg zu führen.

Im Jahre 1915 stand es an der Westfront sehr schlecht um die Franzosen und Engländer. Darum versuchte die Entente mit allen Mitteln, Italien zum Krieg gegen Österreich-Ungarn zu bewegen. Der Kriegseintritt Italiens sollte eine Entlastung der Westfront auf Seiten der Entente bedeuten.

Österreich-Ungarn hatte ebenso wie Deutschland an zwei Fronten zu kämpfen, und seine Armeen mußten große Verluste und schwere Niederlagen hinnehmen. Im ersten Kriegsjahr hatte die Doppelmonarchie 1,25 Millionen Tote, Verwundete, Kranke und Vermißte zu beklagen (das entsprach zwei Fünftel der Offiziere und Mannschaften).

Im Januar 1915 ließ die italienische Regierung durchblicken, daß sie mit den Kompensationen auf dem Balkan nach dem siebten Artikel des Dreibund-Vertrages nicht einverstanden sei und nahm Verhandlungen mit der Entente auf. Österreich-Ungarn wollte unbedingt dem Kriegseintritt Italiens zuvorkommen und zeigte sich zu territorialen Zugeständnissen im italienischsprachigen Teil von Südtirol bereit. Im März 1915 willigte Österreich-Ungarn schweren Herzens ein, das Trentino an Italien abzutreten. Das war aber der italienischen Regierung immer noch zu wenig, denn sie verlangte noch Bozen sowie die Grafschaft Görz und Gradisca, wobei Triest und sein unmittelbares Hinterland einen Freistaat bilden sollten. Die Entente wiederum konnte Italien für den Fall des Kriegseintritts auf ihrer Seite wesentlich mehr anbieten, denn schließlich trieb man Schacher auf Kosten fremder Staatsgebiete.

Diese „Großzügigkeit" der Entente war wohl ausschlaggebend, daß Italien aus dem Dreibund ausscherte. Es gab aber auch noch andere Gründe. Die Entscheidung über Krieg und Frieden fällt niemandem leicht. Die herrschende Klasse Italiens schwor auf den „Sacro egoismo per Italia" (Salandra), wonach die Staatsinteressen ewig und die Sympathien vergänglich seien. Hätte Italien die Bestimmungen des Bündnisvertrages mit Österreich-Ungarn und Deutschland befolgt, wäre es zum Opfer wirtschaftlicher Blockaden geworden. Das konnte sich aber die italienische Industrie, die völlig von den Kohle-, Baumwolle- und Nahrungsimporten abhängig war, nicht leisten. Die italienischen Häfen wären in diesem Fall unter den Beschuß der alliierten Schlachtschiffe geraten. Die italienische Kriegsflotte war in den letzten beiden Jahrzehnten ausgebaut worden, trotzdem fiel es Italien sehr schwer, seine Kolonien zu erhalten. Die Kriege in Libyen und um die Dodekanes Inseln verliefen für Italien nicht gerade ruhmvoll und stellten sein militärisches Potential in Frage. Darüber hinaus hatte es keine militärische Tradition im Sinne eines stehenden Heeres. Erst im Jahre 1900 wurde die zweijährige Wehrpflicht eingeführt, wobei nur jeder dritte Wehrpflichtige tatsächlich zum Militärdienst einberufen wurde. Italien hatte am Vorabend des Krieges zwar Wehrpflichtige, aber keine Soldaten.

Am 26. April 1915 unterzeichnete Italien den Londoner Vertrag, in dem es von der Entente große Zugeständnisse erreichte. Es sicherte sich dabei die Grenze bis zum Brenner, und es wurden ihm Südtirol, Görz, Triest, Krain bis zur Linie vom Triglav bis zum Snežnik, Istrien, ein großer Teil Dalmatiens, Valona in Albanien und Stützpunkte in Kleinasien und Afrika zugestanden. Darüber hinaus wurde von der Entente ein Kre-

Die Ermordung des österreichischen Thronfolgers 1914 in Sarajewo war der Auslöser für den Ersten Weltkrieg.

dit von 50 Millionen Pfund Sterling zugesichert. Im Gegenzug dazu verpflichtete sich Italien, Österreich-Ungarn den Krieg zu erklären.

Italien bezog seine geheimen Informationen über die Situation in Österreich-Ungarn von der italienischen Volksgruppe und war laufend über die Krisen in der Doppelmonarchie informiert, die sich mit jedem Monat weiter zuspitzten. Diesen Berichten zufolge befand sich die Doppelmonarchie am Boden, und nichts konnte ihre Auflösung mehr verhindern. Man schloß daraus, daß ein Feldzug gegen Österreich-Ungarn eine schnelle Sache sein und die Eroberung neuer Territorien keine großen Opfer abverlangen würde.

Dennoch entschied sich das politisch zersplitterte Italien nur widerwillig für den Kriegseintritt. Wie in anderen Ländern widersetzten sich auch in Italien einflußreiche intellektuelle Kreise den Kriegsbestrebungen. Zunächst deutete alles daraufhin, daß Italien weiterhin neutral bleiben würde. Das italienische Parlament stimmte mit großer Mehrheit gegen die Kriegsanleihen und damit auch gegen den Kriegseintritt. Der Führer der liberalen Partei, Giovanni Giolitti, konnte vorerst die Parlamentarier dazu bewegen, gegen den Londoner Vertrag zu stimmen.

Die Macht der Straße

Nur kurz währte der Sieg der Liberalen. Denn im entscheidenden Moment überwogen die Interventionisten und spielten einen weiteren Trumpf aus: die Straße. Die Nationalisten und die Jugend riefen nach einem Krieg für die Befreiung Trentinos und Triests. Am lautesten war der Dichter Gabriele d'Annunzio. Die aufgewiegelte Menge überschwemmte die italienischen Straßen, und nichts konnte ihr widerstehen. Die Menge rief, wer gegen den Krieg sei, sei ein Landesverräter. Auch die gemäßigten Politiker sahen sich unter dem Druck der Straße gezwungen, ihren Patriotismus mit kriegstreibenden Erklärungen kundzutun. Am 23. Mai, unmittelbar vor dem Ablaufen der im Londoner Vertrag gesetzten einmonatigen Frist, erklärte Italien Österreich-Ungarn den Krieg.

Österreich-Ungarn war sehr besorgt über die Vorgänge in Italien und verstärkte die Grenzen im Südwesten, soweit es die Lage an der Ostfront erlaubte. In Kärnten und Krain wurde mit umfangreichen Befestigungsbauten begonnen. Man rechnete einerseits mit einem massiven Schlag der Italiener gleich zu Beginn und konnte sich nicht darauf verlassen, daß das geschwächte österreichisch-ungarische Heer diesem Angriff ohne weiteres standhalten würde. Anderseits wiederum wollte man mit dem Befestigungsbau den ehemaligen Verbündeten nicht zu sehr vor den Kopf stoßen und ihm dadurch einen möglichen Vorwand zum Angriff geben.

Die Grazer „Tagespost" versuchte, mit statistischen Angaben die italienischen Forderungen zu widerlegen. In der Doppelmonarchie lebten 768.000 Italiener, wobei sie weder in Triest, noch in Istrien und Tirol die Hälfte der Bevölkerung erreichten. In manchen Gebieten bildeten sie nicht einmal ein Drittel der Bevölkerung. In Frankreich lebten allerdings 1,1 Millionen Italiener und in der Schweiz mehr als 300.000. Die Zeitung fragte sich zu Recht, ob Italien auf diese Italiener wohl vergessen hatte.

Am 21. Mai berichteten die österreichisch-ungarischen Zeitungen ausführlich über die Vorgänge in der italienischen Abgeordnetenkammer. Am Tage zuvor sollte die Entscheidung über Krieg oder Frieden fallen, und die Stimmung ließ auf nichts Gutes hoffen. Der Sitzung wohnten auch die ausländischen Diplomaten bei und verfolgten die hitzigen Debatten. D'Annunzios Ankunft wurde mit stürmischem Beifall aufgenommen. Die Straßenatmosphäre bemächtigte sich des italienischen Parlaments, und der Großteil der italienischen Parlamentarier beugte sich dem Druck der Straße. Der liberale Abgeordnete und ehemalige Ministerpräsident Giolitti blieb dieser denkwürdigen Sitzung allerdings fern. Als Landesverräter beschimpft, zog er sich in seine Heimatstadt Turin zurück. In einer langen und demütigenden Rede warf der italienische Ministerpräsident Antonio Salandra Österreich-Ungarn vor, daß es den Bündnisvertrag brechen würde und die „Interessen und Gefühle der italienischen Nation verletze". Mehr als vierhundert Abgeordnete stimmten für die Kriegsanleihen und damit für den Kriegseintritt Italiens, nur vierundsiebzig stimmten dagegen. Der Senat bestätigte ohne Bedenken die Entscheidung der Abgeordnetenkammer. Zwei Tage später, am 23. Mai, überreichte der italienische Gesandte dem k. u. k. Minister des Äußeren Stephan Graf Burián die Note mit der Kriegserklärung Italiens an Österreich-Ungarn. Der Kaiser wandte sich in den Zeitungen der Monarchie an die Völker seines Reiches mit einem Manifest. Der Krieg war nun auch in diesem Teil Europas ausgebrochen.

Der Krieg kann beginnen

Im Sommer 1914 war Österreich-Ungarn mit überschwenglicher Begeisterung in den Krieg gezogen – genauso wie Deutschland, Frankreich und Rußland. Ein Jahr später war davon nichts mehr zu spüren. Die unerwarteten Verluste und die geringen Erfolge dämpften die Euphorie. Den Völkern dämmerte es allmählich, daß der Krieg unter Umständen sehr lange dauern könnte.

Italien dagegen war gar nicht auf eine bewaffnete Auseinandersetzung vorbereitet. Es hatte langfristig keinen Krieg mit Österreich-Ungarn geplant, obwohl die Nationalisten und Irredentisten ihre Wünsche nach dem Anschluß Südtirols, Istriens und Dalmatiens nicht verbargen. Erst als in Europa der Krieg ausbrach, wurde Italiens Generalstabschef Graf Luigi Cadorna mit der Planung einer möglichen Offensive gegen Österreich-Ungarn beauftragt. Italien war politisch zersplittert und instabil. Die Generäle sahen sich als Erlöser, die diese langwierige politische Zersplitterung und Instabilität mittels eines Krieges überwinden wollten. Die Opfer und der Sieg würden die Nation einigen. Graf Cadorna versprach dem italienischen Parlament einen schnellen Sieg und sagte den baldigen Zusammenbruch Österreich-Ungarns voraus. Ende Juni bereits stünde die italienische Armee vor Triest, und der Feldzug wäre nicht mehr als ein kurzer Spaziergang nach Wien. Cadorna wußte damit die Parlamentarier zu beeindrucken. Er war offensichtlich ein besserer Politiker als Soldat.

Das italienische Heer befand sich trotz Cadornas überschwenglichen Worten in einem schlechten Zustand. Die italienische Nation zählte rund 40 Millionen Einwohner und hätte theoretisch ein Heer von annähernd 4 Millionen Soldaten aufbieten können. Das war auf den ersten Blick eine akzeptable Streitmacht gemessen an der Zahl der Wehrpflichtigen (Österreich-Ungarn hatte in Relation zur Einwohnerzahl nicht viel mehr Männer unter den Waffen). Als aber Italien in den Krieg eintrat, konnte es gerade eine Million Soldaten aufstellen, und bis zum Ende des Krieges zogen nicht mehr als 2,4 Millionen italienischer Männer die Uniform an.

General Cadorna war ein Soldat der alten Schule. Er war gut in der Theorie bewandert und ging sehr systematisch vor. Darüber hinaus war er sehr mißtrauisch und vorsichtig gegenüber anderen. Er zweifelte nicht an seinen Entscheidungen. Wie seine Kollegen in anderen Heeren gab auch er der Offensive den Vorrang vor der Verteidigung. In allen Generalstäben ging man davon aus, daß die gegnerische Verteidigung schnell zusammenbrechen würde. Man war fest davon überzeugt, daß man zügig in die gegnerische Hauptstadt einmarschieren und den Gegner zur Kapitulation zwingen würde. Doch keiner dieser Pläne sollte sich erfüllen. Nur an der Ostfront konnten die Mittelmächte den Krieg halbwegs in Bewegung halten, anderswo aber mußten sich beide Seiten bald eingraben. An allen Fronten erwies sich der Gegner als zu stark, um ihn zu schlagen. Die moderne Industrie, die zentralisierte Verwaltung und neue Transportmöglichkeiten ermöglichten den ersten totalen Krieg in der Geschichte. In den Krieg wurden praktisch alle Kräfte, die der Gesellschaft zu Verfügung standen, einbezogen. In der vorindustriellen Ära hatte der Krieg nur diejenigen getroffen, die unmittelbar in die Kämpfe verwickelt waren. Die Wehrpflicht aber sprengte diesen Rahmen und zog alle gesellschaftliche Schichten in den Krieg hinein. Keiner war mehr ausgenommen.

Der militärischen Doktrin zufolge war der Erfolg einer Schlacht vor allem von der Kampfbereitschaft der Truppen abhängig. Das ungeheure Vernichtungspotential der militärischen Technik wurde dabei allzusehr unterschätzt. Auch Cadorna verfing sich in diesem Konzept und handelte nach immer gleichem Schema. Die Generäle waren sich zu Beginn gar nicht bewußt, was für einen Krieg sie entfacht hatten. Sie wußten nicht, welche ungeheure Vernichtungsmittel ihnen die moderne Industrie in die Hand gegeben hatte. Und erst recht überlegten sie sich nicht, daß auch der Gegner über dieselben Möglichkeiten verfügte und genauso stark war. Zunächst ging die Infanterie noch in dichtgestaffelten Reihen zum Angriff über, wie es die militärische Doktrin vorsah. Die Vorstellung, man würde auf diese Weise den Gegner schnell bezwingen, erwies sich als ein verhängnisvoller Irrtum. Erst als innerhalb einiger Wochen Tausende junger Männer den Kartätschen und dem Maschinengewehrfeuer zum Opfer gefallen waren, begannen die Generäle nach neuen Kampfstrategien zu suchen.

An der Westfront beispielsweise stürmten die von patriotischer Begeisterung erfüllten und vom Klang der Trompeten und Trommeln angetriebenen französischen Soldaten in dichten Formationen auf die deutschen Stellungen. Ähnliche Szenen wie zur Zeit

Napoleons spielten sich ab. Dem sollte aber bald ein Ende gesetzt werden. Wortwörtlich Leichenberge zwangen die Offiziere dazu, in den Schützengräben Schutz für sich selbst und ihre Soldaten zu suchen. Der Stellungskrieg entstand aus der Notwendigkeit, dem vernichtenden Artillerie- und Maschinengewehrfeuer zu entgehen. Der Schützengraben wurde zum Symbol des ersten Weltkrieges.

Der Krieg glitt seinen Planern gleich zu Beginn aus den Händen. Man spielte vor allem auf die Karte der Mobilmachung, von der man den größten Effekt erwartete. Es folgte die Konzentration der Kräfte auf einzelne Frontabschnitte, bevor man dann zu den eigentlichen militärischen Operationen überging. Die Italiener brauchten eineinhalb Monate, um die Mobilmachung durchzuführen. Das war ein schlechtes Ergebnis. Sogar die Russen führten die Mobilmachung in einem kürzeren Zeitraum durch, obwohl sie von allen europäischen Ländern am schlechtesten auf einen Krieg vorbereitet waren. Als nun Cadorna das Kommando über das italienische Militär übernahm, ergriff er zahlreiche Maßnahmen zur Verkürzung der Mobilmachungszeit. Die Einheiten wurden an Ort und Stelle formiert. Das hatte den Vorteil, daß die Konzentration der Kräfte auf den einzelnen Frontabschnitten wesentlich schneller und effizienter erfolgte. Als aber in den Kämpfen ganze Einheiten ausgelöscht wurden, trugen auf einmal auch ganze Dörfer oder Städte Schwarz.

Die Bewaffnung des italienischen Heeres vor dem Krieg war ebenfalls unzureichend. Am Tag des Kriegseintritts verfügte es lediglich über 1.200 Kanonen, was entschieden zu wenig war. Über moderne Gewehre verfügten lediglich 750.000 Soldaten, und es mangelte auch an Maschinengewehren, so daß nur 150 Bataillone vollständig ausgerüstet werden konnten. Es fehlte auch an Transportmitteln, Gespannen, Munition, Uniformen und sonstiger Ausrüstung.

Zudem litt das Ansehen des italienischen Heeres unter seinen erfolglosen Kolonialkriegen. Ende des 19. Jahrhunderts hatte sich Italien zwar zu einer Industrienation entwickelt, doch der Staat war innerlich noch nicht gefestigt und von sozialen Gegensätzen zerrissen. Kurzum, Italien war im Grunde einem Krieg von solchem Ausmaß nicht gewachsen.

Der Stellungskrieg

Und was geschah zu diesem Zeitpunkt auf den Schlachtfeldern Europas? An der Westfront warfen die Deutschen etwa 1,7 Millionen und die Franzosen etwa 2,2 Millionen Männer in den Kampf. Die Franzosen strebten gleich für Anfang des Jahres 1915 einen Durchbruch in der Champagne an, um den Krieg wieder in Bewegung zu bringen, was sich aber schon bald als völlig unrealistisch erwies. Schon vor Weihnachten 1914 hatte der französische Artilleriebeschuß begonnen, um den Gegner entscheidend zu schwächen. Die Kämpfe flammten im Februar 1915 erneut auf, und trotz des Übergewichtes an Mensch und Material scheiterten die französischen Angriffe immer wieder an den gut befestigten Stellungen der Deutschen. Die Franzosen versuchten es im März erneut, und diesmal dauerte der Artilleriebeschuß mehrere Tage. Letztlich waren alle Anstrengungen vergeblich, die Franzosen mußten die Offensive einstellen. Die Bilanz der dreimonatigen Winterschlacht, die eigentlich eine Wende im Krieg herbeiführen hätte sollen, war erschreckend. Die Franzosen verloren in der Schlacht 250.000 Mann, die Deutschen fünfmal weniger!

Auch der Durchbruchsversuch der Briten im Artois im März 1915 scheiterte. Die Verluste waren diesmal allerdings nicht so hoch. Erfolglos blieben auch alle weiteren Versuche und General Joffre mußte sich unangenehme Fragen der französischen Regierung gefallen lassen. Doch den grauhaarigen General konnte nichts aus der Fassung bringen. „Meine Aufgabe ist es, zu kämpfen!" sagte er, „Ihre Aufgabe ist es aber, daß sie mir alles zusichern, was für einen erfolgreichen Feldzug notwendig ist."

Deutsche Chemiker hatten in der Zwischenzeit eine neue Geheimwaffe entwickelt: Giftgas. Die Deutschen führten am 22. April 1915 bei Ypern an der Westfront einen Blasangriff aus 5.000 Flaschen Chlorgas auf einer Frontbreite von sechs Kilometern durch. Die gelbgrüne Wolke trieb mit dem Wind gegen die feindlichen Linien und richtete in den Schützengräben des Gegners verheerende Wirkungen an. Die Entente verlor in wenigen Minuten 15.000 Männer, ein Drittel von ihnen starb eines qualvollen Erstickungstodes. Als die Wolke abgezogen war, konnten die Deutschen ohne nennenswerte Gegenwehr die Schützengräben des Gegners besetzen. Die deutschen Offiziere trauten allerdings dieser neuen Kampftechnik nicht allzusehr und nutzten ihren Vorteil kaum, obwohl sie wiederholt zum Einsatz kam. Dieser führte auch zu Risiken, denn das Giftgas war schwer zu kontrollieren und konnte unter Umständen für die eigenen Soldaten gefährlich werden.

Die Franzosen und Engländer ließen sich aber vom Giftgas nicht abschrecken und planten im Mai eine neue Offensive auf der Anhöhe zwischen La Bassée und Arras. Der Zeitpunkt schien günstig zu sein, denn die Italiener bereiteten sich auf den Eintritt in den Krieg vor und die Mittelmächte befanden sich an der Ostfront in der Defensive. Die sogenannte Lorettoschlacht begann am 9. Mai und traf die Deutschen völlig unvorbereitet. In den ersten beiden Tagen deutete alles auf einen schnellen Erfolg der Entente hin. Doch die Deutschen zogen ihre Verstärkungen heran und brachten so den Vormarsch der Alliierten zum Stillstand.

Ende September versuchten es die Alliierten erneut in der Champagne. Auch auf diese Offensive waren die Deutschen nicht vorbereitet, und auch diesmal deutete zunächst alles auf einen schnellen Erfolg der Entente hin. Am ersten Tag machten die

Franzosen 15.000 Gefangene. Die Deutschen gerieten in Bedrängnis, aber ihre Artillerie war wesentlich effektiver als die französische. Der Vormarsch der Franzosen stockte, und die Deutschen konnten ihre Linie schließen. Fast gleichzeitig griffen die Briten im Artois – allerdings mit geringem Erfolg – an.

Im Artois (Lorettoschlachten) und in der Champagne warfen die Franzosen und Engländer alle verfügbaren Kräfte in den Kampf und konnten dennoch keinen Erfolg erzielen. Obwohl sie in der Übermacht waren, konnten sie den Durchbruch nicht erzwingen. In den folgenden Monaten grübelte man in den Generalstäben, warum wohl die Erfolge trotz dieses ungeheuren Einsatzes an Mensch und Material ausgeblieben waren. Schlechte Organisation, mangelnde Koordination, unrationeller Einsatz und unklare Verfügung über die Reservekräfte und – allem Anschein nach – auch unrealistische Ziele, wurden als mögliche Ursachen genannt. Die Deutschen wiederum konnten alle Angriffe abwehren – das allein schon war ein Erfolg.

Die Ausweitung des Krieges und der Fall von Przemyśl

Mit dem Eintritt der Türkei in den Krieg an der Seite der Mittelmächte wurde Rußland ein entscheidender Schlag versetzt, denn die freie Fahrt durch die Dardanellen war für die ununterbrochene Versorgung der russischen Truppen unabdingbar. Die Entente sah sich darum zu einer Intervention gezwungen und ihre Truppen landeten am 25. April auf der Halbinsel Gallipoli. Die Aktion war weitläufig geplant und gegen Istanbul gerichtet. Aber auch hier blieb den Soldaten nichts anderes übrig, als sich einzugraben. Auf beiden Seiten kämpften jeweils etwa 600.000 Soldaten, und die Alliierten verloren bei diesem Unternehmen etwa 210.000 Mann, das Osmanische Reich 250.000. Angesichts ihrer Verluste räumten die Alliierten Gallipoli am 9. Januar 1916.

Im Gegensatz zum Erfolg der Türken am Bosporus zeichnete sich an der Ostfront eine Niederlage für die Mittelmächte ab. Die Doppelmonarchie glich im Jahre 1915 einer belagerten Festung. Ihre Häfen waren blockiert, wodurch der Import notwendiger Ressourcen gänzlich ausblieb, was vor allem zur Verknappung an Nahrungsmitteln beitrug. Jenseits der Karpaten lag Galizien und die Festung Przemyśl. Ein halbes Jahr lang wurde diese Festung, die man als eine der am stärksten befestigten Festungsanlagen der damaligen Zeit bezeichnen kann, von den Russen belagert. In den österreichisch-ungarischen Zeitungen wurde tagtäglich über die hohe Kampfmoral der Belagerten berichtet, und doch konnte man in diesen Berichten auch Bedrängnis und Sorge verspüren.

Die blanke Not forderte, daß zur Befreiung der Festung die nur sehr schlecht vorbereiteten Landsturmeinheiten entsandt wurden. Der hohe Schnee und die tiefen Temperaturen behinderten den Marsch. Ganze Kompanien erfroren im Freien. Den k. u. k. Truppen gelang es zwar, einige Pässe und Gebirgskämme in den Karpaten zu besetzen, das war aber auch alles. Die 3. Armee verlor in zehn Tagen die Hälfte ihres Bestandes, etwa 90.000 Mann. Völlig vergebens warf der Generalstabschef Franz Conrad von Hötzendorf immer wieder neue Truppen an die Front. General Svetozar Boroević, der diese Operation in den Karpaten eigentlich leiten sollte, wies auf die Unsinnigkeit des Unterfangens hin. Es war einfach nichts zu machen. Im Februar versuchte man es erneut, denn die Festung Przemyśl war am Ende ihrer Kräfte. Der Befreiungsschlag erfolgte im Schneesturm, und unter diesen Bedingungen konnte sich kein Erfolg einstellen. Die Russen waren den hohen Schnee und die niedrigen Temperaturen gewohnt und fanden sich daher in diesen winterlichen Verhältnissen besser zurecht. Nichts konnte den Fall von Przemyśl mehr verhindern.

In den Zeitungen Österreich-Ungarns wurde die Frage nach den Verantwortlichen für den Fall von Przemyśl gestellt. Als die Festung für kurze Zeit aus der russischen Umklammerung gelöst werden konnte, wurde zwar massenweise Munition, aber kaum Nahrung herangekarrt. In Friedenszeiten hatten drei Bahnverbindungen zur Verfügung gestanden. Jetzt war man auf eine einzige angewiesen, da die beiden anderen mittlerweile von den Russen kontrolliert wurden. Przemyśl fiel vor allem deshalb, weil es an Nahrungsmitteln mangelte. Rund 120.000 Soldaten gingen in Gefangenschaft.

Nach dem Fall von Przemyśl leiteten die Russen eine neue Offensive ein. Sie erreichte ihren Höhepunkt Anfang April, zur Osterzeit des Jahres 1915. Zwei österreichisch-ungarische Armeen erlitten große Verluste und mußten zurückweichen. Nur mit der Hilfe des deutschen Verbündeten konnte der russische Vormarsch aufgehalten werden. In der Winterschlacht in den Karpaten verlor die österreichisch-ungarische Seite 800.000 Soldaten, davon etwa 100.000 Tote. Aber auch die Russen waren mit dem Ergebnis nicht zufrieden, denn sie hatten ihr Ziel nicht erreicht. Sie wurden in den Karpaten aufgehalten und konnten nicht in die pannonische Ebene vordringen.

Die Wende kündigte sich mit dem Sieg der Deutschen in der Winterschlacht in Masuren an. Die vier eingeschlossenen russischen Armeen ergaben sich am 21. Februar, und die Russen mußten Ostpreußen räumen. Kaum waren die Kämpfe in den Karpaten abgebrochen worden, leiteten die Mittelmächte schon Anfang Mai eine Gegenoffensive ein. Boroević' Truppen gelang es gleich zu Beginn der Schlacht, wichtige Pässe und Bergkämme in den Karpaten einzunehmen und das Terrain gutzumachen. In den folgenden Tagen griffen seine Truppen immer wieder die Stellungen der Russen an, um über die Karpaten nach Galizien vorzurücken. Diese zogen sich bis hinter die San zurück und mußten eine Niederlage bei Gorlice hinnehmen. Am 25. Mai 1915 (Italien hatte der Doppelmonarchie bereits den Krieg erklärt) gingen die Mittelmächte zum erneuten Angriff über und eroberten am 3. Juni Przemyśl zurück. Sie setzten die Offensive fort und marschierten am 22. Juni in Lemberg ein. Galizien und die Bukowina gelangten somit wieder in die Hände der Mittelmächte.

Die Mittelmächte hatten einen eindrucksvollen Sieg errungen, was Bulgarien dazu bewog, an ihrer Seite in den Krieg einzutreten. Rumänien wiederum versuchte weiterhin, seine Neutralität zu wahren. Kaum aber war die Gefahr an der Ostfront für Österreich-Ungarn gebannt, zog eine neue Gefahr im Südwesten heran.

Italien greift an

Die Italiener schlossen mit dem russischen Oberkommando und dem serbischen Generalstab eine Vereinbarung, um die militärischen Aktionen besser zu koordinieren. Es wurde verabredet, daß die italienischen und russischen Truppen bis ins Herz der Doppelmonarchie vorstoßen und sich auf der Linie Wien-Budapest treffen sollten. Ein kühner Plan! Weder Italien noch Rußland konnten diesem Plan nur annähernd gerecht werden.

General Cadorna machte im Mai 1915 teilmobil. Erst einen Tag vor der Kriegserklärung erfolgte die offizielle allgemeine Mobilmachung. In der Nacht vom 23. auf den 24. Mai überquerten die italienischen Truppen die Grenze vom Stilfserjoch bis zur Adria. Die neue Front war über 600 Kilometer lang und verlief von der schweizerischen Grenze über die Dolomiten, die Karnischen und Julischen Alpen bis zum Isonzo. Dieser Fluß bildete einen natürlichen Verteidigungswall, und entlang seiner Ufer spielten sich die blutigsten Szenen ab.

In elf Offensiven versuchten die Italiener, die österreichisch-ungarische Verteidigung an diesem Frontabschnitt zu durchbrechen, was ihnen aber nicht gelingen sollte. Alle ihre Angriffe zerbrachen an der Isonzofront.

In den ersten Kriegstagen schienen die Italiener keine eindeutige Strategie zu haben. Wider alle Erwartungen tasteten sich die italienischen Truppen nur sehr langsam vorwärts und ließen viel Zeit verstreichen. Ohne Gegenwehr besetzten sie das von den österreichisch-ungarischen Truppen geräumte Gebiet (Karfreit, Flitsch und die Berghöhen von Vršič, Ježa und Kolowrat). Der Plan der italienischen militärischen Führung war denkbar einfach: Die italienischen Truppen sollten den Isonzo überqueren, Görz und Triest besetzen, bis nach Laibach vorstoßen und sich schließlich am Ende der Operation mit den Russen im Herzen der Doppelmonarchie treffen. Als sich die österreichisch-ungarischen Truppen von den Staatsgrenzen zurückzogen, ging zwar Gelände verloren, aber die Front wurde spürbar verkürzt. Der Gegner wurde auf einem Terrain erwartet, das sich besser verteidigen ließ.

Am Anfang dominierte Optimismus: Italienische Einheiten auf dem Weg an die Front.

In Österreich-Ungarn gab man sich keiner Täuschung hin. Das Verhalten Italiens nach dem Ausbruch des Krieges 1914 war seltsam, und man beauftragte General Franz Rohr mit der Planung der Verteidigung gegen Italien. Rohr hatte im Februar 1915 fünf Divisionen unter seinem Kommando. Als Italien das Bündnis mit Deutschland und Österreich-Ungarn kündigte, ordnete Kaiser Franz Josef den Transport der ersten Division von Srem an der serbischen Front als Verstärkung der Truppen an der Grenze zu Italien an. Die militärische Führung versuchte, die deutsche Heeresleitung für einen Präventivschlag gegen Italien zu gewinnen. Daraus wurde aber nichts. Das Oberkommando über die österreichisch-ungarischen Streitkräfte auf dem Balkan und gegen Italien hatte Erzherzog Eugen. General Rohr befehligte die österreichisch-ungarischen Truppen in den Karnischen und Julischen Alpen. Der Befehl über die Truppen am Isonzo wurde am 27. Mai dem kampferprobten General Boroević übertragen. Das bergige Gelände war ihm wie auf den Leib geschrieben, und er konzentrierte seine wenigen Kräfte um Görz und Tolmein (Tolmin), wodurch er ein Vorrücken der italienischen Truppen in Richtung Triest und entlang des Wippachtals (Vipava) dauerhaft verhindern konnte.

Ein junger italienischer Soldat verabschiedet sich von seinen Eltern.

Der Krieg mit Italien belastete Österreich-Ungarn zusätzlich und ließ die Hoffnung auf einen Sieg schwinden. Die Besorgnis war berechtigt, denn es war abzusehen, daß die veralteten Befestigungsanlagen dem italienischen Sturm nicht standhalten würden. Erst unmittelbar vor dem Ausbruch der Kämpfe wurde mit dem Bau von Schützengräben am Isonzo begonnen, denn man wollte den ehemaligen Verbündeten mit derartigen kriegsvorbereitenden Maßnahmen nicht allzusehr provozieren.

Boroević veröffentlichte in seinen Memoiren auch die Depeschen an General Rohr und Erzherzog Eugen vom 19. Mai 1915. Der Kaiser ordnete darin die Konzentration von fünf Divisionen in der Umgebung von Agram und von drei weiteren in der Umgebung von Marburg an. Diese acht Divisionen bildeten dann das Gros der 5. Armee, die von Boroević befehligt wurde. Für den Fall, daß sich die italienische Offensive gegen Kärnten wendete, sollte General Rohr zurückschlagen. Diese Depeschen geben Aufschluß über die nur unzureichenden Vorbereitungen der österreichisch-ungarischen Streitkräfte auf einen Krieg mit Italien und die daraus resultierenden logistischen Schwierigkeiten. General Rohr hatte vor der Ankunft von Boroević' Armee gerade mal 112 Bataillone und 9 Schwadronen zur Verfügung, um die 600 Kilometer lange Front zu verteidigen. Man hatte sich auf einen heftigen Angriff der Italiener eingestellt, und eine Gegenwehr erschien kräfteraubend. Der ursprüngliche Plan der militärischen Führung sah darum vor, daß man die italienischen Truppen bis zur Drau hätte vordringen lassen. Man wollte den Gegner im Drautal einschließen und seine Versorgungswege unterbrechen. Anschließend hätte ein Angriff von Südtirol aus in den Rücken erfolgen sollen. Dies hätte jedoch bedeutet, daß den Italienern Istrien, Krain und Teile Kärntens sowie der Steiermark und von Kroatien überlassen worden wären, womit aber die Generäle nicht einverstanden waren. Erst im letzten Augenblick wurde entschieden, sich im Isonzotal einzugraben und den Angriff der Italiener abzuwarten.

Einer gegen Zehn

Feldmarschall Boroević versuchte in seinen Memoiren nachzuweisen, daß am Tag der Kriegserklärung das Zahlenverhältnis zwischen Österreich-Ungarn und Italien an der Isonzofront eins zu zehn war. Die österreichisch-ungarische Seite konnte zunächst nicht mehr als 26 Bataillone, 5 Schwadronen und 18 Batterien aufstellen. Die Italiener setzten sofort ihre Luftwaffe ein, worin sie den österreichisch-ungarischen Streitkräften weit überlegen waren. Diese konnten nur ein einziges Flugabwehrgeschütz aufbringen, das dann mit dem Lastwagen hin- und hertransportiert wurde. Und weil Boroević praktisch keine Flugzeuge zur Verfügung standen, wurden Aufklärungsballons in die Luft geschickt. Diese waren allerdings eine leichte Beute für die italienischen Doppeldecker, weswegen auch bald die Einstellung dieser selbstmörderischen Aktionen befohlen wurde.

Die Italiener entsandten an die Isonzofront 215 Bataillone, 55 Schwadronen und 221 Batterien, schreibt Boroević in seinen Erinnerungen. Das war aber längst nicht alles. In Südtirol stellten sie noch einmal 200 Bataillone und 220 Batterien auf, um einen möglichen Vorstoß der österreichisch-ungarischen Streitkräfte ins Herz Italiens zu verhindern, was General Cadorna in der Tat befürchtete. Vielleicht war das der Grund, warum er sehr behutsam vorging und eine direkte Konfrontation vermied, obwohl er über die Ohnmacht des österreichisch-ungarischen Heeres im Bilde war.

General Conrad von Hötzendorf erwartete völlig zu Recht, daß die Italiener ihren Vorsprung nützen und sofort zum Angriff übergehen würden, wie die Deutschen im Westen und die Russen im Osten zu Beginn des Krieges. Österreich-Ungarn war schwer gezeichnet von den Angriffen der Russen, und der Zeitpunkt für eine Offensive war günstig. Wenn die Italiener anfangs nicht so gezögert hätten, hätten sie sicherlich große Geländegewinne machen können. Warum die italienische Offensive erst langsam in Schwung kam, wird wohl immer ein Rätsel bleiben.

Die ersten Schüsse fielen in den Abendstunden des 23. Mai im oberen Isonzotal. Die Italiener gingen, wie schon angedeutet, sehr behutsam vor. Ein massiver Angriff sollte erst erfolgen, nachdem die Konzentration der Truppen beendet war. Bereits am ersten Tag zerstörten italienische Granaten an mehreren Stellen die Bahnlinie im Isonzotal, so daß eine Versorgung der österreichisch-ungarischen Truppen mit der Bahn unmöglich wurde und nur noch die Bahnstation St. Luzia (Most na Soči) intakt blieb. Vom ersten Tag an verlief also die Versorgung der österreichisch-ungarischen Truppen an der Isonzofront mittels Maultieren, Pferdegespannen und Drahtseilbahnen.

Die Abtastung des Gegners dauerte einen ganzen Monat. Am dritten Tag nach Eröffnung der Feindseligkeiten eroberten die Italiener den Kozljak, einige Tage später die Berge Vršič und Vrata sowie Mitte Juni den Krn. Die Verteidigung war bestrebt, diese bedeutenden strategischen Punkte zurückzugewinnen. Von diesen Anhöhen aus kontrollierten die Italiener nämlich den Zugang zum Isonzotal im Süden sowie zum Savetal im Norden. Trotz heraneilender Verstärkung gelang es den österreichisch-un-

Die Landung eines Zeppelins: für den Kriegseinsatz erwiesen sie sich als weitgehend ungeeignet.

garischen Truppen aber nicht, sie zurückzuwerfen. Die Italiener hielten diese Gipfel alle 888 Tage in ihren Händen, ebensolange verlief die Front entlang der Anhöhe Krn.

Die italienische 2. Armee besetzte kampflos Karfreit, die Höhen von Kolowrat und Ježa sowie die Görzer Hügel nordwestlich von Görz. Die italienischen Einheiten versuchten am 27. und 28. Mai den Monte Sabotino nördlich von Görz zu erobern, mußten jedoch zurückweichen. Auch die Überquerung des Isonzo am 9. und 10. Juni gelang ihnen nicht. Zweimal bauten Pioniere eine Pontonbrücke im unteren Isonzotal in der Nähe von Sagrado und konnten sich bis zur Sandinsel in der Mitte des Flusses vorkämpfen. Aber diese Sandinsel wurde mit Granatfeuer belegt, und es gab kein Weiterkommen mehr. Schwimmend oder über die seichten Stellen flüchtend, retteten sie sich vor dem Artilleriefeuer. In der Nähe von Pieris jagten die österreichisch-ungarischen Sprengeinheiten die eiserne Brücke in die Luft. Damit saßen nun die italienischen Einheiten auf dem rechten Isonzoufer fest.

Die Taktik der Italiener richtete sich nach dem Lehrbuch und war darum vorhersehbar. Den Erkundungseinheiten folgten die Infanterieeinheiten. Die Artillerie leistete beim Vormarsch der Infanterie Unterstützung. Wenn aber die Infanterie außerhalb der

Feldmarschall Franz Graf Conrad von Hötzendorf mit dem Obersthofmeister Konrad Prinz Hohenlohe-Schillingsfürst

Reichweite der Artillerie anlangte, blieb sie stehen. Die Soldaten gruben sich ein und warteten ab, bis die Artillerie ihre Positionen wechselte. Diese veraltete Angriffstaktik nahm viel Zeit in Anspruch, was sich die Verteidiger zunutze zu machen wußten.

„Unglaublich viel Zeit verstrich, bevor sich Cadorna entschied, energisch durchzugreifen", wundert sich Boroević in seinen Memoiren. In der Zwischenzeit erreichten die österreichischen Truppen am Isonzo die aufmunternden Nachrichten von der Befreiung der Festung Przemyśl am 3. Juni. Von nun an erhielt Boroević tagtäglich Verstärkung, und die 5. Armee wurde immer schlagkräftiger. Die Italiener vergaben die Chance, das österreichisch-ungarische Heer am Isonzo zu überwältigen. Anstatt an einer Stelle massiv anzugreifen, erfolgten mehrere kleinere Angriffe an verschiedenen Stellen. Keiner dieser Angriffe konnte Boroević und seiner 5. Armee etwas anhaben. Dieses Zögern kam den Italienern teuer zu stehen, und es gelang ihnen daher nicht, gleich im ersten Ansturm bis zum westlichen Rand des Karstplateaus zwischen Görz und Monfalcone vorzudringen.

Eine motorisierte italienische Luftabwehrbatterie in Stellung. (Zu Beginn des italienischen Angriffes verfügten die österreichisch-ungarischen Truppen der Isonzofront nur über ein einziges Luftabwehrgeschütz.)

Die Bahnlinie am Isonzo wurde von den Italienern schon am ersten Kriegstag zerstört.

Eine Pontonbrücke
der italienischen
Armee über den
Isonzo

Ein einfacher Unterstand der Italiener auf dem
Krnmassiv

Ein italienischer Beobachtungsposten auf dem
Krn harrt bei eisiger Kälte aus.

General Cadorna beobachtet mit seinem Stab das Schlachtfeld bei Görz.

Boroević' Armee bezieht die Stellungen

Das Terrain, auf dem die zwölf Isonzoschlachten stattfanden, ist sehr verschiedenartig. Im oberen Teil ist das Isonzotal steinig und gebirgig, im unteren Teil geht es in eine fruchtbare Ebene über, so daß es in zwei Teile zerfällt. Der Isonzo wird von zahlreichen Bächen gespeist, die bei heftigen Regenfällen zu Sturzbächen werden. Dann ist dieses Gelände nahezu unpassierbar. Im unteren Isonzotal bestehen gute Verkehrsverbindungen, was im oberen Isonzotal nicht der Fall ist. Im Osten erhebt sich das wasserarme und schlecht passierbare Karstplateau. Im mittleren Isonzotal von Görz bis Tolmein gehen die Hügel allmählich in das Voralpenland über. Im oberen Isonzotal von Tolmein bis zum Rombon aber erheben sich hohe Berge. Der Winter ist hier lang, und es fällt auch viel Schnee. Die Wege sind steil und schwer passierbar.

Am weitesten rückten die Italiener im oberen Isonzotal vor, und es gelang ihnen, das Berggebiet des Kolowrat einschließlich des Dorfes Luico zu besetzen. Sie drangen bis tief in die Julischen Alpen ein und eroberten die Bergkette Vršič, Vrata, Krn und im nördlichen Abschnitt den Ort Flitsch, das Kaninmassiv und den Rombon. Von Bedeutung war vor allem der Krn, von wo aus sie die Straßenverbindungen im oberen Isonzotal kontrollieren konnten. Aber den österreichisch-ungarischen Truppen gelang es, den Vorstoß aufzuhalten. Somit blieb auch im oberen Isonzotal der Frontverlauf bis zur zwölften Isonzoschlacht unverändert bestehen.

gem. N. Schattenstein

Porträt von General Boroević von Bojna

GENERALSTAB DES GENERALOBERSTEN J. SVET. BOROEVIĆ VON BOJNA.   gem. H. Schattenstein

Das Hauptquartier von General Svetozar Boroević in Adelsberg, wie es vom Künstler gesehen wurde. Während der Schlachten blieb er angeblich wie Napoleon Tag und Nacht wach, ab und zu
gönnte er sich Ruhepausen im Lehnstuhl.

A. Egger-Lienz gem.   Feldpost im Hochgebirg

Feldpost
im Hoch-
gebirge,
Postkarte
nach einem
Bild von
Albin
Egger-Lienz

Italienische
Gebirgsartillerie
in über 2000 Meter
Seehöhe
auf dem Krn
(Bild oben)

In Schnee und
Eis lauerten
italienische
Scharfschützen
auf den Abhängen
des Krn.
(Bild links)

Im mittleren Isonzotal gelang es den Italienern im ersten Anlauf, den Monte Saboti-no, Podgora und Lucinico nordwestlich von Görz zu besetzen. Hier kam es am vierten Tag des Krieges zum ersten großen Gefecht, das allerdings schlecht für sie ausging. Mehrmals stürmten sie den Berg hinauf, wurden jedoch immer wieder zurückgeschlagen und erlitten große Verluste. Erfolgreicher dagegen waren sie südlich von Görz, wo es ihnen gelang, Monfalcone und Gradisca zu besetzen.

Die Italiener verloren in diesem ersten Anlauf über 10.000 Mann. Aber auch die österreichisch-ungarische Seite erlitt Verluste. Beide Heere transportierten fieberhaft Truppen, Geschütze, Material und Ausrüstung an die Front. Der Sieg bei Gorlice und die Befreiung von Przemyśl festigten die Kampfmoral der österreichisch-ungarischen Truppen. Die Lage der Verteidiger an der Isonzofront stabilisierte sich allmählich, und die 5. Armee war drei Wochen nach dem Beginn des Krieges bereit, sich dem Angreifer entgegenzustellen.

Die Situation im Hinterland

Unter der Bevölkerung im Hinterland kamen Angst und Schrecken vor der italieni-schen Okkupation auf. Die Gerüchte verbreiteten sich mit unheimlicher Geschwindig-keit: Triest wäre bereits in den Händen der Italiener, und einen Monat nach Beginn des Angriffs könnten die Italiener auch in Laibach einmarschieren. Die Bahnstation der Stadt ähnelte einem Ameisenhaufen. Rette sich, wer kann!

Die Zeitungen wiederum versuchten, die Bevölkerung von Krain vom Gegenteil zu überzeugen, und spotteten über dieses Gerede. Gesicherte Informationen seien schließ-lich noch nicht eingelangt. Man müsse abwarten, bis sich die Lage an der Front stabi-lisiere, wurde in der Zeitung erörtert.

Aus Görz flüchteten zahlreiche Menschen in Richtung Laibach, und auf dem dorti-gen Bahnhof stauten sich die Habseligkeiten der Flüchtlinge. Die erste große Sammel-stelle für die Flüchtlinge wurde in Leibnitz eingerichtet. Den Flüchtlingen aus Galizien gesellten sich nun auch die Flüchtlinge aus Görz und dem Isonzotal hinzu. In die ent-gegengesetzte Richtung wurden wiederum massenweise Truppen und schweres Gerät transportiert.

Die einheimische Bevölkerung in den von den Italienern besetzten Gebieten hielt sich bedeckt. Keine Freude war zu verspüren bei der Ankunft der italienischen Trup-pen. Ganz im Gegenteil!

Die Zeitung „Secolo" schrieb, daß die einheimische Bevölkerung die Befreier un-freundlich empfangen hätte und die „italienischen Kommandeure mancherorts hart durchgreifen und einige Aufrührer erschießen lassen mußten".

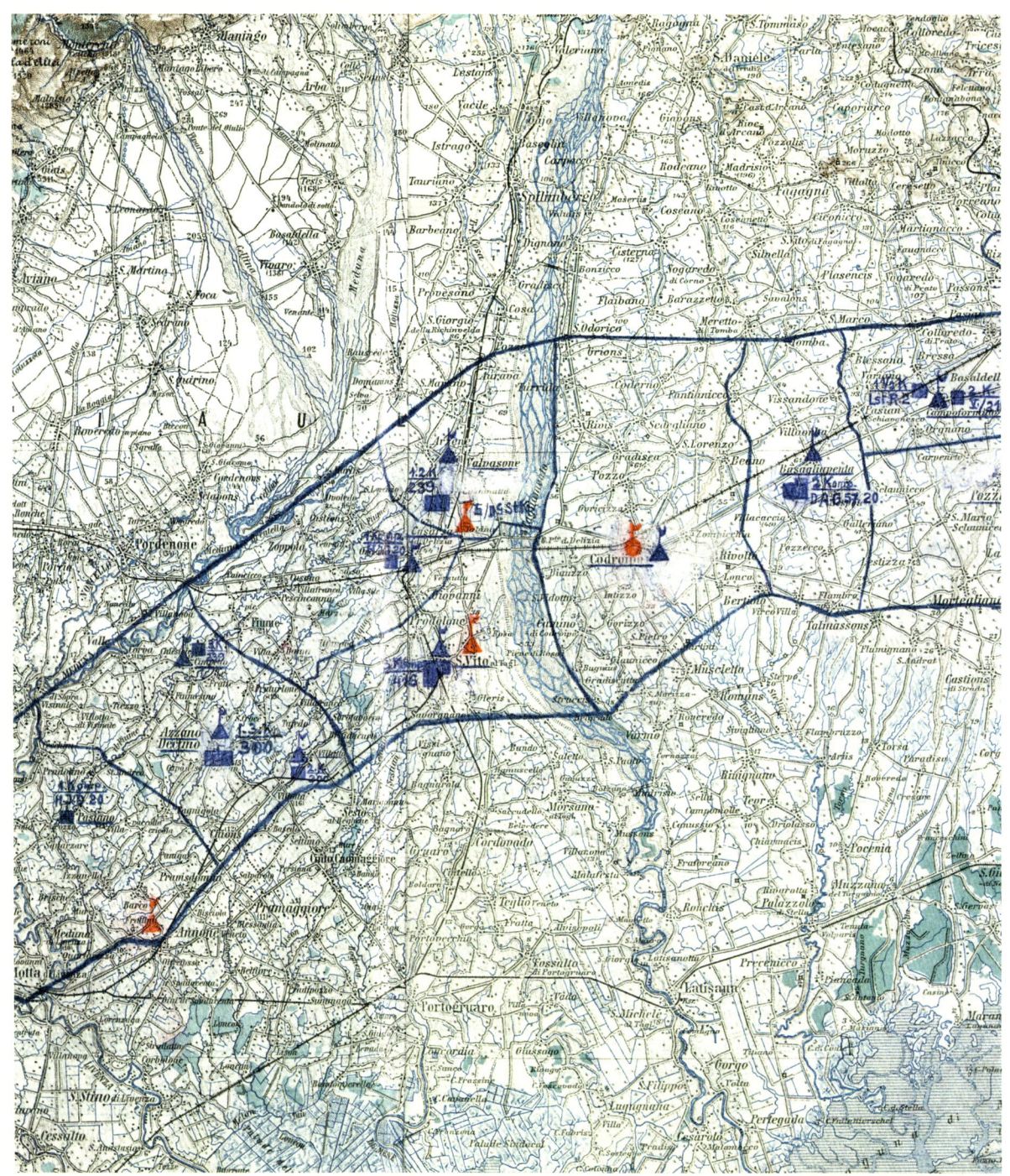

Militärkarte mit den eingezeichneten Gliederungen der Isonzoarmee

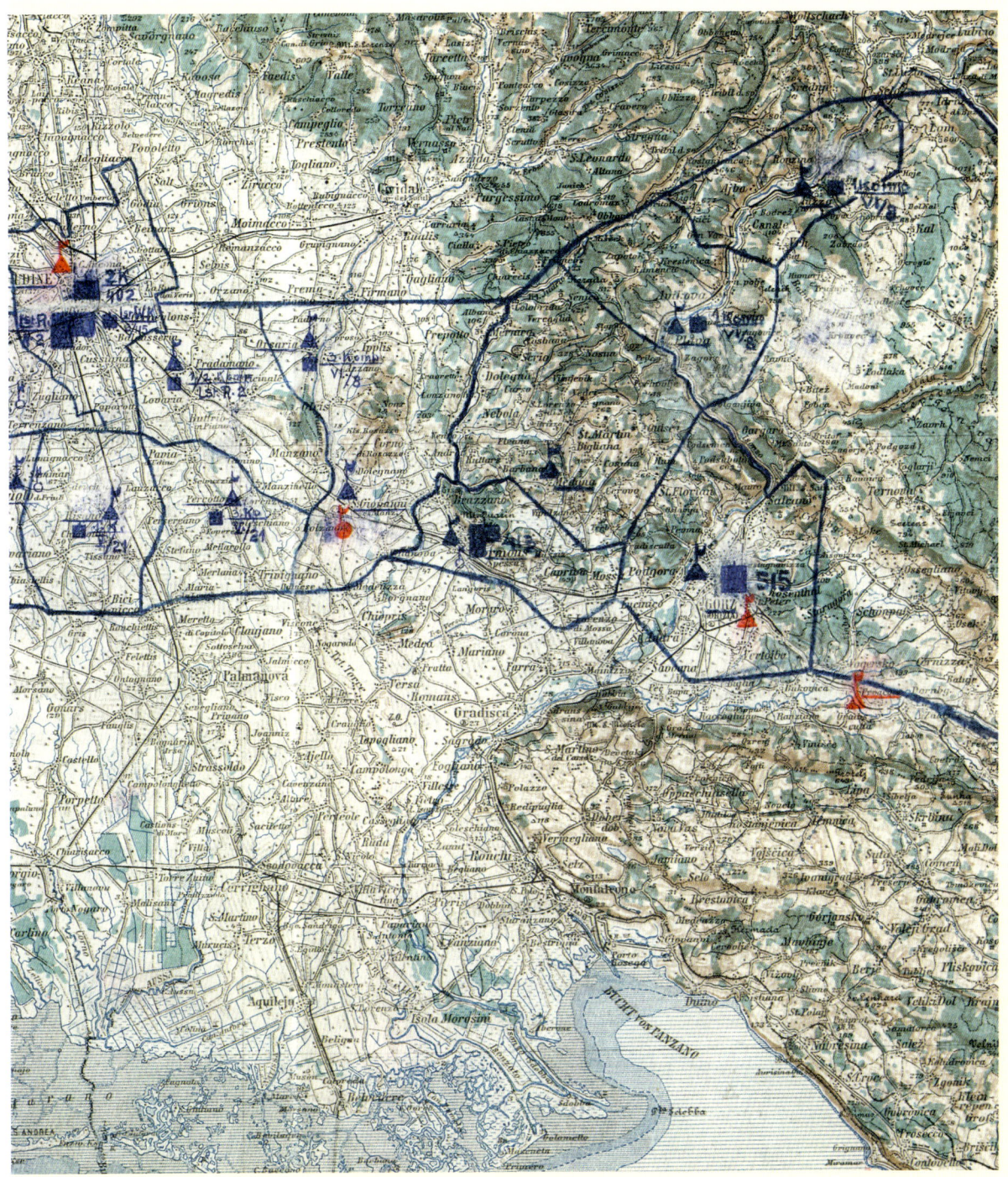

nach der 12. Isonzoschlacht im eroberten Territorium zwischen Görz und Piave

In den Dörfern Ladra und Smast im oberen Isonzotal erschossen Karabinieri bei der Verfolgung von Deserteuren mehrere Zivilisten. Nach den ersten verlustreichen Kämpfen wurden sechzig Bauern aus Dörfern unterhalb des Krn zusammengetrieben, die angeblich italienische Positionen verraten und Verwundete umgebracht hätten. Ohne Militärgerichtsverfahren wurde bei Idrsko jeder Zehnte der zufällig ausgewählten Männer exekutiert und verscharrt. Slowenische Priester und Zivilpersonen wie die Überlebenden dieser Hinrichtung wurden in das Landesinnere Italiens, sogar bis nach Sardinien und auf die Liparischen Inseln, deportiert. Nicht wenige starben in der Emigration an Hunger und Krankheiten. In Karfreit verhafteten die Besatzer den Dechant Jurij Peternel und mehrere Honoratioren unter Spionageverdacht, diese wurden aber später wieder freigelassen.

Die italienischen Soldaten waren sichtlich verunsichert, denn es kam alles anders, als man ihnen gesagt hatte. Es herrschte eine regelrechte „Spionagepsychose" und verdächtig war bald alles und jedes: das Aufhängen der Wäsche, Feuer, Glockengeläut. Auf dem besetzten Gebiet lebten Menschen, deren Sprache die Okkupanten nicht ver-

Österreichische
Flüchtlinge
in Italien

standen. Auch mit den Friaulern bestanden zunächst große Kommunikationsprobleme. Aber allmählich normalisierten sich die Verhältnisse. Schließlich bekamen auch die Familien, deren Väter oder Söhne im österreichisch-ungarischen Heer dienten, eine geringe Unterstützung vom italienischen Staat. Auch das Sanitätswesen und die ärztliche Versorgung wurden organisiert. Das Nahrungsmittelangebot war größer und üppiger als auf der anderen Seite der Front. Die italienischen Soldaten gaben ihren Monatssold gerne für Wein oder Nahrungsmittel aus und verschafften damit den Bauern in diesen schweren Zeiten einen bescheidenen Zuverdienst.

Im Tagebuch eines gefallenen italienischen Soldaten kann man aber lesen, daß ein Großteil der Bevölkerung aus den okkupierten Gebieten ins Landesinnere flüchtete: „Unsere Soldaten plünderten alle leerstehenden Häuser, obwohl sie nicht alles wegtragen konnten. Sie hofften, Gold oder Geld zu finden. So kamen wir in Gradisca an – in eine schöne Stadt mit vielen Villen (…) Wir sahen auf den Straßen Möbel, Kleider, Wäsche usw. verstreut. Es wurden sogar Gerichtsverfahren gegen diese Übergriffe eingeleitet." Ähnliches spielte sich während der 12. Isonzoschlacht nach dem Durchbruch bei Karfreit ab, nur wechselten dort Angreifer und Verteidiger ihre Rollen.

Die erste Isonzoschlacht

Es war klar, daß die verstreuten Gefechte den Italienern keinen eindeutigen Vorteil brachten. Erfolgsversprechender erschien ein konzentrierter Angriff mit einem klar de-

Die militärische Führung Österreich-Ungarns: 1. Kaiser Karl I., 2. Erzherzog Eugen, 3. Erzherzog Josef, 4. Feldmarschall Conrad von Hötzendorf, 5. Feldmarschall Kövess, 6. Generaloberst Wurm, 7. General Dankl, 8. Feldmarschall Krobatin, 9. Generaloberst Arz, 10. Feldmarschall Böhm-Ermolli, 11. Generaloberst Scheuchenstuel, 12. Feldmarschall Boroević 13. General Rohr, 14. General Kirchbach

Carl Pippich gem.

Maschinengewehrpackung

Transport von
Maschinen-
gewehren mit
Pferden,
Bild von Carl
Pippich
(Bild oben)

Formierung der neuen Regimenter.

Schema der
Neugliederung
der Isonzo-
armee um
1917/18
(Bild rechts)

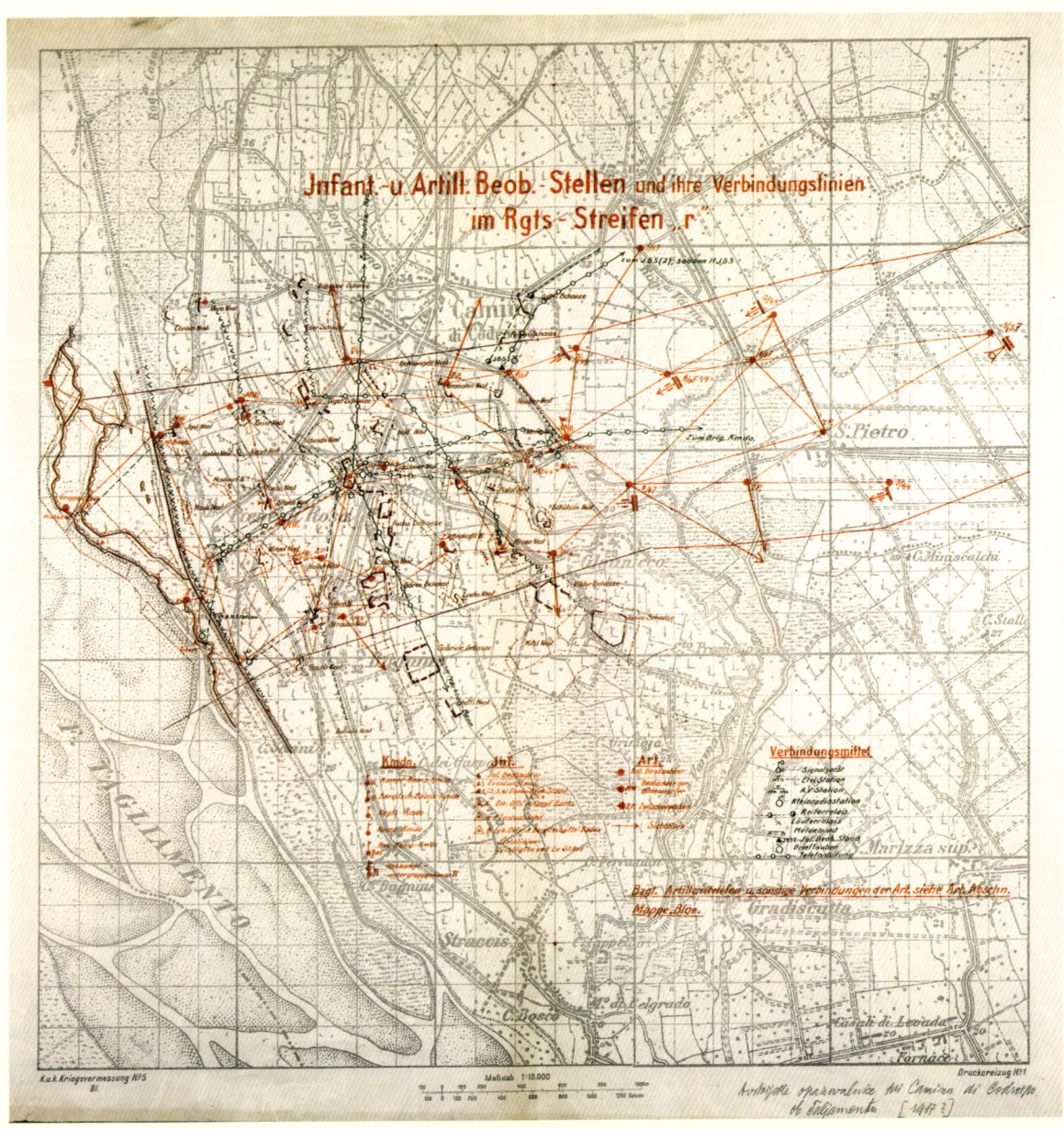

Militärkarte mit k. u. k. Infanterie- und Artilleriebeobachterposten und ihren Kommunikationssystemen am Tagliamento im Herbst 1917

finierten Ziel. Darum begannen sie auch schon bald, sich auf ihre erste Offensive vorzubereiten. Cadorna wich von seinem Vorhaben ab, bis zum westlichen Rand des Karstplateaus zwischen Görz und Monfalcone vorzudringen. Stattdessen konzentrierte er sich darauf, die Brückenköpfe von Tolmein und Görz einzunehmen. Die 3. Armee agierte im Süden von der Wippachmündung bis zur Adria und sollte die Hochfläche von Doberdo am äußeren westlichen Rand des Karstplateaus erobern. Die 2. Armee agierte im Norden von der Wippachmündung bis zum Rombon und sollte Görz ein-

Eine italienische Artilleriestellung

nehmen sowie bis zu den Anhöhen Prižnica (Kote 383) und Kuk nördlich davon vorrücken. Cadorna brachte 250 Bataillone und 700 Geschütze auf. Das Zahlenverhältnis fiel nicht mehr so eindeutig zum Nachteil des Verteidigers aus wie noch zu Beginn der Kämpfe. Boroević hatte nunmehr 77 Bataillone, 14 Schwadronen und 75 Batterien zur Verfügung. Die erste Isonzoschlacht begann am 23. Juni und dauerte bis zum 7. Juli 1915.

Die Soldaten der Donaumonarchie warteten in ihren Behelfsschützengräben auf den ersten großen Ansturm der Italiener. Sieben Tage lang spuckten die italienischen Geschütze ihre tödliche Ladung auf die österreichisch-ungarischen Stellungen. Obwohl man die italienische Artillerie weit im Hinterland hören konnte, fügte sie den österreichisch-ungarischen Truppen keine Verluste zu. Sie war unwirksam, und dazu trug am meisten ihre Unerfahrenheit bei. Es gelang ihr nicht einmal, die Stacheldrahthindernisse zu zerstören, was für die stürmende Infanterie zum Verhängnis werden sollte.

Im Süden griffen die Italiener an verschiedenen Stellen an: in der Nähe von Redipuglia, Monfalcone und Sagrado. Am 1. Juli stürmten zwei Divisionen Richtung

Ursulinenkloster in Görz.

Postkarte mit einer Ansicht des zerstörten Ursulinenklosters in Görz nach dem italienischen Bombardement

Übersichtskarte
der Eisenbahn-
verbindungen
im eroberten
Territorium
zwischen Triest
und Trevisio
(Bild oben)

Rast einer
Patrouille,
Postkarte nach
einem Bild von
Albin Egger-Lienz
(Bild links)

Ein Feldlager der Österreicher auf dem Plateau von Doberdo

Doberdo. Damit begannen die hartnäckigen Kämpfe um den Monte San Michele – den Berg am äußeren westlichen Rand des Karstplateaus. In den folgenden fünf Isonzoschlachten war diese Anhöhe Schauplatz blutigster Abwehrschlachten. Zwar gelang es den Italienern, die Stellungen der Verteidiger zeitweise zu besetzen, sie wurden aber immer wieder zurückgeworfen. Die härtesten Gefechte in dieser ersten Isonzoschlacht fanden in den drei Tagen von 3. bis 5. Juli statt.

Am 5. Juli griffen die Italiener den Brückenkopf von Görz an. Sie versuchten, die Front auf dem Abschnitt vom Monte Sabotino bis Lucinico zu durchbrechen und von Norden in Görz einzudringen. Bald zeigte sich die ganze Erfahrung der österreichisch-ungarischen Artilleristen. Die einzelnen Verteidigungsstellungen auf den Bergen bei Oslavija, auf dem Sabotino und bei Podgora erhielten gegenseitige Artillerieunterstützung und konnten somit alle Angriffe der Italiener erfolgreich abwehren. Görz selbst aber wurde schon in dieser ersten Isonzoschlacht durch das italienische Artilleriefeuer stark zerstört.

Die überholte Angriffstaktik der Italiener brachte ihnen nichts als große Verluste ein. Sie stürmten in geschlossenen Reihen und mehrmals am Tag. Die in Pelerinen eingehüllten italienischen Offiziere gingen ihren Soldaten voran und wurden damit zum leichten Ziel der österreichisch-ungarischen Scharfschützen. Später unterschieden sich die Uniformen von Soldaten und Offizieren nicht mehr.

Die österreichisch-ungarische Seite bediente sich einer neuen Strategie der Verteidigung, die zuerst an der Westfront angewendet worden war. Um die Verluste durch den Einsatz der italienischen Materialüberlegenheit zu verringern, stützte sich die österreichisch-ungarische Verteidigung statt auf die vorderste Linie auf ein tiefgestaffeltes

Abwehrsystem. In der ersten Verteidigungslinie befanden sich Maschinengewehrnester, die breite Breschen in die gegnerischen Linien schlugen. Von der zweiten Verteidigungslinie aus wurden die Verluste der ersten Verteidigungslinie ersetzt und Feuerschutz gegeben. An der dritten Verteidigungslinie konzentrierten sich die Reserven für einen eventuellen Gegenangriff für den Fall, daß es der Angreifer schaffte, auch die zweite Verteidigungslinie zu durchbrechen.

Den Italienern gelang es in dieser ersten Isonzoschlacht, einige hundert Meter Gelände auf dem äußeren westlichen Rand des Karstplateaus zu gewinnen. Sie verloren dabei aber 15.000 Mann. Die Verluste auf der österreichisch-ungarischen Seite betrugen 8.800 Tote und Verwundete. Etwa 1.000 Soldaten wurden von den Italienern gefangengenommen. Im großen und ganzen war die erste Isonzoschlacht ein Mißerfolg für die Italiener. Boroević bezeichnete in seinen Erinnerungen diese Schlacht als „der verspätete Versuch des Angreifers, sich Doberdo und des Brückenkopfes von Görz zu bemächtigen".

Die zweite Isonzoschlacht

Nach dem Abklingen der ersten Isonzoschlacht bedrängten die Verbündeten Cadorna mit Forderungen nach einer neuen Offensive. Die Verteidiger aber stellten fest, daß sie ihre Stellungen trotz der italienischen Überlegenheit halten konnten. Das stärkte ihre Kampfmoral. Wurden zunächst noch Befestigungen bis zu fünfzehn Kilometer entfernt

Marschall Cadorna
zu Pferde

Die Offensive auf dem Hochplateau Doberdo war erfolglos – italienische Soldaten sammeln ihre Gefallenen.

vom Fluß im Landesinneren gebaut, so ermunterten diese Erfolge die österreichisch-ungarischen Truppen dazu, die ersten drei Verteidigungslinien auszubauen.

In der zweiten Isonzoschlacht vom 17. Juli bis zum 10. August verloren die Italiener dreimal so viele Soldaten wie in den vorangegangenen Gefechten, während die österreichisch-ungarischen Verluste sogar um das Fünffache zunahmen. Beide Seiten verloren jeweils über 40.000 Mann. Im Kommando der österreichischen 5. Armee stellte man dazu fest, daß zu diesen großen Verlusten vor allem die unzureichend ausgebauten Befestigungen beigetragen hatten. General Boroević mußte sich deswegen schwere Vorwürfe gefallen lassen und setzte in den folgenden Monaten alles daran, diesen Mangel auszugleichen.

Die Feuerpause zwischen der ersten und der zweiten Schlacht dauerte nur elf Tage, und die Verteidiger rüsteten in der Zwischenzeit auf. Der hartnäckige Widerstand der österreichisch-ungarischen Truppen überraschte die Italiener. Es war offensichtlich, daß Doberdo wieder das Ziel der italienischen Angriffe sein würde. Boroević ließ darum die Einheiten auf diesem Abschnitt verstärken, so daß nunmehr drei österreichisch-ungarische Divisionen auf dem äußeren westlichen Rand des Karstplateaus konzentriert waren. Der 5. Armee gelang es, in den zwei Monaten seit Kriegsbeginn an dieser Front ihre Kräfte zu verstärken, und sie brachte nun 129 Bataillone und 430 Geschütze auf. Aber auch Cadorna blieb nicht untätig. Das italienische Heer am Isonzo erhöhte sich auf 300.000 Soldaten (die Reserven nicht eingerechnet) und verfügte über doppelt so viele Geschütze wie Boroević' Armee.

Angesichts der Mißerfolge war Cadorna gezwungen, seine Taktik zu verändern. Der Artilleriebeschuß am ersten Tag der Schlacht – dem 18. Juli – dauerte nur einige Stunden und zwar vom Morgen bis zum Mittag. Dann ging die Infanterie zum Angriff über. In den folgenden Tagen kam es in der mörderischen Hitze zu erbitterten Kämpfen Mann gegen Mann.

Der italienische Artilleriebeschuß erfolgte diesmal nicht auf der gesamten Frontlinie zerstreut, sondern konzentrierte sich auf Doberdo und den Brückenkopf von Görz. Er zerstörte die Logistik des Verteidigers und unterbrach dessen Wasserversorgung. Eine alte taktische Regel besagt, daß Granaten niemals an der gleichen Stelle einschlagen. Darum suchten die Soldaten Schutz in den Granattrichtern. Mit konzentriertem Artilleriebeschuß wurden die Stellungen dennoch gezielt belegt, und keiner konnte dem tödlichen Granathagel entrinnen. Für die Soldaten war das eine grauenvolle Erfahrung, und sie konnten nur in den unterirdischen Stollen und Gängen Zuflucht finden. Eng aneinandergedrängt warteten sie verängstigt, bis draußen wieder Stille einkehrte.

An den ersten beiden Tagen mußten beide Seiten große Verluste hinnehmen. Das 7. Korps der Doppelmonarchie auf dem südlichen Abschnitt verlor in kürzester Zeit 5.500 Mann. Allein die 20. Division auf dem Monte San Michele verlor 4.000 bzw. zwei Drittel ihrer Soldaten, als sie die Angriffe der Italiener abwehrte. Nach erbitterten Kämpfen gelang es den Italienern schließlich am 23. Juli, den San Michele auch zu erobern.

Die Hölle von Monte San Michele

Konzentrierter Artilleriebeschuß hinderte zunächst die österreichisch-ungarischen Reserveeinheiten an der Durchführung eines Gegenangriffs. Die italienische Fahne wehte aber trotzdem nur kurz auf dem Gipfel des Hügels, denn schon im Morgengrauen des folgenden Tages mußten die Italiener vor einem Gegenangriff der verstärkten österreichisch-ungarischen Einheiten zurückweichen. Statt die gelichteten Reihen der Verteidiger zu verfolgen, hatten sie sich auf dem Gipfel des Hügels einzugraben begonnen. Im Gegenangriff war es für die österreichisch-ungarischen Truppen ein leichtes Spiel,

Das schwer getroffene
Palais des Grafen
Strassoldo in Görz

im Schutze der Dunkelheit die italienischen Vorposten zu überwältigen und die mit Schanzarbeiten beschäftigten Soldaten von der Anhöhe zu vertreiben. Die Abhänge waren übersät mit halbverwesten Leichen, und schon bald brach die erste Typhusepidemie aus.

Zu erbitterten Kämpfen kam es auch vom 20. bis zum 29. Juli etwas nördlich des Hügels auf dem mittleren Frontabschnitt. Auch hier waren die Verluste sehr hoch, wobei der Angreifer keine Geländegewinne machte. Die Angriffsziele Podgora, Kalvarien-

Eine italienische leichte Haubitze in Steilfeuerposition

berg und Monte Sabotino blieben weiterhin in den Händen der Verteidiger. Die Italiener versuchten ihr Glück schließlich auch noch auf dem nördlichen Frontabschnitt, wo sie Terrain gutmachen konnten.

Die zweite Isonzoschlacht erreichte den Höhepunkt am 25. und 26. Juli, als die italienischen Truppen erneut den San Michele angriffen. Sie mußten aber auch diesmal zurückweichen. Auch in den folgenden Tagen biß sich der Angreifer auf diesem Abschnitt die Zähne aus, und von Tag zu Tag wiederholte sich das gleiche Bild. Am 10. August stellte dann Cadorna die Offensive ein. Letztendlich hatten die Italiener äußerst geringfügige Geländegewinne gemacht.

Die österreichisch-ungarischen Zeitungen schrieben, daß die Italiener in der ersten Offensive 80.000 und in der zweiten 100.000 Mann verloren hätten. Diese Berichte waren natürlich bei weitem übertrieben. Doch auch die tatsächlichen Verluste von etwa 60.000 Mann, davon etwa ein Sechstel Tote, waren noch schlimm genug. Italien war dennoch nach wie vor zuversichtlich und bei weitem nicht zermürbt. Die italienischen Zeitungen berichteten über den Dichter Gabriele d'Annunzio, wie er mit dem Flugzeug Triest überflog und Flugblätter abwarf, in denen er die Bevölkerung von einer baldigen Befreiung zu überzeugen versuchte. Sein Gefährte warf indessen über dem Arsenal eifrig Bomben ab und richtete damit großen Schaden an.

Der Kriegsalltag

Nach der zweiten Offensive schwiegen die Waffen am Isonzo zunächst. Die italienische Seite war über die Entschlossenheit der Verteidiger überrascht und vor allem über das Ausmaß der Verluste. Die militärische Führung der Doppelmonarchie wiederum kam zur Erkenntnis, daß an dieser Front die Kampfmoral der slawischen Soldaten bei weitem größer war als an anderen Fronten. Was auch verständlich war, kämpften sie an der Ostfront oder auf dem Balkan doch gegen andere, kulturell und sprachlich verwandte, Slawen. Im Kampf gegen die Italiener bestanden diese Hemmnisse nicht. An der Ostfront kam es manchmal zu Verbrüderungen zwischen österreichisch-ungarischen und russischen Soldaten. An der Isonzofront hingegen kamen solche Szenen nicht vor.

Die slowenischen und kroatischen Zeitungen ließen sich in zahlreichen Artikeln über das imperiale Gehabe Italiens aus und darüber, daß es auf Kosten der südslawischen Völker sein Staatsgebiet vergrößern wollte. Auch bei den Dörfern, die eigentlich von Slowenen besiedelt waren, seien neue italienische Ortsschilder aufgestellt worden. Das alles löste bei den Slowenen und Kroaten große Befürchtungen aus. Aber auch in Serbien stieß der Londoner Pakt auf Widerstand, denn Albanien wurde als eigene Interessenssphäre angesehen. Man wollte es nicht einfach so Italien überlassen.

Die italienischen Kriegsberichterstatter hatten alle Hände voll zu tun, um die Aufmerksamkeit der Bevölkerung von den militärischen Mißerfolgen abzulenken. Nach der Eroberung eines Dorfes wurde sofort ein Lobgesang auf das tapfere italienische Heer angestimmt, um die Zivilisten und Soldaten gleichermaßen zu begeistern. Die italienischen Zeitungen berichteten, daß der Gegner die Gefangenen töte, um die eigenen Soldaten vom Desertieren abzuhalten. In Wahrheit aber achteten beide Seiten die Gefangenen und Verwundeten. Um den unsinnigen Gerüchten entgegenzutreten, veröffentlichte die slowenische Zeitung „Slovenec" eine Reportage in drei Folgen über die italienischen Gefangenen im Laibacher Schloß. Dort wurde das erste große Gefangenenlager errichtet, und allem Anschein nach erging es den Gefangenen den Umständen entsprechend gut. Die Verpflegung war zwar nicht auserlesen, aber nicht schlechter als die der österreichisch-ungarischen Frontsoldaten. Im Innenhof des Schlosses befanden sich keine Galgen, was vom anonymen Autor besonders hervorgehoben wurde. Die Gefangenen genossen ein großes Privileg: für sie war der Krieg bereits zu Ende und niemals mehr mußten sie sich in die Schützengräben begeben. Als billige Arbeitskraft wurden sie auf Bauernhöfen oder Baustellen eingesetzt.

Im großen und ganzen aber waren die italienischen Soldaten besser dran als die österreichisch-ungarischen. Sie bekamen vor allem bessere und reichhaltigere Verpflegung. Nach zweiwöchigem Einsatz an der Front wurden sie auf weniger exponierte

Abschnitte oder ins Hinterland versetzt. Die österreichisch-ungarischen Soldaten konnten sich so gut wie nie eine Ruhepause gönnen, und die Verluste wurden durch junge und unerfahrene Rekruten ersetzt. Auch ein Krankenurlaub war für sie kaum möglich. So lange sie irgendwie auf den Beinen stehen konnten, wurden sie eingesetzt. Boroević konnte sich keine Ausfälle leisten, denn er konnte nicht aus dem Vollen schöpfen wie Cadorna. Schlechte und unzureichende Ernährung, Wassermangel und Strapazen schwächten die Männer und führten zu ansteckenden Krankheiten wie Durchfall und Cholera.

Die dritte Isonzoschlacht

Die Donaumonarchie engagierte sich im Jahr 1915 hauptsächlich im Osten und auf dem Balkan. Eine große Offensive gegen Italien, die der österreichisch-ungarische Generalstab ins Auge faßte, und die gemeinsam mit den deutschen Streitkräften durchgeführt werden sollte, kam zu diesem Zeitpunkt daher nicht in Betracht.

Obwohl die Alliierten und die italienische Öffentlichkeit mit dem Erreichten ganz und gar nicht zufrieden waren, ließ sich Cadorna nicht aus der Ruhe bringen. Er rüstete auf und verfügte nun über 340 Bataillone und 1.400 Geschütze. Als die italienische Offensive begann, hatte Boroević gerade mal 150 Bataillone und 600 Geschütze zur Verfügung. Dann aber trafen eiligst 50 Bataillone und mehrere Batterien zur Verstärkung ein.

Cadorna hatte ein Ziel, welches er bisher nicht erreichen konnte: Er wollte den Brückenkopf von Görz und die Hochfläche von Doberdo erobern. Dann aber hätte sich der Angriff nach Norden gegen den Brückenkopf von Tolmein wenden sollen. Infolgedessen konnten die österreichisch-ungarischen Aufklärungsflugzeuge von Anfang Oktober an regen Verkehr auf den Bahnen in Venetien beobachten. Ein Indiz dafür, daß eine neue Offensive der Italiener unmittelbar bevorstand.

Die dritte Isonzoschlacht begann am 18. Oktober und endete am 4. November. Die italienische Artillerie beschoß drei Tage lang entlang der gesamten Front vom Rombon bis zur Adria die österreichisch-ungarischen Stellungen. Die erste Angriffswelle konzentrierte sich auf den San Michele. Es war die Hölle. Nach dem massiven Artilleriebeschuß, der jeden Fußbreit Erde auf der Anhöhe durchpflügte und die Schützengräben und Befestigungen der Verteidiger zerstörte, griff die Infanterie an. Tag für Tag wurden die Sturmangriffe wiederholt und doch blieb der Gipfel des San Michele weiterhin in den Händen der Verteidiger. Von den zerstörten Schützengräben und Befestigungen aus feuerten die Maschinengewehre auf die Angreifer und lichteten ihre Reihen. Die österreichisch-ungarische Artillerie beschoß die italienischen Reservestellun-

Postkarte
mit Ansicht eines
zerschossenen
Hauses in Görz

gen und Sammelpunkte der Italiener. Die italienischen Sturmeinheiten stießen an einem einzigen Tag zwölfmal bis zu den Schützengräben des 61. Regiments – oder was davon übrig blieb – vor. Trotzdem gelang es ihnen nicht, die Verteidiger zu vertreiben.

Es schien, als ob die Kommandeure die Kontrolle über ihre Einheiten gänzlich verloren hätten, und zwar galt das für beide Seiten. Die Kompanien und Bataillone wurden in blutige Kämpfe Mann gegen Mann verwickelt. Die Kommunikation zwischen den Einheiten an der Front und den Kommandeuren in den Stäben wurde unterbrochen. Jede Einheit kämpfte für den eigenen Erhalt und nahm keine Rücksicht auf Befehle. Unzählige Leichen und zahlreiche Verwundete lagen verstreut auf der Anhöhe von San Michele. Allein das österreichisch-ungarische Heer verlor in achtundvierzig Stunden 5.000 Soldaten.

Im Schutz der Nacht von 23. auf 24. Oktober versuchten die italienischen Einheiten, die Front beim Monte Sabotino zu durchbrechen. Einige Tage später versuchten sie es erneut. Gekämpft wurde auf den Anhöhen von Podgora, Oslavija, Kalvarienberg und Lucinico. Die Angreifer hatten ein dreifaches Übergewicht gegenüber den Verteidigern. Beide Seiten waren am Ende völlig abgekämpft, so daß sich keine im Stande sah, den letzten entscheidenden Angriff bzw. Gegenangriff durchzuführen. An einem anderen Schauplatz, bei Görz, wurden zwar ebenso erbitterte Kämpfe geführt, aber auch hier kam es zu keiner Veränderung der Frontlinie.

Die Berichte der Unteroffiziere hörten sich schlimm an. Die Soldaten mußten an der Seite ihrer toten und verwundeten Kameraden ausharren. Die Granaten der gegnerischen Artillerie ließen keinen Stein auf dem anderen und zerstörten auch die provisori-

Die Italiener versuchten, sich beim Vorrücken mit Schutzschilden vor dem Kugelhagel zu schützen, diese erwiesen sich allerdings als eher hinderlich.

Ein österreichisches Maschinengewehrnest im Karst

schen Gräber. Der Gestank der halbverwesten und zerstückelten Leichen breitete sich aus. Die persönliche Hygiene konnte nicht mehr aufrechterhalten werden, und die Soldaten nahmen tagelang aus Ekel nichts zu sich. In den unmenschlichen Verhältnissen fanden sich lediglich Ratten gut zurecht, die sich schnell vermehrten und an den halbverwesten Leichen nagten. Nach Einbruch der Nacht konnten sie aber auch den Lebenden gefährlich werden.

Die Italiener versuchten ihr Glück auch im oberen Isonzotal. Sie griffen auf den Bergen Batognica und Mrzli vrh an. Es gelang ihnen sogar, in die Schützengräben der Verteidiger einzudringen, wo es zu blutigen und verbissenen Kämpfen Mann gegen Mann mit Bajonetten und Handgranaten kam. Erst ein Schneesturm Ende Oktober beendete dieses Massaker im Gebirge.

Die Italiener verloren 68.000 Soldaten, davon 11.000 Tote, während die Verluste bei den Verteidigern etwa die Hälfte betrugen, davon 9.000 Tote. 12.000 italienische Soldaten – doppelt so viele wie österreichisch-ungarische Soldaten – gingen in die Gefangenschaft. Die steigende Zahl der italienischen Gefangenen weist auf das Sinken der Kampfmoral bei den Italienern hin. Für die italienische Seite war die dritte Isonzoschlacht wieder eine große Enttäuschung, denn diesmal wurde kein einziges der gesteckten Ziele erreicht.

Ein Bericht des Kommandanten der 22. Landwehrdivision an das Kommando des 7. Korps

Die schwersten Kämpfe fanden um die strategisch wichtige Anhöhe S. Michele bei Doberdo statt. Während der dritten Offensive der Italiener übermittelte der Kommandant der 22. Landwehrdivision, die den Abschnitt zwischen den Koten 111 und 118 verteidigte, an das Kommando des 7. Korps den folgenden Bericht:

„Der Feind befindet sich 100 bis 200 Schritte vor uns, an einigen Stellen nur 40 bis 50 Schritte und an einer Stelle sogar nur drei Schritte. Die Soldaten konnten in den letzten sechs Tagen kein Auge zutun. Die Eindrücke von den Stellungen sind auch für die stärksten Nerven erschreckend. Außer dem schweren Kanonenfeuer, das stets von einem Steinhagel begleitet wird und das Tag und Nacht über den Stellungen einschlägt, wirken sich auch andere Widrigkeiten auf die Mannschaft übel aus. Die Soldaten sind genötigt, oft mehrere Tage neben den Toten und Verwundeten zu liegen. Die schweren Granaten öffnen die flachen Gräber, die sich oft unmittelbar hinter den Stellungen befinden, und schleudern die Teile der halbverwesten Körper auf die Stellungen, wo es nur so von Ratten wimmelt. Die Menschen ekelt unter diesen erschreckenden Umständen schon nach zwei oder drei Tagen die Nahrung an. Wegen des Wassermangels ist jegliche Hygiene praktisch unmöglich, solange sich die Soldaten in den Stellungen befinden. Um in Deckung zu gelangen, ziehen sich die Verwundeten in die Mulden zurück, wo sie, ohne gefunden zu werden, oft in schwersten Qualen sterben.

Als die beiden Regimenter die Stellungen bezogen, fanden sich mancherorts keine Mannschaften mehr vor. Die verängstigten Soldaten kauerten in den Mulden und Senken zusammen. Ein Hauptmann hatte nur noch sechs Soldaten neben sich versammelt. Eine Gruppe suchte Zuflucht in einer Senke und wurde von einer schweren Granate getroffen. Auf der Stelle wurden 19 Soldaten getötet, 26 schwer verwundet, der Rest irrte hin und her, schrie und wälzte sich am Boden …"

Die vierte Isonzoschlacht

General Cadorna hatte vor Beginn des Krieges die italienischen Parlamentarier durch seine Versprechung mitgerissen, daß die italienischen Einheiten in einem Monat in Triest einmarschieren würden. Der Angriff, der kurz sein und nur geringe Verluste fordern sollte, blieb aber in den Schützengräben am Isonzo stecken. Für Anfang Dezember war die Zusammenkunft des Parlaments vorgesehen, und General Cadorna wußte, worüber die Parlamentarier reden würden. In aller Eile plante er eine neue Offensive, die später spöttisch auch „die Schlacht um das Parlament" genannt wurde. Das Ziel der Offensive war die Eroberung von Görz, wodurch dem Gerede ein Ende gesetzt werden sollte. Aber auch die Parlamentarier sehnten einen solchen Erfolg herbei, um die Öffentlichkeit zu beruhigen.

Boroević' Armee war in einer schwierigen Lage. Die italienische Artillerie zerstörte vor allem auf dem südlichen Frontabschnitt alle ihre Schützengräben und Befestigungen. Tagsüber konnten die Schäden wegen des ständigen Beschusses nicht behoben werden. Man hätte dafür Monate gebraucht, doch die Zeit drängte.

Die vierte Isonzoschlacht begann am 10. November, lediglich eine Woche nach der Beendigung der vorangehenden, und dauerte bis zum 14. Dezember. Das Kräfteverhältnis blieb etwa gleich: die italienische Seite hatte 370 Bataillone und 1.400 Geschütze zur Verfügung, die Verteidiger 150 Bataillone und etwa 700 Geschütze. Die italienischen Angriffe konzentrierten sich auf den Brückenkopf von Görz und Doberdo. Auf dem nördlichen Frontabschnitt wurde nur sporadisch gekämpft, denn der Schnee bedeckte bereits die Gipfel der Berge.

Der italienische Artilleriebeschuß war kurz, und nachdem das Feuer verstummt war, begannen entlang der gesamten Front die bisher heftigsten Sturmangriffe der italienischen Infanterie vor allem bei Oslavija und beim Monte San Michele. Es kam wieder zu erbitterten Kämpfen um den Besitz der karstigen Anhöhe und auch diesmal stellte sich kein Erfolg für die Italiener ein. Von Griža, einer Anhöhe nördlich von Kostanjevica, bis zur Küste griffen die Italiener sechsmal an, aber das 26. steirische Regiment konnte sie immer wieder aufhalten. Zwar gelang es ihnen am dritten Tag, auf einem vierhundert Meter breiten Abschnitt vorzustoßen, ihre Siegesfreude währte aber nicht lange. In einem entschlossenen Gegenangriff wurden sie von den österreichisch-ungarischen Einheiten wieder auf ihre Ausgangslinie zurückgedrängt.

Die Italiener stürmten in dieser Offensive vierzigmal Podgora, dreißigmal Oslavija und fünfzehnmal den Monte Sabotino. Lediglich Oslavija konnten sie letztlich erobern. Auf der österreichisch-ungarischen Seite zeichneten sich besonders die dalmatinischen Regimenter aus. Die italienische Luftwaffe begann auf Weisung der französischen Militärberater mit dem systematischen Bombardement der ehemals blühenden

Ansicht der Ruine des Erzbischöflichen Palais in Görz. Auf Empfehlung der französischen Alliierten wurde Görz durch Artilleriebeschuß systematisch zerstört.

Stadt Görz, die 30.000 Einwohner zählte. Cadorna verdient dennoch Anerkennung, denn in Flugblättern wurde das Luftbombardement angekündigt und die Zivilisten zum Verlassen der Stadt aufgefordert. Die Einwohner verließen daraufhin die Stadt und flüchteten ins Landesinnere. Die österreichisch-ungarischen Kommandostellen in der Stadt waren allerdings von den Bombardements kaum betroffen, denn sie befanden sich tief unter der Erde.

Der Fall von Oslavija war freilich ein schwerer Schlag für Österreich-Ungarn, denn die Verteidigung des Brückenkopfes von Görz war damit gefährdet. Darum setzte man alles daran, diesen strategisch wichtigen Punkt zurückzuerobern. Mit einem geschickten Manöver sollte das Ende Januar 1916 auch gelingen.

Das eroberte Terrain stand jedoch in keinem Verhältnis zu den Opfern: 7.500 Tote und genauso viele Vermißte auf der italienischen Seite. Die gesamten Verluste bei den Italienern betrugen 50.000 Soldaten. Die Verluste der Gegenseite waren nur halb so hoch (davon 4.000 Tote). In der vierten Isonzoschlacht waren die Italiener ihren Zielen keineswegs nähergekommen, und das italienische Parlament tagte in einer düsteren Stimmung. Der Brückenkopf von Görz blieb intakt und Doberdo in den Händen der Verteidiger. Cadorna äußerte bei einer Gelegenheit, „daß das Militär die einzige Munition sei, von dem die Italiener mehr als genug hätten". Offenbar ging Cadorna mit dieser Munition nicht besonders sparsam um, und das sollte sich am Ende für ihn bitter rächen. Boroević dagegen plagten ganz andere Sorgen. In zwei Monaten hatte er 60.000 Mann verloren, die unersetzlich waren. Angesichts dessen, daß er mit zwei-

oder dreimal weniger Soldaten als die Italiener auskommen mußte, wog der Verlust jedes einzelnen schwer, und die ständige Reduktion seiner kampffähigen Männer machte ihm sehr zu schaffen. Die Lagen im Osten und auf dem Balkan erlaubten keine Verstärkung der Truppen am Isonzo. Dennoch gelang es ihm, zwei Divisionen von der österreichisch-ungarischen militärischen Führung zu ertrotzen, die die Truppen am Isonzo verstärkten.

Cadorna und Boroević

General Cadorna empfahl im ersten Angriffsbefehl seinen Offizieren, nur die vom Gegner geräumten Territorien besetzen. Diese Empfehlung zeugt von übermäßiger Vorsicht, vor allem wenn man bedenkt, daß die Soldaten ohnehin das Risiko scheuten. In diesem Befehl spiegelt sich auf eigentümliche Weise Cadornas methodischer und mißtrauischer Charakter wider.

Cadorna entstammte einer alten aristokratischen Offiziersfamilie aus dem Piemont. Schon im Knabenalter wurde er ins Militärinternat geschickt, und im Alter von zwanzig Jahren schloß er die Militärakademie ab. Er wurde schnell befördert und war bekannt für seine Strenge gegenüber den Soldaten. Er befehligte zunächst ein Bataillon, bevor ihm drei Jahre vor dem Kriegsausbruch der Befehl über die 2. Armee im Kriegsfall übertragen wurde. In allen Isonzoschlachten legte er kein besonderes strategisches Talent an den Tag und wahrte Distanz zu den Offizieren und Soldaten. Das war allerdings in anderen Armeen nicht anders: auch britische und französische Generäle zogen es vor, die Schützengräben zu meiden.

Cadorna mußte am Isonzo immer wieder Demütigungen hinnehmen und sich zudem für die bitteren Niederlagen auch noch vor militärischen und staatlichen Institutionen verantworten. Erst Mussolinis faschistisches Italien rehabilitierte ihn, denn die Faschisten brauchten Helden. Sogar der Zusammenbruch bei Karfreit wurde ihm verziehen.

Svetozar Boroević von Bojna war der einzige Feldmarschall slawischer Abstammung in der Geschichte der Doppelmonarchie. Und das will etwas heißen. Geboren in Umetić im Banat, verbrachte er seine Kindheit in Mečenčani in der Umgebung von Korenice. Seine Mutter war serbisch-orthodox, über das Bekenntnis des Vaters gibt es keine zuverlässigen Angaben. Boroević willigte aufgrund dieser verwandtschaftlichen Beziehungen niemals ein, gegen Serbien ins Feld zu ziehen. Er wählte den Beruf eines Soldaten wie sein Vater Adam. Der Soldatenberuf war an der ehemaligen Grenze zum Osmanenreich gang und gäbe, und Österreich-Ungarn rekrutierte bis zu zwei Drittel seiner Berufssoldaten aus dieser Gegend. Diese Soldaten waren darüber hinaus immer schon geschätzte Söldner: In den Napoleonischen Kriegen beispielsweise fielen 46.000 von ihnen auf Seiten der Franzosen.

Boroević trat als zehnjähriger Knabe in die Kadettenschule von Petrinja in Kroatien ein, später besuchte er die Kadettenschule in Graz. Diese Militärgymnasien der Donaumonarchie waren ehrenwürdige Institutionen. In ihnen herrschte strenge Disziplin und der Lehrplan war sehr anspruchsvoll. Die Kindheit der Kadetten unterschied sich

Marschall Cadorna
(rechts) und
General Porro

gänzlich von der ihrer Altersgenossen. Sie erhielten eine strenge Ausbildung und mußten ihren Charakter festigen, denn Willensschwäche wurde nicht geduldet.

Boroević zeichnete sich durch Entschlossenheit, Gelassenheit und Besonnenheit aus. Er zögerte nicht, alle seine verfügbaren Kräfte in den Kampf zu werfen. Trotzdem vergeudete er niemals seine materiellen Ressourcen und respektierte, soweit es ging, das Menschenleben. Er war das Gegenteil von Cadorna, der sich nur auf seine materielle Überlegenheit verließ und den Gegner ausschließlich durch Abnutzung bezwingen wollte. Obwohl Boroević seinen Soldaten in den entscheidenden Angriffen das Letzte abverlangte, fielen seine Verluste stets geringer als die von Cadorna aus. Seine Beliebtheit bei den Soldaten begründete auf der Nähe zu ihnen. Er schreckte nicht davor zurück, mit in die Schützengräben zu kommen und mit den Unteroffizieren die Aussichten neuer Aktionen zu besprechen. Er lebte asketisch und verschaffte sich hoch zu Roß die Übersicht über das Schlachtfeld. Täglich machte er Turnübungen und achtete auf seine körperliche Verfassung. Seine Frau half im Lazarett des Roten Kreuzes in Bled mit. Als Vorbild für die anderen Soldaten verzichtete er gänzlich auf zivile Besuche, obwohl ihm eine Geliebte nachgesagt wurde: eine verheiratete österreichische Gräfin, mit der er in Lovran in der Nähe von Abbazia angeblich oft zusammentraf.

Graf Luigi Cadorna wurde 1928 als Held zu Grabe getragen, Svetozar Boroević von Bojna starb 1920 im Klagenfurter Exil verarmt und vergessen. Das neuentstandene Jugoslawien wollte ihn nicht, obwohl er Ehrenbürger der Städte Laibach und Agram war. Die serbischen Kämpfer der Balkanfront genossen größeres Ansehen als die ehemaligen k. u. k. Offiziere. Österreich zeigte sich mit einem schönen Grabmal am Wiener Zentralfriedhof erkenntlich. Slowenen und Kroaten stehen aber weiterhin in seiner Schuld, denn mit der Verteidigung des Isonzo trug er entscheidend dazu bei, daß die Grenzen heute zugunsten Sloweniens und Kroatiens verlaufen.

Kanonendonner in der Ferne

Der Krieg näherte sich Laibach. Den Donner der Kanonen konnte man bis Graz und Agram hören. Die Kriegsnähe schürte Angst und Schrecken bei der Bevölkerung, und die Zeitung „Slovenec" verwies auf das Spionagenetz, das die Italiener angeblich schon zu Friedenszeiten über das gesamte Land gespannt hätten.

Zu Beginn des Krieges traten fünf Beschlüsse des Kaisers in Kraft, mit denen die Landtage und der Reichsrat vorerst vertagt wurden. Ebenso wurden die Schwurgerichte außer Kraft gesetzt. Die Gemeindeverwaltungen wurden der Militärgerichtsbarkeit unterstellt. Das Versammlungsrecht, Post, Telegraphie u. ä. wurden ebenso der Militärgerichtsbarkeit unterstellt, die Zensur eingeführt. Nach dem Angriff Italiens wurden am 4. Juni 1915 in Krain, das sich unmittelbar hinter der Front befand, Militärgerichte eingerichtet. Sie waren in erster Linie für Militärpersonen (Spionage, Majestätsbeleidigung, Fahnenflucht usw.) und Zivilpersonen unter bestimmten Bedingungen zuständig.

Die Familien der einberufenen Soldaten bekamen einen Verpflegungszuschuß. Zu Beginn des Krieges betrug er pro Person eine Krone und vierzehn Kreuzer am Tag. In Wien und Tirol lag er bis zu 50 % höher als im Küstenland und in Krain. In der Bukowina wiederum betrug er nur neunzig Kreuzer. Den Familien von Deserteuren oder zu schwerem Kerker Verurteilten wurde er sofort gekündigt.

Das Leben in Österreich-Ungarn verschlechterte sich. „Wir müssen sparen! Man siegt eben nicht nur mit Kanonen und Gewehren", mahnte „Slovenec" Anfang des Jahres 1915. So müsse man beim Brot sparen, denn Weißbrot sei Verschwendung von Weizenmehl. Der anonyme Autor empfahl, pro Kilogramm Weizenmehl 200 Gramm Kartoffelmasse beizumischen. Die Kartoffeln solle man gar nicht schälen, denn ein Fünftel gehe dabei verloren.

Mit dem Weizen mußte nicht nur Österreich-Ungarn haushalten. In Deutschland wurde Ende Januar 1915 ein Getreide- und Mehlmonopol errichtet, und die gesamten

Vorräte an Weizen, Roggen und Mehl wurden eingezogen. Mit dem 1. Februar wurde der Handel mit Getreide und Mehl in Deutschland untersagt. Auch in Österreich-Ungarn neigte man zu denselben Methoden.

In Friedenszeiten verbrauchte Österreich 55 Millionen Zentner Getreide, davon wurden 15 Millionen Zentner aus Ungarn importiert. „Slovenec" wiederum stellte fest, daß der Getreidehandel mit der ungarischen Reichshälfte wegen der hohen Verkaufspreise zum Erliegen gekommen war. Überhaupt kam Ungarn seinen vertraglichen Verpflichtungen bezüglich Nahrungsmittellieferungen in die cisleithanische Reichshälfte nicht im nötigen Ausmaß nach, wodurch die Versorgungssituation der Bevölkerung Transleithaniens ungleich besser war.

Ende Februar trat ein kaiserlicher Erlaß in Kraft, mit dem das Anlegen von Getreidevorräten beschränkt wurde. Die Bauern durften demnach nur noch sieben Kilogramm Mehl oder neun Kilogramm Getreide pro Person im Monat und drei Kilogramm Getreide pro Pferd am Tag behalten.

Die Flüchtlingswelle

Auch unter einem anderen Gesichtspunkt war der Krieg mit Italien für Österreich-Ungarn folgenschwer: die Flüchtlingswelle breitete sich über Krain und das gesamte Österreich-Ungarn aus. „Slovenec" berichtete am 12. Juli 1915 von über 100.000 Flüchtlingen, die bis dahin in Leibnitz eingetroffen waren.

Der slowenische Priester und Reichsratabgeordnete Ivan Rojec befaßte sich in einem Artikel auf der Titelseite von „Slovenec" vom 3. November mit diesem Thema. Er beschrieb das ungewisse Schicksal von 120.000 Menschen aus dem Küstenland, aus Kärnten und aus Tirol, die ihr Heim verlassen mußten. Heute wissen wir, daß die Slowenen aus den betroffenen Gebieten auf achtzig verschiedene Sammelstellen verteilt wurden. In Laibach und Wien gab es zwar Vermittlungsstellen für die Flüchtlinge, die aber keine Kompetenzen hatten. Sie intervenierten bei den Behörden für Nahrung, Unterkunft, Kleidung, Schulunterricht für die Kinder usw. Viele flüchteten Hals über Kopf vor den anrückenden Italienern, andere wiederum wurden systematisch ausquartiert.

Rojec berichtete über Flüchtlingsstädte, in denen zehntausend oder mehr Menschen lebten. In Leibnitz seien zweiundzwanzigtausend und in Gmund zwanzigtausend Flüchtlinge untergebracht. Die Kindersterblichkeit unter den Flüchtlingen sei besonders hoch. Jeder Flüchtling bekomme 90 Kreuzer. Rojec, dem das ungewisse Schicksal seiner Landsleute sehr zu Herzen ging, versprach, daß detaillierte Listen der Flüchtlinge zur Zusammenführung der Familien am Ende des Krieges beitragen sollten. Er stellte aber auch fest, daß es zwar genügend Dolmetscher für verschiedene Sprachen gab, nur für Slowenisch keine zur Verfügung standen.

Die Eroberung Serbiens

Serbien war es zunächst gelungen, alle österreichisch-ungarischen Angriffe abzuwehren. Dann aber vereinten Österreich-Ungarn und Deutschland ihre Kräfte und gewannen auch Bulgarien für sich. Das Blatt wendete sich. Für seinen Kriegseintritt auf Seiten der Mittelmächte sollte Bulgarien Mazedonien erhalten, und die Türkei erklärte sich bereit, das Gebiet am Fluß Marica abzutreten.

Ende September 1915 konzentrierten die Mittelmächte am rechten Ufer von Save und Donau fünfzehn Divisionen. Serbien hatte zwar im Jahr davor von den Alliierten großzügige Unterstützung erhalten, um die Armee zu reorganisieren und Vorräte anzulegen, war nun aber offenbar kriegsmüde und konnte nur fünf Divisionen aufstellen. Darüber hinaus wurden die Truppen von Krankheiten befallen (allein im April erkrankten 50.000 serbische Soldaten an Typhus), und ein von der Entente angebotenes Hilfskorps von 150.000 Soldaten traf niemals ein.

Die Mittelmächte leiteten ihre Offensive am 5. Oktober ein und bombardierten die Städte Belgrad und Smederevo. Die Pionier- und Genietruppen bauten Pontonbrücken, und schon nach zwei Tagen gelang es den Truppen der Mittelmächte, Donau und Save zu überqueren. Es kam zu Straßenkämpfen in Belgrad, und nach weiteren zwei Tagen wurde die Stadt eingenommen. Dann schloß sich auch noch Bulgarien den Mittelmächten an, und seine Truppen fielen im Osten Serbiens ein. Die serbische Armee zog sich weit zurück und räumte kampflos die Städte Kragujevac und Niš. Damit erreichten die Mittelmächte ihr Kriegsziel: Die Öffnung der Wasserwege und der Eisenbahnverbindung zur Türkei. Der serbische General Radomir Putnik wollte sich nach Griechenland zurückziehen, um sich dort mit den alliierten Truppen zu vereinen. Doch die Bulgaren hatten Mazedonien besetzt, weshalb er sich für den beschwerlichen Weg über die Berge Albaniens entschied. 60.000 Serben überlebten diesen kräfteraubenden Marsch allerdings nicht. Bald darauf kapitulierte auch Montenegro. Am 1. Januar 1916 erreichten 140.000 völlig erschöpfte serbische Soldaten die Adriaküste, die sodann von den Alliierten auf die Insel Korfu evakuiert wurden.

1916

Die Italiener lernen schnell

Im Kriegsjahr 1915 hatten die Alliierten mehrere Rückschläge hinnehmen müssen. An der Westfront waren trotz materieller Überlegenheit alle ihre Durchbruchsversuche fehlgeschlagen. Die Schlachten in der Champagne, bei Ypern und die Lorettoschlacht forderten große Verluste an Menschenleben, und die konnten sich weder Frankreich noch England in diesem Ausmaß auf Dauer leisten.

Die Russen wurden bei Gorlice und Tarnów vernichtend geschlagen, und das russische Heer sollte sich niemals mehr davon erholen. Serbien wurde von Österreich-Ungarn besiegt und okkupiert. Und schließlich scheiterte auch die Landung eines großen Expeditionskorps englischer und alliierter Truppen auf der türkischen Halbinsel Gallipoli. Man hatte große Hoffnungen auf Italien gesetzt, die sich jedoch trotz des großen Einsatzes an Menschen und Material nicht erfüllen sollten. Zwar war Österreich-Ungarn durch den Krieg mit Italien zusätzlich geschwächt, aber die Italiener machten keine Fortschritte. Die Isonzofront blieb faktisch bis zur letzten Schlacht fast unverändert.

Bis Ende 1915 verlor Deutschland beinahe 3 Millionen Menschen (davon 630.000 Tote) und die Donaumonarchie 3,4 Millionen Menschen (davon 430.000 Tote). Die Verluste Frankreichs betrugen knapp 2 Millionen Menschen (davon 600.000 Tote). Beide Seiten rechneten weiterhin mit einem Sieg und waren voller Zuversicht, die Gegenseite entscheidend zu schwächen und zur Kapitulation zu zwingen. Die Zeit arbeitete für die Entente, denn die Blockademaßnahmen zeigten Wirkung. Zudem verfügten sie über größere materielle Ressourcen als die Mittelmächte.

Die Nahrung wurde zu einem kriegsentscheidenden Faktor, und gerade daran fehlte es in Deutschland und Österreich-Ungarn am meisten. Lebensmittel konnten nur noch aus Rumänien importiert werden. Von 1915 an wurden Mehl und Brot auf Lebensmittelscheine verteilt. Den Mangel verspürte man zunächst bei Viehfutter und Düngemittel, denn das Getreide war für den menschlichen Verzehr bestimmt und wurde nicht mehr an das Vieh verfüttert. Die Viehbestände nahmen ab, und die Menschen begannen zu hungern.

Das Jahr im Zeichen von Verdun und der Somme

Der Ausgang des Krieges würde sich an der Westfront entscheiden, das war sowohl der Entente als auch den Mittelmächten klar. Die Kämpfe an der Isonzofront waren zwar blutig und die Verluste sehr groß, sie war aber trotzdem nur ein Nebenkriegsschauplatz.

Die deutsche Heeresleitung entschied sich für einen Angriff auf Verdun, um endlich wieder Bewegung in den Krieg zu bringen. Verdun war eine der bedeutendsten

Festungsanlagen mit mehr als sechzig Befestigungen entlang der Maas. Die Offensive sollte schnell erfolgen, was sich aber schon bald als völlig illusorisch erwies. Das schlechte Wetter vereitelte zunächst den Angriff, und die Deutschen mußten sich bis zum 21. Februar gedulden. In der Zwischenzeit erkannten die Franzosen die deutschen Angriffsvorbereitungen und holten Verstärkung heran. Zunächst deutete alles auf einen Erfolg der deutschen Truppen hin, denn sie nahmen die beiden ersten Verteidigungslinien im Sturm ein. Zum ersten Mal wurden auch Flammenwerfer eingesetzt, und sie erwiesen sich als sehr effektive Waffe. Aber bereits am 28. Februar gelang es den Franzosen, die Deutschen aufzuhalten.

Das Kommando über die französischen Truppen bei Verdun übernahm General Philipe Pétain, der die Verteidigungsstrategie änderte. Das erste Mal wurden auf der französischen Seite ausschließlich Lastwagen zum Transport von Truppen verwendet, und unter Pétains Anweisung gelang es, innerhalb von nur zwei Tagen sieben Divisionen und 300 Kanonen auf das Schlachtfeld von Verdun zu bringen. Damit war schon bald das Gleichgewicht der Kräfte an diesem Frontabschnitt wiederhergestellt.

Auch in den folgenden Monaten setzten die Deutschen ihre Angriffe auf Verdun fort. Sie eroberten zwar die Forts Douaumont und Vaux und bedrohten die französischen Stellungen auf der rechten Seite des Flusses (ein Drittel der französischen Artillerie war auf diesem Abschnitt konzentriert). Die großen Verluste zwangen die deutsche Heeresleitung aber zum Abbruch der Schlacht. Zudem begannen die Briten und Franzosen am 24. Juni ihrerseits eine Offensive an der Somme.

Die Offensive der Alliierten an der Somme war vorerst sehr breit angelegt. Die Franzosen wollten zunächst 40 und die Briten 26 Divisionen einsetzen. Die Abwehrschlacht bei Verdun aber band so viele Kräfte der Franzosen, daß sie sich beim Beginn der Offensive an der Somme überraschenderweise in einer untergeordneten Position zu den Briten befanden, denn sie konnten nur 20 Divisionen für den Angriff auf diesem Frontabschnitt bereitstellen.

Zwar ließ die französische Artillerie einen Granatenhagel auf die deutschen Stellungen niederprasseln. Es half aber alles nichts, denn die Deutschen waren sehr gut vorbereitet und schlugen alle Infanterieangriffe der Alliierten zurück. Auch dieser britisch-französische Durchbruchsversuch mißlang.

Bis Ende Juli verloren die Deutschen 120.000 und die Alliierten 200.000 Soldaten. Im August verloren beide Seiten zusammen noch einmal 150.000 Soldaten. Angesichts dieser erschreckenden Verlustzahlen war es kaum möglich, einen kühlen Kopf zu behalten.

Beide Seiten wurden von Defätismus erfaßt. Wer wollte schon kämpfen, wenn man von Granaten getötet wurde, bevor man überhaupt den gegnerischen Soldaten zu Gesicht bekam. Und das Massensterben nahm kein Ende.

Die fünfte Isonzoschlacht

Im Winter wurde am Isonzo zwar nicht so heftig gekämpft wie in den Schlachten zuvor, dennoch verging kaum ein Tag ohne Artillerieduelle. Es kam zu kleineren Gefechten, die zu keinem Ergebnis führten. Beide Seiten bauten ihre Schützengräben und Befestigungen weiter aus. Im oberem Isonzotal sind die Winter lang und es fällt auch viel Schnee. Viele Soldaten erfroren oder wurden von Schneelawinen mitgerissen. In den Julischen Alpen wurden etwa 600 österreichisch-ungarische Soldaten Opfer von Lawinenabgängen.

Generalstabschef Conrad von Hötzendorf stellte eine Gegenoffensive in Tirol in Aussicht, obwohl Deutschland damit nicht einverstanden war. Boroević mußte für diesen Plan ein Drittel seiner Truppen zur Verfügung stellen, was eine Schwächung der 5. Armee bedeutete. Auch General Rohr in Kärnten mußte einen Teil seiner Truppen abgeben. Um die Schwächung der Verteidigung am Isonzo und in Kärnten der Gegenseite zu verbergen, wurde erhöhte Aktivität vorgetäuscht. General Cadorna schien davon nichts zu bemerken und nutzte darum auch nicht die einmalige Chance.

Obwohl er sich mit der Regierung und dem lautstarken Parlament herumschlagen mußte, gelang es ihm trotzdem, von der obersten Armeeführung eine Vergrößerung seiner Streitmacht zu erwirken. Und auch über einen Mangel an Waffen, Munition und Ausrüstung konnte er sich nicht beschweren. Auf Drängen der Franzosen entschloß er sich zu einer neuen Offensive am Isonzo – allerdings ohne größere Ambitionen. Vor allem die bedrängten französischen Truppen bei Verdun hatten diese indirekte Unterstützung der Italiener bitter nötig. Die italienische Offensive begann am 11. März und dauerte nur fünf Tage bis zum 16. März, womit die fünfte Isonzoschlacht eine der kürzesten in der Geschichte der Isonzofront war. Dementsprechend gering fielen auch die Verluste aus, beide Seiten verloren jeweils etwa 2.000 Soldaten.

In dieser Phase des Krieges wurden auf beiden Seiten besonders spezialisierte Truppen formiert und für den Sturmangriff ausgebildet: Auf der österreichisch-ungarischen Seite die „Sturmtruppen" und auf der italienischen Seite die „Arditi", Soldaten in schwarzen Uniformen mit Totenköpfen auf der Mütze (nach dem Krieg bildeten sie den Kern der „Fasci di combattimento" unter der Führung Benito Mussolinis).

Albin Mlakar: Tagebuch 1916–1918

1. Januar 1916

Neues Jahr. Wer weiß, was es uns bringen wird. Vielleicht den Frieden?
Das Wetter ist nebelig.

8. Januar

Wegen des dichten Nebels, der die Sicht versperrte und die Beobachtung verhinderte, ist es bis heute ziemlich ruhig geblieben. Heute ist ein wunderschöner Tag. Die Flugzeuge stiegen auf. Die Italiener nutzten die Zeit sehr gut, da sie wegen des dichten Nebels nicht behelligt werden konnten. Sie gruben sich ein und befestigten erneut ihre Schützengräben. Auch wir sahen nicht tatenlos zu. Jede Nacht beschoß unsere gesamte Artillerie Oslavija. Womöglich bereitet sich unsere Infanterie für den Ansturm auf Oslavija vor, wo jetzt die Italiener eingegraben warten. Gnade ihnen Gott! Sie werden sich ziemlich anstrengen müssen.

14. Januar

Ich schob Wache von 7 bis 9 Uhr abends. Der Mond verströmte seine Strahlen auf das Schlachtfeld. Ruhig, still, ganz still, als ob gar kein Krieg stattfinden würde. Nicht ein einziger Schuß fiel. Hie und da erhellte eine Leuchtrakete den Himmel, dann wiederum herrschte Stille, daß man den Herzschlag hören konnte. Es war eine Stille vor dem Sturm. Genau um 8 Uhr 45 legt unsere gesamte Artillerie los und beschießt heftig Oslavija. Es folgen Gewehrschüsse einer nach dem anderen. Wir wollen den Italienern das Dorf und die Anhöhe 188 entreißen. Um 9 Uhr wird das mörderische Artilleriefeuer etwas weiter verlagert, um dem Feind jegliche Hilfeleistung zu vereiteln. Auch die gegnerischen Artilleriebatterien melden sich, was aber nicht viel nutzt. Ein Teil unserer Artillerie beschießt die gegnerischen Artilleriebatterien, der andere Teil wiederum setzt seine mörderische Arbeit an Oslavija fort. Die Infanterie kommt zum Einsatz. Das Maschinengewehrfeuer ist zu hören. Die Italiener fordern mit roten und grünen Leuchtraketen Hilfe an. Wahrscheinlich ist es gelungen, ihre Telefonleitungen zu beschädigen. Der Kampf war heftig und lang. Erst gegen Mitternacht kehrte wieder die Stille ein. Ich bin sehr neugierig auf den Ausgang des Kampfes.

15. Januar

Gleich am Morgen – ich war noch im Bett – erfuhr ich den Ausgang des Kampfes.

Mit dem Erfolg können wir durchaus zufrieden sein: Oslavija wurde zurückerobert und über 900 Italiener wurden gefangengenommen. Auch die Anhöhe 188 befand sich bereits in unseren Händen, konnte aber nicht gehalten werden. Am Nachmittag beschoß der Feind aus Frustration das Kastell und dessen Umgebung. Die Treffer saßen, doch ich machte mich bereits aus dem Staub.

16. Januar
Die Italiener zerschossen alle unsere Telefonleitungen. Wie sollen sie bloß repariert werden, wenn sie gerade über der 200 Meter langen Brücke über den Isonzo getrennt wurden? Dort kann sich tagsüber keine Menschenseele blicken lassen, weil sie sofort von Schrapnells durchlöchert wird. Aber wir versuchten es trotzdem – mal sehen, was passiert. Wir gingen auf die Brücke und versuchten uns kriechend dem durchgetrennten Draht zu nähern. O je, schon nach ein paar Metern flogen uns die bleiernen Geschosse um die Ohren. Sicherer Tod! Wir zogen uns darum geschwind zurück und versuchten es am Abend wieder. Aber auch am Abend war es nicht besonders sicher, weil der Mond hell schien. Äußerste Vorsicht war geboten. Über eine Stunde wurden wir auf der Brücke festgehalten, weil der Draht mehrmals durchtrennt war. Glücklich brachten wir unsere Arbeit zu Ende. Es ist, Gott sei dank, ziemlich ruhig geblieben, nur am Morgen, als wir zurückkehrten, wurden wir mit Schrapnells beschossen und mußten uns auf den Boden werfen. Das ist die einzige Methode, um sich einigermaßen vor dieser lästigen Plage zu schützen. Daß heute Sonntag ist, erfuhr ich erst am Abend. Auch heute bekam das Kastell einige Granaten ab.

17. Januar
Die Polentafresser sind wirklich verrückt geworden. Weiß er wohl, daß sich heute viele hohe Tiere (Generäle) in der Festung befinden. Wie wild beschießen sie das Kastell. Alle Telefonleitungen sind wieder unterbrochen. Gott sei Dank – weiteres Unheil wurde nicht angerichtet.

18. Januar
Ziemlich nebelig heute, trotzdem schlugen vier Granaten in der Nähe ein. Ich hoffe, daß wir es dem Feind heimzahlen werden, wenn wir die 15 cm Haubitzen erhalten, deren Reichweite 8.000 m beträgt. Damit werden wir ihm zu Leibe rücken, auch dort, wo er sich heute sorgenlos bewegt in der trügerischen Unbekümmertheit. Vielleicht geschieht das schon in den nächsten Tagen.

24. Januar

Der Feind beschoß das Kastell. Es war ihm kein Glück beschert. Um drei begann unsere Artillerie mit ganzer Macht die Schützengräben in Oslavija zu beschießen, die von den Italienern erneut erobert wurden. Jetzt – elf am Abend – donnert es noch immer. Es wurde ein Angriff auf Oslavija durchgeführt. Ein Bericht liegt noch nicht vor. Telefonisch konnte ich nur in Erfahrung bringen, daß alle Positionen in Oslavija in unseren Händen seien und daß sich hinter der Kampflinie starke gegnerischen Reserven sammeln ... Morgen erfahren wir mehr. Dichter Nebel.

25. Januar

Der Erfolg unseres Angriffs auf Oslavija ist folgender: Oslavija selbst befindet sich weiterhin in den feindlichen Händen; was allerdings mehr wiegt, ist die Inbesitznahme der Anhöhe 188, um was es eigentlich auch ging. Des weiteren wurden 1.152 Italiener zusammen mit 42 Offizieren, darunter auch zwei Majore, gefangen genommen. Eigentlich ein ganz schöner Erfolg, vor allem wenn man bedenkt, das nur zwei Bataillone gegen vier feindliche Regimenter den Sturmangriff durchführten! Auch drei Maschinengewehre wurden erbeutet. Interessant, daß sich heute gleich 200 Italiener ergaben. Sie befanden sich in ihren Schützengräben in Oslavija. Unsere Artillerie überschüttete sie mit Granaten, sie durften sich allerdings nicht zurückziehen. Und was denken sich die schlauen Burschen aus? Sie schickten zu uns zwei „Parlamentarier", um über die Übergabe zu verhandeln. Sie forderten die Einstellung des Beschusses, damit alle überlaufen können. Also, wir hörten nicht auf mit dem Beschuß, allerdings wurde das Feuer weiterverlegt, um ihnen die Flucht unmöglich zu machen. Und dann erhoben sich die Italiener einer nach dem anderen, jeder mit einem weißen Tuch in der Hand und eilten sich zu unseren Schützengräben! Das sind Kerle!

27. Januar

Es kamen zu mir Pepi Ivan Čičev und Cerkovnik.

30. Januar

Ich war bei der Impfung in Sveti Peter. Am Abend schob ich Dienst am Telefon bis eins in der Nacht. Ich war sehr traurig und ich weiß nicht einmal warum.

8. Februar

Ich bin faul geworden. Ich habe keine Lust, nicht einmal die wichtigsten Ereignisse zu notieren. Aber heute zwingt mich der leere Magen, daß ich die Süße des Militärlebens beschreibe.

Es ist nicht mehr so, wie es zu Beginn war. Wir hungern, während sich die Herren Offiziere vollfressen (der einzig richtige Ausdruck), daß sie sich überhaupt nicht mehr rühren können. Unsere tägliche Nahrung: morgens schwarzer Kaffee, mittags Suppe (die diesen Namen gar nicht verdient), manchmal aber auch ein kleines Stück Fleisch mit Beilage aus Gerste oder Sauerkraut (Kartoffeln wurden uns seit Monaten nicht mehr zu essen gegeben). Abends Tee. Ab und zu erinnern sie sich doch, um uns Wein und Zigaretten zu geben (noch gut, daß ich kein Raucher bin!). Ich bitte, wie kann bloß die arme Seele bei diesem kargen Angebot bloß überleben – und das nicht nur überleben, sondern dazu noch tagtäglich hart abrackern! Die Herrschaften werden aber folgendermaßen bedient: Morgens wird Ihnen der Tee zu Bett gebracht. Am Vormittag genehmigen sie sich eine Schachtel Sardinen oder eine Scheibe Brot mit einem Aufstrich. Am Mittag Suppe, Fleisch, zwei, drei Beilagen (immer mit Schmalz zubereitet!), sowie zusätzlich Kompott und die feinsten Torten. All das begießen sie mit dem Wein, dazu zünden sie eine feine Zigarette an – der Teufel soll sie holen, wenn sie sich im Frieden irgendwann so was genehmigen konnten! Am Abend wieder Fleisch mit Beilage. Außerdem reservieren sie sich immer Cognac, Rum, Sliwowitz usw. Sie haben so viel zur Auswahl, daß sie gar nicht wissen, was sie essen und trinken sollen – wir müssen aber hungernd schuften.

Heute abend hörte ich einem Telefongespräch zweier solchen Herrschaften zu. Der erste: „Mir ging schon lange nicht mehr so gut wie zur Zeit. Ich esse gut und es ist nicht viel zu tun." Der andere: „Auch ich wünsche mir nicht, von hier wegzugehen – es fehlt mir an nichts." Man kann sich denken, daß ich mit der Faust auf den Tisch hauen wollte, daß Blitze schlagen würden! Sie fressen sich den Bauch voll und denken dabei gar nicht daran, daß wir auch hungrig sind und daß uns so ein gutes Essen ganz gut bekommen würde! Ich muß zugestehen, daß ich diesem Augenblick, als ich das niederschreibe, sehr, sehr hungrig bin. Wenn ich zumindest einschlafen dürfte, so aber muß ich nachts am Telefon ausharren. Es wäre doch seltsam, wenn es einem so jungen Mensch wie mir gleichgültig wäre, ob er satt oder hungrig ist. Helfe uns Gott, daß der Krieg ein Ende findet! Wir Soldaten, da wir leiden und kämpfen für das Heim, wollen doch nichts anderes als den Frieden, daß dieses unermeßliche Leiden schließlich ein Ende findet und diese Ungerechtigkeit, die uns zugefügt würde und wir uns nicht zu helfen wissen. Den Herrschaften dürfte es allerdings langweilig vorkommen, wenn sie sich im Frieden an die Zeiten erinnern werden –, die längst vergangenen Zeiten. Wir und das arme Volk aber müssen leiden, während es euch so gut ergeht, daß ihr gar kein Ende wünscht. Der Teufel soll euch holen.

1. Februar
Nachmittag um zwei Uhr der Befehl zum Abmarsch.

Voraussichtlich müssen wir nach Galizien. Wären wir bloß noch zwei Monate hier geblieben, damit in Galizien der Winter vorbei ist. Hier hatten wir schon ein paar schöne Tage wie im Frühling. Und nun kommen wir aus dem Frühling in den Winter. Den ganzen Nachmittag waren wir mit der Aufräumung der Telefondrähte beschäftigt. Ich war das letzte Mal auf den Kalvarienberg, der von den Italienern am heftigsten angegriffen wird. Am Abend ging ich dann zu den guten Leuten, wo ich mich satt gegessen habe mit Polenta und Grammel. Wie lange habe ich das nicht mehr gegessen ... Sie waren traurig, weil wir gehen. Und auch mir war es traurig zu Mute, weil ich mich bei ihnen wie zu Hause gefühlt habe ...

Die österreichisch-ungarische Gegenoffensive in Tirol

In Tirol konzentrierte Österreich-Ungarn einen Großteil der verfügbaren Kräfte mit dem Vorhaben, aus dem Hochgebirge herab die Italiener in der Flanke anzugreifen und in die Lombardei vorzustoßen. Das Ziel war, die italienischen Truppen am Isonzo zum Rückzug zu zwingen. Von der Isonzofront wurden 70.000 Soldaten und zwanzig Batterien abgezogen, in Tirol noch einmal sieben Divisionen von der Ostfront zugeführt. Auf die Hilfe des deutschen Verbündeten konnte Österreich-Ungarn diesmal nicht zählen. Die Militärhistoriker allerdings sind der Auffassung, daß Deutschland damit eine einmalige Gelegenheit ungenutzt verstreichen ließ. Eine eventuelle Niederlage Italiens zu diesem Zeitpunkt hätte nämlich wesentliche Auswirkungen auf den Ausgang des Krieges gehabt.

Der Beginn des Angriffs war für April vorgesehen. Aber wegen des hohen Schnees und der Lawinengefahr im Gebirge konnten die österreichisch-ungarischen Truppen erst am 15. Mai zum Angriff übergehen. Sie waren zunächst recht erfolgreich und überwanden die italienischen Hindernisse auf dem äußert schwierigen Terrain ohne größere Schwierigkeiten. Cadorna machte sich Gedanken über einen möglichen Rückzug seiner Truppen vom Isonzo. Dazu kam es aber dann doch nicht, denn nach drei Wochen blieb der österreichisch-ungarische Angriff fünfzehn Kilometer vor der Poebene stecken. Cadorna schaffte fieberhaft neue Einheiten herbei und drängte die Russen

Fünf italienische Offensiven auf dem Hochplateau Doberdo ließen keinen Stein auf dem anderen.

№ 1549. Aus dem zerstörten Doberdo

zu einem Angriff. Anfang Juni gingen diese tatsächlich in die Offensive, und der österreichisch-ungarische Generalstab sah sich gezwungen, die vielversprechende Gegenoffensive in Tirol Mitte Juni abzubrechen. Bis Ende Juni wurden dann auch einige der eroberten italienischen Städte wieder geräumt.

Um einem italienischen Gegenangriff am Isonzo zuvorzukommen, setzte die 5. Armee das erste Mal Giftgas in Form von Blasangriffen ein und zwar auf dem am meisten exponierten Abschnitt bei Doberdo. Die Italiener waren darauf völlig unvorbereitet und verloren 6.000 Soldaten, etwa die Hälfte von ihnen starb. Es zeigte sich aber, daß das Giftgas eine ziemlich unsichere Waffe darstellte und der Angreifer ebenso gefährdet werden konnte, denn an den Folgen von Gasvergiftungen starben auch vierzig österreichisch-ungarische Soldaten.

Die österreichisch-ungarische Niederlage an der Ostfront

Die Russen machten den österreichisch-ungarischen Truppen mit ihren Vorstößen das Leben besonders schwer. Genau um Mitternacht zum 1. Januar 1916 hatten sie auf dem hundertdreißig Kilometer langen Frontabschnitt an der bessarabischen Grenze, östlich und südlich von Czernowitz, angegriffen. Doch die österreichisch-ungarischen Maschinengewehre lichteten ihre Reihen und nach fünf Tagen mußten sich die Russen unverrichteter Dinge wieder zurückziehen. Nach zwei Wochen versuchten sie es erneut

Brief des Soldaten Tomaž Košir

Tomaž Košir war Wagnermeister aus Luttenberg und Soldat der Isonzofront, der im Juni 1916 bei Lucinico im Karst fiel. Zahlreiche seiner Briefe an Frau und Kinder blieben erhalten.

16. Juni 1915

Mein liebstes, teuerstes, goldenes Mütterchen! Deinen Brief und deine Postkarte habe ich heute erhalten und ich bedanke mich bei Dir, daß Du Dich noch an mich erinnerst. Antworte mir schnell, ich habe Dir nämlich noch einen Brief geschickt und dazu noch 6 Kronen, hast Du ihn erhalten oder nicht? Mein liebes Mütterchen, ich bitte schon vierzehn Tage um Fronturlaub. Wenn die Gendarmen kommen sollten, dann erzähle ihnen die ganze Wahrheit und sage ihnen, daß wir mehr als einen Acker Land besitzen, das zudem auch bewirtschaftet und geerntet werden muß. Wenn Du nur wüßtest meine Liebe, wie sehr ich sühnen muß für alles, was ich euch allen angetan haben sollte. Du würdest mir sicherlich alles vergeben, sofern ich Dich mein teures Mütterchen beleidigt haben sollte, ich bereue alles, ich vergebe Dir alles, bin aber auch überzeugt, daß Du mir alles vergibst. Du fragst mich, ob ich zur Marschkompanie zugeteilt werde. In einer Woche wird die Musterung sein und dann werde ich sehen, ob ich dazu überhaupt in der Lage bin. Gott sei mir gnädig. Ich weiß es nicht, ob für mich eine Rettung besteht oder nicht. Ich bin der Feldgendarmerie zugeteilt und wenn ich nicht wieder angefangen hätte, zu trinken, so wäre ich wohl jetzt dort, wo es wohl keine Rettung gibt. Du glaubst nicht, wie der Militärdienst ist, vor allem für einen Zugführer. Ich habe Dir aus Laibach geschrieben, als ich die 50 Männer nach Bischoflack getrieben habe. Ich bin mir nicht sicher, ob Du den Brief bekommen hast oder nicht. Bislang habe ich Dir immer zweimal wöchentlich geschrieben, manchmal sogar noch öfters. Vergebe mir bitte alles, wenn uns Gott scheiden sollte. Es gibt keine Hilfe hier!

Ich habe um Fronturlaub gebeten, damit ich endlich wieder bei euch meine Teuersten sein könnte. Allerdings konnte mir der Hauptmann nicht mehr als zwei Tage geben und darf auch nicht mehr geben. Aber was hilft mir das, wenn ich etwas mehr als zwei Tage zur Heimreise benötige. Ich habe doch einen sehr guten Hauptmann. Es geht mir besser, als Du denkst. Meine Tagesration esse ich niemals ganz auf und schwarzen Kaffee habe ich genug. Ehrenwort, seitdem ich in Žalec bin, habe ich jeden Tag mindestens drei Liter Kaffee getrunken. Jede Frau ekelt mich an. Ich kann es kaum erwarten, Dich in den Armen zu halten, dafür würde ich gerne sterben. Mein teures Mütterchen, wie oft wurde ich zornig, weil Du nicht zu mir kommen wolltest, doch ich vergebe Dir alles. Diese schönen Zeiten sind endgültig vorbei. Meine Zukunft ist zerstört. Jeder soll sich überglücklich schätzen, wer beim Militär ist und unverheiratet ist und ohne Kinder ist. Kannst Du Dir wohl vorstellen mein teures Mütterchen, wenn Frauen und Kinder hier ankommen, um ihre Allerliebsten zu besuchen. Wie kann es wohl dem Menschen ergehen, wenn er die Liebenden sieht, wie sie sich umarmen. Ein herzerreißender Anblick. Und ich muß immer zuschauen. Ich bitte Dich kniend und flehend, bleibe mir treu und standhaft, wenn bei euch Soldaten stationiert sind, denn nicht alle von ihnen sind auch ehrenhaft. Ich sage dir, wenn Du mir untreu werden solltest, soll mich der liebe Gott gleich zu sich holen.

Weiterhin teile ich Dir mit, daß der gewisse Jakob Senčar bei mir war. Zwar hat er mich nicht gekannt. Ich habe ihn behandelt so wie alle anderen Soldaten. Dann wurde er nach Hartberg versetzt.

Schenke niemanden Glauben und bleibe, wie Du mir vor Gott versprochen hast. Denke an die Kinder! Sei überzeugt, daß ich immer nur für euch gewesen bin, obwohl uns das Kriegsschicksal auseinanderbrachte. Sei nicht traurig, worüber ich Dir geschrieben habe. Aber ich habe schlecht geträumt. Der Schuß fällt und der Zugführer Košir ist nicht mehr. Wenn ich noch einmal so schlecht träumen sollte, dann Adieu ... Wer hat die Wiesen gemäht, wer brachte Dir das Heu nach Hause? Wie geht es dir, Frau? Wenn Du Geld brauchst, mit ein paar Kronen kann ich immer aushelfen. Wenn alles gut gehen sollte, so bin ich noch dieses Jahr daheim. Sieht man es schon der Kuh an, daß sie trächtig ist? Die Schweine essen gut. Passe bloß auf, daß nicht alles zugrunde geht, wofür wir uns beide so sehr bemüht haben. Wer schläft im meinen Bett? Josef? In Cilli war ich zusammen mit Stanjko, Lojze Sever und Kašjak. In Cilli trieb ich neunzig Männer zum Transport und richtete neue Rekruten ab. Nun siehst du, warum ein Mann beim Militär Sternchen trägt und das ist für mich ein großes Übel. Aber alles geht einmal vorbei und auch dieses Abschlachten wird einmal vorbei sein. Wenn bloß diese durch und durch teuflischen Italiener nicht den Krieg angefangen hätten, so wären wir im Herbst schon zu Hause gewesen. Ich hoffe, daß wir ihnen heimzahlen werden genauso wie den Russen. Unsere Soldaten wissen ganz genau, wofür sie kämpfen. Bei den Feinden weinen die Soldaten, wenn sie an die Front müssen, bei uns aber herrscht ein unbeschreiblicher Jubel dabei. Schreibe schnell, damit ich endlich weiß, wie es daheim steht.

Mein kleiner Josef, meine kleine Milica! Euch beide grüße ich am allermeisten und kündige euch an, daß ich bald zu Hause sein werde, so betet zu Gott, daß das schnell geschehen soll. Der Vater hat euch beide lieb, noch lieber als zuvor. Du sollst mir mal schreiben mein kleiner wackerer Bub, Josef, und mein kleines Mädchen, Milica, ihr sollt beide schön brav sein. Meine beiden tüchtigen Kinder, ihr sollt zu Gott beten, daß der Vater bald wieder nach Hause kommt. Schreibt mir, wer euch am aller liebsten hat, meine armen Kinder. Der Onkel Mihalek läßt euch beide schön grüßen. Er ist nun ein Gefreiter. Noch einen Kuß und gute Nacht Josef und Milica.

Glück sei mit Dir mein teures Mütterchen. Paß auf alle auf und höre auf mich. Ich schreibe Dir nichts beleidigendes. Antworte mir schnell. Tausend Küsse meine teure und geliebte Frau. Es grüßt Dich dein trauriger Gatte und Vater.

in der Bukowina, waren dort jedoch ebenso erfolglos. Die gleichen Bilder wiederholten sich im März in Nordpolen. Danach war es bis zum Sommer ruhig an der Ostfront.

In Sommer des Jahres 1916 planten die Russen eine neue Offensive und zwar unter dem Oberbefehl des Generals Brussilow, der schon zu seinen Lebzeiten zu einer Legende und im österreichisch-ungarischen Generalstab ehrfurchtsvoll nur „Er" genannt wurde. Am 6. Juni griffen die Russen entlang der fünfhundert Kilometer langen Front von Czernowitz in der Bukowina bis Pripjet im Norden an. Brussilow bereitete keinen konzentrierten Angriff vor, sondern jede der fünf Armeen hatte ihre eigene Richtung für die Hauptstoßkraft des Angriffs vorgegeben. Die Generalstäbe der Mittelmächte zerbrachen sich vergebens den Kopf, um Brussilows Angriffsplan zu entschlüsseln. Vermutlich wußte nicht einmal Brussilow selbst, in welche genaue Richtung die Offensive erfolgen sollte. Diese unübliche Streuung der Kräfte trug wohl am meisten zum Erfolg dieser 1. Brussilow-Offensive bei. Die Russen konnten sich aufgrund ihrer zahlenmäßigen Überlegenheit diese unorthodoxe Strategie durchaus leisten.

In der Bukowina mußten die k. u. k. Truppen trotz Unterstützung durch deutsche Einheiten auf der ganzen Linie zurückweichen. Die Russen eroberten die Stadt Luck und nahmen 40.000 Soldaten gefangen. Die österreichisch-ungarische 4. Armee zog sich daraufhin bis hinter den Fluß Stryj zurück. Mitte Juni mußte sich dann auch die 7. Armee bis hinter den Pruth zurückziehen, und die Russen eroberten die Bukowina und die Städte Czernowitz und Stanislau.

In Folge dieser Niederlage wurden die österreichisch-ungarischen Armeen an der Ostfront reorganisiert. Der Befehl über die neugegründete Heersgruppe am südlichen Abschnitt, zu der auch eine deutsche Armee gehörte, wurde dem Thronfolger Karl übertragen, sein Generalstabschef wurde der deutsche General von Seeckt. Im nördlichen Teil der Ostfront übernahm General Paul von Hindenburg auch das Kommando über die dortigen k. u. k. Truppen. Am 16. Juni gingen die Mittelmächte zur Gegenoffensive über, um die Front wieder zu stabilisieren, was ihnen zunächst auch gelingen sollte.

Der ehrgeizige General Brussilow ruhte sich aber nicht auf seinen Lorbeeren aus und setzte die Offensive Ende Juli bei der Stadt Kovel fort. Erst am 3. August gelang es den Mittelmächten nach harten Kämpfen, den Vormarsch der Russen aufzuhalten. Zwar mußte Brussilow im August die Offensive beenden, hatte jedoch bis zu diesem Zeitpunkt fast ganz Galizien erobert. Die 1. Brussilow-Offensive wurde zum größten Erfolg der Entente im Kriegsjahr 1916. Österreich-Ungarn wiederum mußte die bislang herbste Niederlage hinnehmen, denn es verlor über 600.000 Soldaten.

Die sechste Isonzoschlacht

Der italienische Generalstab setzte 1916 alles auf die Sommeroffensive. Er plante sie sehr sorgfältig, und die militärische Lage an anderen Fronten kam ihm dabei zu Hilfe. Die 1. Brussilow-Offensive (Juni–August) an der Ostfront und die Kämpfe um Verdun und an der Somme an der Westfront banden die Truppen der Mittelmächte. Boroević konnte beim besten Willen keine Verstärkung erhalten und war darum das erste Mal gezwungen, der Übermacht der Italiener zu weichen.

In taktischer Hinsicht war diese Offensive sicherlich eine große Überraschung. Die Alliierten veränderten ihre Kampfweise in den Schützengräben, und auch die Italiener entschieden sich, diese Neuerungen zu übernehmen. Der augenfälligste Unterschied bestand darin, daß nunmehr die Unteroffiziere in den Schützengräben je nach der Lage auf dem Schlachtfeld selbst Entscheidungen treffen konnten. Damit sollten in erster Linie unnötige Verluste an Menschenleben vermieden werden. Veränderungen erfolgten auch in der Logistik. Cadorna ließ seine Truppen erst unmittelbar vor dem Angriff und darüber hinaus nur während der Nacht an den dafür vorgesehenen Frontabschnitten konzentrieren. Die Artillerie schwieg praktisch bis zum Beginn der Schlacht, die am 4. August eingeleitet und am 15. August beendet wurde. Sie dauerte also nur zwölf Tage.

Boroević rechnete nicht mit einer Offensive der Italiener, denn diese hatten in den Kämpfen in Tirol fast 150.000 Mann verloren. Darüber hinaus war seine Armee noch immer geschwächt und erhielt keine weiteren Verstärkungen. Er hatte 105 Bataillone und weniger als 600 Geschütze zur Verfügung. Trotz der verlustreichen Kämpfe in Tirol konnte Cadorna 270 Bataillone, fast 50 Schwadronen und 1.700 Kanonen aufbieten.

Am 4. August leiteten die Italiener einen Scheinangriff bei Monfalcone ein, und erst am dritten Tag der Schlacht wurde die Artillerie eingeschaltet. Auf den Brückenkopf bei Görz ging ein Granatenhagel nieder, um die Schützengräben zu zerpflügen, die Unterstände aus Beton zu zerstören und die Kavernen zuzuschütten. In kürzester Zeit

Artilleriebeobachter
der Gebirgstruppen

wurde auf diesem Frontabschnitt die erste österreichisch-ungarische Verteidigungslinie außer Gefecht gesetzt.

In den vorangegangenen Isonzoschlachten hatten sich die Italiener weitgehend auf ihre Artillerie verlassen, deren Zerstörungskraft den Willen des Gegners brechen und dessen materielle Ressourcen abnutzen sollte. Die Infanterie sollte nur noch die von der Artillerie bereits eroberten gegnerischen Stellungen besetzen. Die Italiener verfügten über genügend Kanonen und Granaten, um sich ein Dauerbombardement der gegnerischen Stellungen leisten zu können. Gebracht hatte es trotzdem nicht viel, denn die Verteidiger erwiesen sich zählebiger als angenommen. Diesmal gingen die italienischen Sturmeinheiten zum Angriff über, bevor die Artillerie ihr zerstörerisches Werk beendete. Die österreichisch-ungarischen Einheiten auf der vordersten Frontlinie waren gar nicht im Bilde, was vor sich ging. Der Überraschungsschlag der Italiener gelang.

Der Monte Sabotino, Podgora, Oslavija und Lucinico bildeten die Grundpfeiler des sechs Kilometer langen Verteidigungsringes bei Görz. Von diesen Stellungen aus leisteten die österreichisch-ungarische Artillerie und Infanterie sich gegenseitige Unterstützung und konnten die Angreifer immer wieder zurückschlagen. Gerade diese Grundpfeiler der Verteidigung wurden nun in kürzerster Zeit völlig zerstört und verschüttet. Görz war damit schutzlos.

Die Verteidiger hatten zu Beginn des Krieges keine Zeit gehabt, um Görz weiträumig zu befestigen und mehrere Verteidigungslinien zu bilden. Die Stadt wurde nur an einer Linie verteidigt, und bei den vorangehenden Abwehrkämpfen gelang auch immer die erfolgreiche Verteidigung. Jetzt aber nutzten weder der Kampfgeist noch die Entschlossenheit der Verteidiger, um den Fall der Stadt abwenden zu können.

Den Abschnitt vom Monte Sabotino bis Oslavija verteidigten vier Bataillone, und den Abschnitt von Podgora bis zur Wippach fünf Bataillone. Die Schlüsselstellung in der Verteidigung nahm der steile und felsige Sabotino nördlich von Görz ein. Die Italiener hatten eine fünffache Übermacht und stürmten die gelichteten Reihen der Vertei-

Zerschossene Häuserpartie in Görz.
Riva Kastello.

Postkartenansicht
eines zerstörten
Görzer Hauses
am Riva Kastello.

diger mit 22 Bataillonen. Sie eroberten schnell den Gipfel, zögerten aber abzusteigen und die Brücken über den Isonzo zu besetzen. Ein Gegenangriff der Verteidiger scheiterte.

Innerhalb von zwei Tagen eroberten die Italiener die Anhöhen Sabotino, San Michele, Podgora und Oslavija. Am 9. August marschierten sie in Görz ein. In der folgenden Nacht besetzten sie auch Doberdo südlich von Görz, das von den Soldaten der Donaumonarchie zuvor geräumt worden war.

Auf den Anhöhen bei Podgora und Oslavija war die Übermacht der Italiener erdrückend. Auf einen österreichisch-ungarischen Soldaten kamen zehn italienische. Es verlangte übermenschliche Anstrengungen von den Verteidigern, diesem Druck standzuhalten. Auf Podgora leisteten zwei dalmatinische Bataillone, die zuvor von der italienischen Artillerie dezimiert worden waren, erbitterten Widerstand. Als die Angreifer näherrückten, wurde Mann gegen Mann mit Bajonetten, Gewehrkolben und sogar geschliffenen Spaten gekämpft. Trotzdem gelang es dem Haufen, der das Massaker überlebte, den Gipfel erfolgreich zu verteidigen. Und bei Oslavija konnten die österreichisch-ungarischen Einheiten den Gegner vierzig Stunden lang aufhalten, obwohl sie keine Verstärkung erhielten. Immer wieder rafften sich die Verteidiger auf und setzten zum Gegenangriff an, um den Vorstoß der Italiener zu behindern oder gar zu vereiteln.

Angesichts der erdrückenden Übermacht der Italiener entschied sich Boroević auf dem mittleren Frontabschnitt zu einem Rückzug seiner Armee und zwar auf die Linie Prižnica (Kote 383), Kuk, Monte Santo, Sv. Katarina, Rosental und Orehovlje. Der Brückenkopf bei Görz war unwiederbringlich verloren. Am 7. August wurde die Evakuierung des Militärs und der Ausrüstung aus Görz angeordnet. In der Stadt hatten einige tausend Menschen ausgeharrt, und die meisten von ihnen verließen zusammen mit den Soldaten die Stadt. Die Stellungen auf dem Grojna-Rücken, Grafenberg und der Anhöhe Pevma konnten allerdings weiterhin von den österreichisch-ungarischen Truppen gehalten werden.

Am 8. und 9. August erfolgte gedeckt durch die Artillerie der Rückzug der übrigen österreichisch-ungarischen Einheiten über den Fluß und die Sprengung der Brücken. Auf dem Gipfel von Podgora kämpften die Dalmatiner weiter, bis ihnen Munition, Nahrung und Wasser ausgingen. Nicht alle konnten sich rechtzeitig zurückziehen, und so gerieten viele in italienische Gefangenschaft.

Pioniereinheiten reparierten die gesprengten Brücken und überquerten den Fluß. Doch die Italiener verfolgten die angeschlagenen Verteidiger nicht und betraten die Ruinen von Görz nur mit größter Vorsicht. Wertvolle Zeit verstrich, und die österreichisch-ungarischen Truppen konnten sich ungestört auf dem linken Isonzoufer neu formieren.

Ein in einer Kaverne untergebrachtes italienisches Geschütz auf dem Berg Podgora oberhalb von Görz (Bild oben)
Die zerstörte Klosterkirche auf dem Mt. Santo (Bild rechts)

Italienische Soldaten unterhalb vom Monte Sabotino. Während fünf Offensiven hatten die Verteidiger die Stellungen gehalten, in der 6. Isonzoschlacht fiel der Sabotino in 45 Minuten nach einem sorgfältig vorbereiteten Angriff.

Auch auf dem südlichen Frontabschnitt verlief die Offensive für die Italiener erfolg-reich. Die Stellungen der Verteidiger bei Doberdo wurden mit Granaten eingedeckt. Die 20. ungarische Honved-Infanteriedivision leistete bis zuletzt heldenhaften Wider-stand. Angriffe und Gegenangriffe wechselten ab. Als die italienischen Sturmeinheiten am 6. August zum letzten Angriff auf den Gipfel von San Michele ansetzten, gab es auf Seiten der Verteidiger fast keine Überlebenden mehr. Die Italiener hißten ihre Flagge, und die österreichisch-ungarischen Truppen sahen sich gezwungen, am 9. August Doberdo zu räumen. Damit fiel ein weiteres Symbol der österreichisch-ungarischen Verteidigung. Die Slowenen erinnern sich noch heute in einem Volkslied an Doberdo: „Doberdob, slovenskih fantov grob ..." (Doberdo, Grab der slowenischen Männer ...)

Die Folgen der sechsten Isonzoschlacht

Der Brückenkopf bei Görz ging zwar verloren, dennoch behielten die österreichisch-ungarischen Truppen weiterhin die Gipfel einiger wichtiger Anhöhen in ihren Händen. Ihre Artillerie beschoß die Italiener nach wie vor von diesen umliegenden Höhen aus und machte dem Angreifer das Leben schwer.

Boroević blieb in der Tat nichts anderes übrig, als Görz und Doberdo zu räumen, um einer Umfassung seiner Truppen zuvorzukommen. Er erhielt keine Verstärkung, und die Munition ging aus. Erst am 8. August, vier Tage nach dem Beginn der Schlacht, traf Verstärkung an Mensch und Material ein. Am 9. August begann die zweite Phase der italienischen Offensive, um den Verteidiger auch aus den neuen Posi-tionen zu vertreiben. Die Kämpfe dauerten fast eine Woche. Diesmal wurden die Itali-ener zurückgeschlagen und mußten sich mit dem zuvor Erreichten zufrieden geben.

Die Brücke bei Salcano gehörte zu den größten Brücken mit steinernen Bögen. In der 6. Isonzoschlacht wurde sie von österreichisch-ungarischen Pionieren gesprengt.

Den Sieg bezahlten die Italiener mit dem Verlust von 50.000 (nach anderen Angaben sogar 70.000) Soldaten. Die Verluste der Donaumonarchie waren etwas geringer.

In Italien gingen die Wogen der Begeisterung hoch, denn Görz war endlich, nach sechzehnmonatigen blutigen Kämpfen, in die Hände der Italiener gefallen. Taktische Umstellungen, Veränderungen in der Logistik und gute Kommunikation zwischen Artillerie und Infanterie hatten Früchte getragen. Die Offensive war von langer Hand vorbereitet worden, und man hatte sich die globale Situation an anderen Fronten zunutze gemacht. Cadorna und das italienische Heer stiegen durch diesen Sieg im Ansehen bei den Verbündeten, die bislang keine hohe Meinung von ihnen hatten.

Cadorna konnte also zufrieden sein, noch mehr aber der Kommandant der 2. Armee General Capello, der Görz erobert hatte. Die Siegesfreude wurde jedoch durch den Umstand getrübt, daß das italienische Heer in dieser Schlacht sicherlich noch mehr hätte erreichen können, hätten seine Offiziere schneller agiert, vor allem aber, wenn sie die angeschlagenen österreichisch-ungarischen Einheiten unerbittlich verfolgt hätten. Zwar hatten einige Bataillone die Verfolgung aufgenommen, ließen sich aber bei Biglia im Wippachtal vom Maschinengewehrfeuer der Verteidiger aufhalten. Die Angreifer hatten alle Trümpfe in der Hand gehabt, sie jedoch nicht vollends zu nützen verstanden. Die Verteidiger konnten sich in der Zwischenzeit ausruhen und Kräfte sammeln.

Italienische Kavallerie hält in dem eroberten Görz Einzug.

Nach dem deutschen Mißerfolg bei Verdun, der abgebrochenen österreichisch-ungarischen Offensive in Tirol und den Niederlagen der Mittelmächte an der Ostfront, war der Fall von Görz ein weiterer Erfolg für die Entente im Kriegsjahr 1916. Diese Siege bewegten das unentschlossene Rumänien, an der Seite der Entente in den Krieg einzutreten – eine übereilte Entscheidung, wie sich herausstellen sollte.

Wenn man heute die Berichte von der Front und aus Boroević' Stab liest, so ist darin große Verbitterung bei den Offizieren der Donaumonarchie erkennbar. Der Fall von Görz war in jeder Hinsicht ein schwerer Schlag, obwohl sich die österreichisch-ungarischen Truppen tapfer hielten. Die italienische Übermacht war diesmal zu groß, und sie mußten weichen, um einer Vernichtung zu entgehen. Dreihundert Kanonen beschossen die Stadt, von der kaum noch etwas übrig blieb, berichtete „Slovenec". Nichts wurde allerdings von den Schwächen und der zahlenmäßigen sowie materiellen Unterlegenheit der Verteidigung gesagt, und daß sie sich von der italienischen Offensive so überrumpeln hatte lassen.

In den Händen des Sanitätsdienstes

„Wie leben eigentlich unsere Soldaten?", fragten sich immer mehr Menschen hinter der Front. Waren zu Beginn des Krieges nur junge Männer rekrutiert worden, so begann man 1916 nicht nur in der Doppelmonarchie auch ältere Jahrgänge einzuberufen. Das „Kanonenfutter" wurde allmählich auf beiden Seiten knapp.

Ende Januar brachte „Slovenec" einen ausführlichen Bericht über die Bedeutung des Sanitätsdienstes im Krieg. In Deutschland und Österreich-Ungarn konnten vier Fünftel der verwundeten und erkrankten Soldaten wieder gesund gepflegt werden, so daß sie dann wieder an die Front geschickt werden konnten. Die gesamten Verluste (Tote, Verwundete, Vermißte, Gefangene) des österreichisch-ungarischen Heeres betrugen fünf Millionen Menschen. Um so wichtiger erschien darum ein guter Sanitätsdienst, um vor allem die Verluste an Verwundeten auszugleichen.

Das österreichisch-ungarische Heer erwies sich darin als außerordentlich erfinderisch. So wurde z. B. in der Nähe der Front den Zügen mit Verwundeten und Erkrankten ein Versorgungswagen angeschlossen. Die Zeitung berichtete, daß ein solcher Versorgungswagen in einem Jahr etwa 40.000 Soldaten mit warmen Getränken, Zigaretten und ähnlichem versorgte. Noch wichtiger war der Badewaggon, in dem sich täglich bis zu 3.000 Soldaten brausten und umzogen. Die Läuse gehörten zu den lästigen Begleitern des Krieges, denn sie übertrugen bösartige Krankheiten. Es wurde sehr darauf geachtet, sie loszuwerden. Die Soldaten mußten sich vollständig ausziehen und ihre dreckigen Uniformen wanderten in die Dampfkessel zur Desinfektion. Nach der Brause zogen die Soldaten frische Uniformen an. Auf diese Weise wollte man die Verbreitung von Typhus verhindern. Darüber hinaus wurden die Wasserstellen bewacht, um unkontrolliertes Trinken zu verhindern. Der Zweck dieser Maßnahme war, die Ausbreitung von Cholera und anderen Bauchkrankheiten zu verhindern. In der Tat war der Wassermangel im Karst ein großes Problem. Am gefährlichsten waren die Wasserstellen, die von den Einheimischen zum Tränken des Viehs, zum Waschen der Kleider und sogar zum Baden der Kinder verwendet wurden. Hier fanden die Krankheitserreger einen günstigen Nährboden. Das Trinken an diesen Wasserstellen wurde darum strikt untersagt. Die größte Gefahr ging aber von den halbverwesten Leichen aus. Ihr scheußlicher Gestank war kaum zu ertragen, und um die Verbreitung von ansteckenden Krankheiten zu verhindern, wurden sie mit ungelöschtem Kalk bestreut, soweit sie nicht begraben werden konnten.

Die Sanitäter waren (und sind) die guten Geister an der Front. Die verwundeten Kameraden wurden zunächst hinter der Frontlinie gesammelt, um ihnen Erste Hilfe zu leisten. Den Sanitätern waren bei der Suche nach den Verwundeten ausgebildete deutsche Schäferhunde behilflich. Sie gaben Laut, wenn sie bewußtlose oder verletzte Soldaten aufspürten, die dann ins Lazarett gebracht wurden. Während einer Schlacht stieg die Zahl der Verwundeten an, meist zu sehr an, als daß alle hätten versorgt werden können. Mit den Schwerstverwundeten verloren die Ärzte meistens keine Zeit und überließen sie ihrem Schicksal. Das erscheint uns heute sehr grausam, doch das ärztli-

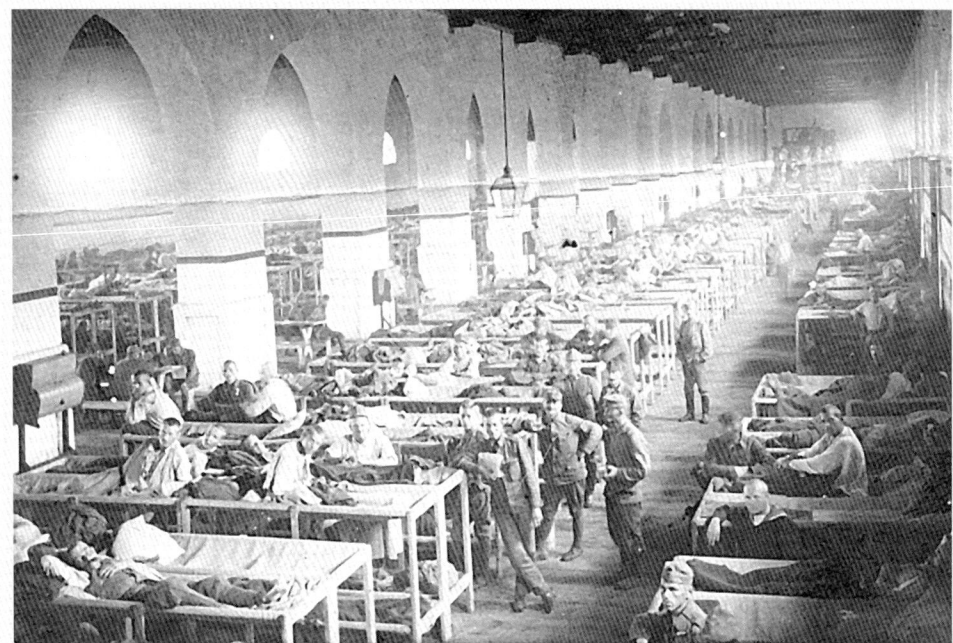

Ein großes improvisiertes Lazarett der österreichisch-ungarischen Armee

Ankunft eines Verwundetentransportes beim Feldspital von Sesana

Die Engel im Weiß – Inspiration für viele Schriftsteller im Ersten Weltkrieg –, die Schwestern des Feldhospitals von Sesana während einer Pause

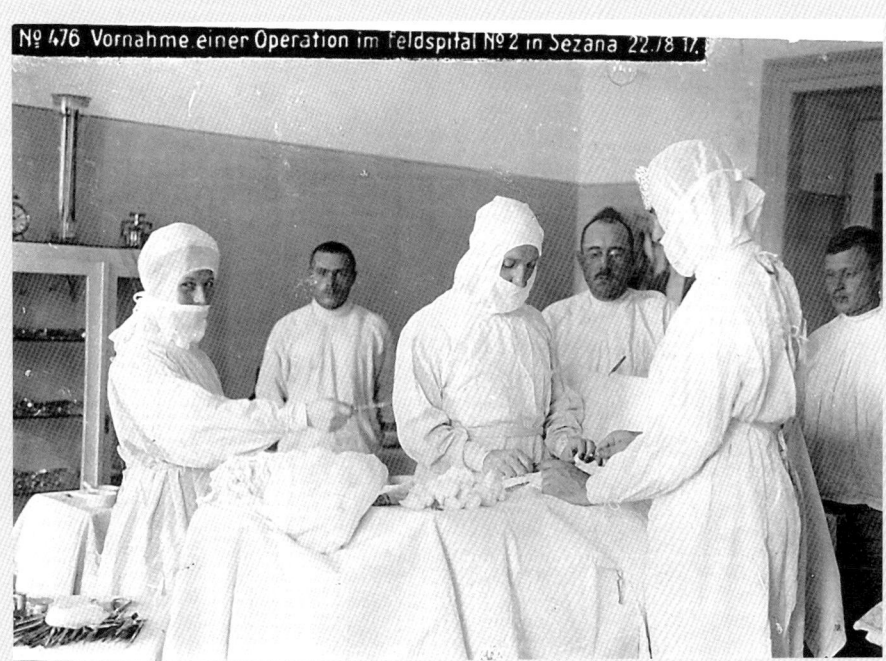

No 476 Vornahme einer Operation im Feldspital No 2 in Sezana 22.78 17.

Operationssaal
im Feldspital
von Sesana

che Personal hatte keine andere Wahl, als diejenigen, die mit einiger Sicherheit gerettet werden konnten, bevorzugt zu behandeln. Man hatte einfach keine Zeit, sich den schweren Fällen zuzuwenden. Wenn sich etwa fünfhundert dieser erstversorgten Soldaten angesammelt hatten, wurden sie mit einem Zug ins Landesinnere transportiert, um wieder zu Kräften zu kommen. Den schwer Verwundeten oder Bewußtlosen wurden Tafeln mit Aufschriften auf die Brust gelegt: „Nicht bewegen!", „Keine erfrischenden Getränke anbieten!" oder „Unruhig!". Diese Anweisungen waren für das Pflegepersonal bestimmt.

Not macht erfinderisch

In Deutschland wurde zu Beginn des Jahres 1916 der Gebrauch von Pflanzenölen und Fetten für Industriezwecke sowie der Export nach Österreich-Ungarn untersagt. Es fehlte an allem.

Die Versorgungsengpässe machten sich zunächst durch steigende Preise für Lebensmittel und deren Rationierung bemerkbar. Über die teuren Preise für Milch und Fleisch wunderte sich auch „Slovenec" zu Beginn des Jahres 1916. Es gebe weniger Milch als in den Friedenszeiten, denn es fehle an Kraftfutter wie Kleie und Treber. Das Heu verkauften die Bauern an das Militär, das für hundert Kilogramm 13 Kronen zahle. Der Autor bediente sich der Statistik: in der Doppelmonarchie entfielen auf einen Einwohner 180 Kilogramm Getreide im Jahr. Bei gerechter Verteilung müßte das eigentlich reichen. Die Bauern mußten ihr Getreide für 35 Kronen verkaufen. Die ungarischen Spekulanten boten aber den Mais zum dreimal höheren Preis an.

Die Preise für Mehl schnellten zu Neujahr in die Höhe, was in den Städten Unruhen auslöste. Die Regierung ordnete sofort eine Festsetzung der Preise für Weizenmehl an und erlaubte lediglich eine Erhöhung der Preise für Grieß um 15 Prozent. Laibach bekam im Monat annähernd vierzig Waggons Weizenmehl und Grieß zugeteilt. In der Woche konnte eine Person 250 Gramm Weizenmehl oder Grieß kaufen. Pro Tag bekam eine Person einen viertel Laib Brot. Zum Teil wurde sehr schlechtes Brot mit wenig Mehlanteil gebacken, darum führte der Magistrat strenge Kontrollen ein. Hielt sich ein Bäcker nicht an die Vorschriften, konnte ihm die Lizenz entzogen werden. Von März an wurde auch Zucker rationiert. Pro Woche konnte eine Person nicht mehr als 250 Gramm Zucker erhalten.

Überraschenderweise waren die Viehbestände in den Kriegsjahren in Krain um ein Fünftel größer als im Jahre 1910. Das Fleisch war sehr teuer, doch noch weiterhin frei verkäuflich. Die Obrigkeit führte aber vorsichtshalber fleischlose Tage ein, d. h. an bestimmten Tagen durfte im ganzen Land kein Fleisch verzehrt werden. Vorerst waren es

Montag und Freitag, später galt das Fleischverbot aber auch am Mittwoch. An diese Regelungen mußten sich auch die Wirtshäuser halten. Die Zeitung schätzte, daß sich die Hälfte der Bevölkerung ohnehin kein Fleisch leisten könne und darum eine Rationierung nicht notwendig sei.

Die Not machte erfinderisch. Die Zeitungen überall in Österreich-Ungarn veröffentlichten das Bild eines Mantels aus Stroh. Dieser Mantel war zwar ziemlich schwerfällig und ähnelte mehr einem Zelt, trotzdem vermochte er die Soldaten vor Kälte zu schützen. Ähnliches könnte man auch in den kalten Wohnungen verwenden, schlugen die Zeitungen vor. Nirgends war nämlich Steinkohle aufzutreiben, obwohl die Steinkohlenbergwerke große Mengen förderten, und auch Brennholz war kaum erhältlich.

Dr. Oskar Richter erfand ein billiges Verfahren, um aus Nesseln Spinnfasern herzustellen. Auf diese Weise erhoffte man, den Mangel an Wolle ausgleichen zu können. Anstatt Ledersohlen verwendete man immer öfter Holzsohlen. Die Schuhe wurden dadurch um einiges billiger. Ein Paar Kinderschuhe kostete etwa sieben Kronen und ein Paar Erwachsenenschuhe doppelt so viel. In Wien wurden drei Schuhverkäufer zu vier Jahren schweren Kerkers verurteilt, weil sie dem Militär Schuhe mit Kartonsohlen untergeschoben hatten. Die Schuhfabrik „Peko" in Laibach (die Peter Kozina gehörte) bot ihren Kunden die letzte Möglichkeit, Schuhe mit Ledersohlen zu ergattern. In den Jahren danach wurden wegen der fehlenden Ressourcen keine Ledersohlen mehr hergestellt.

Auch das Getreide wurde allmählich knapp, doch Mitte Mai des Jahres 1916 war man wieder zuversichtlicher. Die Saat war erfolgreich aufgegangen, und es wurden auch die Felder in den neugewonnenen Gebieten auf dem Balkan und in der Ukraine bestellt. Ende Juni wurde die Sammlung von metallenen Haushaltgegenstände angeordnet, und es wurde ein fairer Kaufpreis dafür versprochen. Die Steuern auf Schnaps wurden erhöht, denn die Einnahmen aus dem Bierverkauf fielen, weil die Verarbeitung von Gerste für die Bierproduktion verboten worden war.

Trotz dieser Not hörte das öffentliche Leben in Österreich-Ungarn nicht auf. In Wien hielten zwölf Schauspielhäuser ihre Pforten offen, und sie waren stets ausverkauft. Kinos schossen wie Pilze aus dem Boden und etablierten sich. Auch das Geschäft mit Wertpapieren florierte, und die Menschen legten ihr Geld fleißig in Hypotheken an, um einer Geldentwertung zuvorzukommen. Nur die Bautätigkeit flaute ab, denn es fehlte nicht nur an Geld, sondern auch an Arbeitskräften und Baumaterial. Im September kündigte die Regierung die fünfte Kriegsanleihe an. In den vier vorherigen konnte sie dreizehneinhalb Milliarden Kronen einkassieren, wobei sie jedes Jahr für die Auszahlung der angefallenen Zinsen fast 800 Millionen Kronen reservieren mußte. Das notwendige Geld sollte durch Steuererhöhungen eingetrieben werden, was keine guten Aussichten für die Bevölkerung verhieß.

Wegen des zuneh-
menden Rohstoff-
mangels im Verlauf
des Krieges – vor
allem an Buntme-
tallen – requirierte
man sogar die
Kirchenglocken für
den Bedarf der
Waffenindustrie.

Die Kriegshandlungen selbst blieben vorerst weitgehend auf die Front beschränkt. Aber bald mußten auch die Zivilisten am eigenen Leib erfahren, was Krieg bedeutete. Am 20. Februar griffen italienische Flugzeuge Laibach an und warfen vierzig Bomben ab. Die Bevölkerung verfiel jedoch nicht in Panik, sondern beobachtete fasziniert in den Straßen das bisher noch nicht gesehene Spektakel. Die Bomben richteten keinen größeren Schaden an. Gefährlich wurde es nur in der Nähe der Zuckerfabrik, wo ein Junge und zwei Pferde verletzt wurden. Der Junge starb später an den Folgen dieser Verletzungen. Eine neue Ära in der Kriegsführung kündigte sich damit an.

Die siebente Isonzoschlacht

Den österreichisch-ungarischen Truppen gelang es zwar, die Stellungen im mittleren und oberen Isonzotal zu behaupten, im Süden mußten sie sich aber auf neue Positionen tief in das Karstgebiet zurückziehen. Die Lage an anderen Fronten war für die Mittelmächte ungünstig, eine Situation, die sich der italienische Generalstab mit Cadorna an der Spitze zunutze machen wollte. Bereits einen Monat nach der sechsten Isonzoschlacht leitete er eine neue Offensive ein. Sie dauerte nur fünf Tage und zwar vom 14. bis zum 18. September. Bis Ende des Jahres führte er zwei weitere Offensiven durch, die ebenfalls alle sehr kurz waren.

Das eigentliche Ziel der siebenten Offensive war die Eroberung des Hochplateaus Ternowaner Wald östlich von Görz. Dann aber entschied sich Cadorna, dort weiterzu- machen, wo die sechste Offensive stehengeblieben war. Nach der Eroberung von

Doberdo befanden sich die italienischen Truppen im Karst auf dem Vormarsch, wobei es den österreichisch-ungarischen Truppen noch nicht gelungen war, ihre Verteidigungsstellungen in dieser felsigen und wasserarmen Gegend auszubauen. Trotz allem war Boroević zuversichtlich, denn er erhielt drei neue Divisionen, und auch mit Munition brauchte er nicht zu knausern. Die 5. Armee zählte nun insgesamt 150.000 Soldaten. Die italienische Seite verfügte allerdings über 90.000 Soldaten mehr und wies ein dreifaches Übergewicht in Bezug auf die Zahl der Kanonen auf.

Den Angriff führte die 3. Armee des Generals d'Aosta durch; die 3. Armee sollte über Fajti hrib zur Anhöhe Trstelj vorstoßen, um die österreichisch-ungarischen Einheiten noch weiter zurückzudrängen. Das Ziel war die Eroberung der rechten Flanke der Hermada. Von dieser Anhöhe aus nämlich präsentiert sich Triest wie auf einer Handfläche. Dann hätte sich der Angriff nach Norden in Richtung Wippachtal richten sollen.

Die siebente Isonzoschlacht wurde mit einem neunstündigen Artilleriebeschuß von der Wippach bis zur Adria eingeleitet. Die italienische Infanterie ging am Nachmittag, gerade als die Sonne die Verteidiger blendete, in dichtgestaffelten Reihen zum Angriff über. Auch die italienischen Flugzeuge waren sehr aktiv und warfen ihre tödliche Fracht auf die feindlichen Stellungen ab. Die österreichisch-ungarische Artillerie hielt sich bedeckt und antwortete zunächst gar nicht auf den italienischen Artilleriebeschuß. Sie wartete auf den entscheidenden Augenblick, in dem die italienischen Sturmeinheiten aus der Deckung hervortraten und sich auf die Stellungen der Verteidiger stürzten. „Savoia! Savoia! Avanti! Avanti!" schreiend sprangen die Angreifer auf, deren Reihen von dichtem Sperrfeuer der österreichisch-ungarischen Kartätschen und Maschinengewehre gelichtet wurden. Zudem hatten die Verteidiger diesmal weitere Überraschungen parat: Flammenwerfer und Giftgas. Die tödlichen Innovationen, die zuerst an der Westfront eingesetzt worden waren, fanden auch an anderen Fronten schnell Verwendung. Die italienischen Sturmeinheiten waren auf diesen verbissenen Widerstand nicht gefaßt und zogen sich mit schweren Verlusten wieder auf ihre Ausgangspositionen zurück.

Die Italiener eroberten an diesem Abschnitt nur einige Quadratkilometer des felsigen und wasserlosen Bodens. Die Verluste auf beiden Seiten betrugen insgesamt 34.000 Soldaten, wobei die Angreifer mehr Tote als die Verteidiger zu beklagen hatten. Boroević hatte jedoch seine letzten Reserven in den Kampf werfen müssen, um die Stellungen zu halten. Aber auch Cadorna befand sich in einer ähnlichen Lage. Da er seine Kräfte nicht weiter vergeuden wollte, brach er die Offensive nach fünf Tagen ab.

Die Verteidiger konnten in dieser Schlacht alle Angriffe erfolgreich abwehren, weil die Übermacht der Italiener nicht mehr so erdrückend wie in der Schlacht zuvor war. Obwohl die Italiener zwar weiterhin überlegen waren, konnten sie die Lage nicht weiter zu ihren Gunsten verschieben. Die Bilder aus den vorangegangenen Schlachten wiederholten sich. Die italienische Infanterie stürmte die österreichisch-ungarischen Stellungen ohne Ergebnis und mußte mit großen Verlusten an Menschenleben und Verwundeten bezahlen.

Cadorna war sichtlich enttäuscht. Für den Mißerfolg machte er den gewöhnlichen Soldaten verantwortlich – und das nur wenige Wochen nach der Eroberung von Görz, als die Kampfbereitschaft und der Heldenmut der italienischen Soldaten von allen Seiten hochgepriesen worden waren.

Die achte Isonzoschlacht

Nach der siebten Isonzoschlacht kehrte keine Ruhe ein. Größere und kleinere Gefechte wechselten einander ab, wobei die italienische Artillerie überaus aktiv war und der gegnerischen Seite ziemlichen Schaden zufügte. Der italienische Generalstab hatte einen neuen Plan: der Vorstoß in die Richtung Trstelj und St. Peter bei Görz sollte fortgeführt werden. Kurz gesagt, die achte Offensive war in jeder Hinsicht die Fortsetzung der vorangehenden.

Boroević ließ eine neue Verteidigungslinie von Duino über die Hermada und Kostanjevica bis nach Fajti hrib errichten, um sich der unmittelbaren Wirkung der italienischen Artillerie zu entziehen und um so die eigenen Verluste zu verringern.

Die achte Isonzoschlacht begann am 9. Oktober und dauerte sogar nur vier Tage. Cadorna war siegesgewiß, denn er verfügte über 225 Bataillone und 1.200 Geschütze. Boroević mußte mit 100 Bataillonen und 450 Geschützen zurechtkommen. Die Befestigungen boten den österreichisch-ungarischen Soldaten nur wenig Schutz vor den Granateneinschlägen. Zudem wurden die österreichisch-ungarischen Soldaten erst ab Ende 1916 mit Stahlhelmen ausgerüstet. Die Explosionen der Granaten wurden durch unzählige Steinsplitter verstärkt und erwiesen sich als ebenso gefährlich wie die Granateneinschläge selbst.

Den Italienern gelang es, die Verteidiger im Karst einen Kilometer weit zurückzudrängen. Das Ziel war jedoch die Eroberung der Hermada und die schlimmsten Kämpfe fanden demzufolge südlich von Opatje selo statt. Cadorna warf immer neue Truppen in den Kampf, und die italienischen Angriffe gefährdeten die neue österreichisch-ungarische Verteidigungslinie bei Nova vas und Lokvica. Boroević mußte alle seine Kräfte mobilisieren, um die italienischen Angriffe abzuwehren. Einem ungarischen Regiment, das gerade noch rechtzeitig eintraf, gelang es schließlich, die Italiener bis zu den Ausgangspositionen zurückzuwerfen. Auf den Abschnitten St. Peter und Vrtojba bei Görz gelang es den Italienern zwar, in die österreichisch-ungarischen Schützengräben einzudringen, aber nach diesem Anfangserfolg blieb der italienische Vorstoß aus unerklärlichen Gründen stehen.

Letztlich waren die Italiener Triest um gerade einen Kilometer nähergekommen. Das war aber auch alles. Boroević' Einheiten war wiederum alles abverlangt worden, aber auch Cadornas Truppen waren an den Grenzen ihrer Leistungsfähigkeit angelangt. Beide Seiten verloren insgesamt mehr als 40.000 Soldaten, wobei die Angreifer wiederum größere Verluste als die Verteidiger hatten. Nach unbestätigten Quellen sollen die italienischen Verluste sogar deutlich höher als die österreichisch-ungarischen gewesen sein.

Wie gewohnt reklamierten beide Seiten den Sieg für sich. Zweifellos aber erreichte der Angreifer nicht annähernd die gesetzten Ziele und Österreich-Ungarn gelang es wieder einmal, den Durchbruchsversuch der Italiener zu vereiteln. Was allerdings den Italienern nicht in einem großen Wurf gelingen wollte, versuchten sie, in kleinen Schritten zu erreichen. Kilometer für Kilometer arbeiteten sie sich vorwärts.

Die neunte Isonzoschlacht

Nach drei Wochen griffen die Italiener wieder an. Die neunte Isonzoschlacht begann am 31. Oktober entlang des gesamten Abschnittes von der Anhöhe San Marco bei Görz bis zur Adria. Das eigentliche Ziel blieb weiterhin der Vorstoß bis nach Triest und dessen Eroberung. Die Italiener hatten eine zweifache Übermacht bei der Infanterie und eine dreifache bei der Artillerie. Boroević erhielt zwar zehn neue Bataillone, doch seine Einheiten wurden auf das schwierige karstige Terrain abgedrängt, wo sie kaum eine geeignete Deckung finden konnten. Alle ausgebesserten oder neugebauten Schützengräben und Befestigungen wurde von der präzisen italienischen Artillerie immer wieder von neuem zerstört. Der Winter rückte näher und Boroević wollte um jeden Preis die Stellungen halten. Während der mehrmonatigen Kampfpause würde es dann schon möglich sein, die Verteidigungslinie auch auf diesem schwierigen Terrain zu befestigen.

Der italienische Artilleriebeschuß dauerte diesmal ganze fünf Tage und übte enormen Druck auf die Verteidigungslinien aus. Auf diesem engen Abschnitt wurden alle Befestigungen der Verteidiger zerstört. Darum war es für die österreichisch-ungarischen Einheiten umso schwieriger, den „Arditi" standzuhalten. Über Erfolg oder Mißerfolg entschieden Sekunden. Die Verteidiger konnten sich keinen Ausfall leisten. Und gerade das war das größte Problem, denn in der ersten Verteidigungslinie überlebte kaum jemand. Es war niemand da, um Alarm auszulösen, wenn die letzte Granate einschlug und die italienischen Soldaten aus der Deckung emporsprangen.

Die italienischen Sturmeinheiten durchbrachen schon am darauffolgenden Tag die österreichisch-ungarischen Linien bei den Höhen Volkovnjak und Fajti hrib und bedrohten Kostanjevica. Wie aber bei allen Angriffen zuvor wußten sie die Gunst der Stunde nicht zu nutzen. In der Nacht vom 1. auf den 2. November zogen die Verteidiger alle verfügbaren Kräfte zusammen und wehrten im Kampf Mann gegen Mann den italienischen Angriff ab.

Auch diesmal brach Cadorna die Offensive vorzeitig ab. Er war wohl zufrieden mit dem Erreichten. Die italienischen Truppen waren bis zu fünf Kilometer bei Fajti hrib vorgedrungen und blieben vor Kostanjevica stehen. Wiederum hatte es ihnen an Kraft gefehlt, dem Gegner den Todesstoß zu versetzen.

Schwere Opfer für eine Handvoll Steine

Beide Seiten hatten in den letzten drei Schlachten insgesamt jeweils 70.000 Soldaten verloren. Die Angaben über die Verluste unterscheiden sich sehr voneinander, und einige Quellen gehen von wesentlich größeren Verlusten der Italiener aus. Es fällt allerdings schwer, alle diese Angaben auf ihre Echtheit zu überprüfen.

Die Erfolge der Italiener in den letzten drei Schlachten waren gering, und diese geringen Erfolge ließen die Kriegsbegeisterung im Lande abflauen, in größeren Städten kam es sogar zu Unruhen. Die Propaganda machte zwar Stimmung für den Krieg, aber die zahlreichen Gefallenen- und Vermißtenmeldungen wirkten sich auf die einzelnen Familien aus. Cadorna wollte sich damit nicht abfinden und machte immer öfter die einfachen Soldaten für die Mißerfolge verantwortlich.

Der zeitweilige Erfolg der Italiener in der sechsten Offensive mit der Eroberung von Görz hatte Rumänien Ende August 1916 zum Eintritt in den Krieg auf Seiten der Entente veranlaßt. Der Zeitpunkt war trotzdem schlecht gewählt. Um zwei Monate verpaßte Rumänien die Brussilow-Offensive, eine Phase des Krieges, in dem das österreichisch-ungarische Heer einem Zusammenbruch nahe war. Die rumänischen Truppen fielen erst am 27. August in Siebenbürgen ein, und der Anfang schien verheißungsvoll, denn die kaiserlichen Truppen leisteten so gut wie keinen Widerstand. Die Mittelmächte und ihre Verbündeten Bulgarien und Türkei erklärten Rumänien sofort den Krieg. Am 7. September gingen sie zur Gegenoffensive über und nahmen im Dezember Bukarest ein, wodurch der Feldzug gegen Rumänien beendet wurde. Die restlichen rumänischen Truppen schlugen sich bis zu den Russen durch, wo sie sich dann in den folgenden Monaten mit der Unterstützung der Entente reorganisierten und mit modernen Waffen ausgestattet wurden. Am Ende des Krieges kehrten sie als „Sieger" zurück und behaupteten erfolgreich ihre Gebietsansprüche.

Die Gebietsforderungen der Italiener

In Laibach konnte man das Dröhnen der Geschütze in der Ferne hören, woran sich die Bewohner allerdings recht schnell gewöhnten. Die italienischen Flugzeuge flogen bis tief ins Hinterland hinein und bombardierten Idria, Sesana, Triest, Adelsberg und Pola. Einige Male drangen sie sogar bis nach Kärnten und Wien vor.

Die slowenischen Zeitungen mutmaßten über die eigentlichen Ziele der Italiener. „Slovenec" veröffentlichte Karten, auf denen die neuen Grenzen eingezeichnet waren. Diese Karten stammten allem Anschein nach vom italienischen Militär. Die neuen Ortsnamen und topographischen Bezeichnungen machten die Slowenen rasend: So sollte Vrhnika „Nauporto", Krn „Monte Nero", Dutovlje „Dotogliano", Triglav „Tricorno", Hrušica pr Vipava „Selva piro" heißen, als ob die Gebiete mit slowenischer Bevölkerung gänzlich von der Landkarte verschwinden sollten. Heute weiß kaum noch jemand, daß Triest im 19. Jahrhundert eine Stadt mit einem sehr großen slowenischen Anteil war (in dieser Stadt lebten damals mehr Slowenen als in Laibach). Die negativen Vorahnungen sollten sich in den folgenden Jahrzehnten erfüllen. Die slowenische Intelligenz und die slowenischen Priester mußten als erste die Italienisierung über sich ergehen lassen.

Der Tod des Kaisers

Über Österreich-Ungarn zogen finstere Wolken auf. Am 21. Oktober 1916 erschoß Friedrich Adler, der Sohn des österreichischen Sozialistenführers Victor Adler, im Wiener Hotelrestaurant „Meissl und Schadn" den österreichisch-ungarischen Ministerpräsidenten Karl Graf Stürgkh. Die Öffentlichkeit war entrüstet. Graf Stürgkh stammte aus der Steiermark und hatte sich um die Wahlreform verdient gemacht.

Am 21. November starb Kaiser Franz Joseph I., der fast siebzig Jahre lang regiert hatte. Mit seinem Tod ging eine Epoche zu Ende und kündigte die baldige Auflösung des Habsburgerreiches an. Die Zeitungen berichteten, daß der Kaiser bis zuletzt gesund und munter war. Am Tag vor seinem Tod nahm er ein Glas Weißwein sowie zwei Gläser Champagner zu sich und genehmigte sich eine Zigarre. Der Tod trat in Folge eines Herzversagens ein. Schon am nächsten Tag veröffentlichten die Zeitungen das Manifest des neuen Kaisers Karl I. an seine Völker. Der junge Kaiser kündigte an, daß er sich um die baldige Beendigung des Krieges und um eine neue Basis der Verständigung bemühen werde. Er setzte eine ganze Reihe veralteter Disziplinarmaßnahmen beim Militär außer Kraft und verbot das Duell. Auch suchte er nach Verbündeten für demokratische Reformen, doch die Zeit war abgelaufen.

Kaiser Karl und Kaiserin Zita im Krönungsornat mit dem kleinen Thronfolger, Erzherzog Otto (Bild oben)

Der greise Kaiser Franz Joseph I. erlebte das Kriegsende nicht. (Bild links)

Mit dem Sieg über Rumänien kam noch einmal Hoffnung auf. In der Tat sollte das folgende Jahr für die Mittelmächte besser werden. Dennoch waren die Verluste auf beiden Seiten erschreckend. Die größten Verluste hatten die Russen: ganze viereinhalb Millionen Tote, Vermißte, Verwundete und Erkrankte seit dem Beginn des Krieges. Deutschland verlor im Kriegsjahr 1916 1,400.000, Österreich-Ungarn fast 1,800.000 und Frankreich 1,200.000 Soldaten.

Den Mittelmächten setzte der Mangel an Ressourcen immer mehr zu. Der Industrie gingen die Arbeitskräfte aus, und es war außerordentlich schwierig, dem Bedarf des Militärs zu entsprechen. Auch in der Landwirtschaft fehlte es an Arbeitskräften.

Technische Neuerungen veränderten die Natur des Krieges grundlegend. Der Transport wurde von Pferdegespannen auf Lastkraftwagen verlagert. Die Einführung automatischer Waffen vergrößerte die Feuerkraft der Einheiten. Die Flugzeuge gewannen an Bedeutung, und 1916 entstanden in den kriegführenden Ländern schlagkräftige Luftwaffen. 1916 wurden auch das erste Mal Tanks bzw. gepanzerte Fahrzeuge eingesetzt. Die Radiofunkverbindung ersetzte andere, unzuverlässigere Kommunikationsmethoden. Der Einsatz von Giftgas und Flammenwerfern wurde im Stellungskrieg immer bedeutender. Eine neue Ära hatte begonnen: der totale Krieg der modernen Technik.

1917
Not kennt kein Gebot

Das schwächste Glied

Die Vertreter der Entente trafen im kurzem Zeitraum von Ende 1916 bis Anfang 1917 gleich mehrmals zusammen, um die weitere Strategie abzustimmen. Die Engländer verfolgten den Plan, zuerst das schwächste Glied der Mittelmächte – ihrer Meinung nach Österreich-Ungarn – zu zerschlagen. In einer gemeinsamen Aktion sollten die Alliierten die Isonzofront durchbrechen, ins Zentrum der Doppelmonarchie vorstoßen und sie in die Knie zwingen. Dieser Plan scheiterte aber am Widerstand anderer Ententemächte.

Das französische Oberkommando übernahm inzwischen General Robert Georges Nivelle. Er hatte sich in mehreren Schlachten des vergangenen Jahres durch ausgezeichnetes taktisches Geschick hervorgetan. Die Alliierten entschieden sich – auch im Hinblick auf diesen Wechsel – statt für einen Durchbruchsversuch an der Isonzofront letztendlich für eine Offensive an der Westfront. Auch erwogen sie eine Winteroffensive gegen Bulgarien. Der unerwartete Zusammenbruch Rumäniens aber vereitelte diesen Plan. Man ging davon aus, daß die Offensivkraft der Mittelmächte bereits erschöpft war und nur ein Weg finden zu sei, um die Front zu durchbrechen und den Verteidigungswillen zu lähmen. Aber so einfach war die Sache dann doch nicht, wie es sich noch zeigen sollte.

Angesichts der schlechten Erfahrungen von Verdun nahm der deutsche Generalstab vorerst von neuen Offensivplänen Abstand. Stattdessen bereitete man sich im Frühjahr intensiv auf Verteidigungsaktionen an der gesamten Westfront vor und erklärte den uneingeschränkten U-Boot-Krieg. Durch die englische Seeblockade schwer getroffen, sah das Deutsche Reich darin die einzige Möglichkeit, die Britischen Inseln wirksam vor Importen aus Amerika und den Kolonien abzuschnüren und so wirtschaftlich in die Knie zu zwingen. Damit kam es aber zum endgültigen Bruch mit den USA, ihr Kriegseintritt erfolgte schon zwei Monate später.

Die Alliierten wollten sich gründlich vorbereiten und schoben den Beginn der Offensive immer weiter hinaus. Franzosen und Engländer nutzten die winterliche Waffenruhe vor allem dazu, ihre Truppen zu verstärken. Italiener und Russen waren überhaupt erst im Mai mit den Vorbereitungen fertig. Wegen der Februarrevolution in Rußland ließ sich die Offensive zu einem frühren Zeitpunkt nicht durchführen. Die neue Übergangsregierung Kerenskij wollte das Bündnis zwar nicht lösen und ihre Verpflichtungen weiterhin erfüllen, dennoch war es offensichtlich, daß Rußland nicht mehr dieselbe tragende Rolle im Krieg spielen konnte wie in den vergangenen Jahren.

Der neue Oberkommandierende der französischen Streitkräfte, General Nivelle, ließ die Pläne seines Vorgängers fallen und gab einer schnellen und entschlossenen Aktion den Vorzug. Der Durchbruch durch die deutschen Verteidigungslinien sollte in einem bzw. in zwei Tagen mit maximaler Konzentration von Mensch und Material an bestimmten einzelnen Frontabschnitten erfolgen. Auf anderen Frontabschnitten wiederum sollten durch Entlastungsangriffe gegnerische Truppen gebunden werden. Eingeleitet werden sollte die Offensive durch schweres Artilleriefeuer auf die gegnerischen Verteidigungsstellungen. Die französische 5. Armee sollte nach etwa zwei Wochen zum Angriff übergehen und die deutschen Verteidigungslinien durchbrechen. Zwei Reservearmeen sollten den Schlag zu Ende führen. Der selbstbewußte General Nivelle war fest davon überzeugt, daß sich der Erfolg der Offensive bereits nach drei Wochen einstellen werde. Eigentlich aber wollte er seinen Erfolg bei Verdun wiederholen und ihn mit dieser wesentlich größeren Operation bestätigt sehen.

Aber auch die Deutschen blieben den Winter über nicht untätig. Sie glaubten noch immer daran, daß der uneingeschränkte U-Boot-Krieg den Widersacher auf der Insel auf die Knie zwingen werde. Sie versäumten es aber trotzdem nicht, ihre Verteidigungsstellungen an der Westfront zu befestigen. Die Westfront war sehr schwer zu verteidigen. Die Kampflinie verlief im weiten Bogen vom Fluß Aisne im Süden bis zur Stadt Arras im Nordwesten und bildete an vielen Stellen Ausbuchtungen. Die deutschen Truppen verbrachten den Herbst 1916 in schlammigen Schützengräben, wo sie sich nur provisorisch eingerichtet hatten. Im September wurde dann zwischen Arras und Laon die sogenannte „Siegfriedstellung" erbaut. Die Deutschen machten das, was ihnen eigentlich keiner zugetraut hätte: sie zogen sich hinter diesen hundertfünfzig Kilometer langen Verteidigungswall zurück und verkürzten damit die Front. Auf ihrem Rückzug vernichteten sie buchstäblich alles: Bahnhöfe, Wasserleitungen, Gebäude und vergifteten die Brunnen. Das Gebiet vor der Front glich einer Wüstenlandschaft. In ausgebauten Verteidigungsstellungen und Unterkünften warteten sie auf den Ausgang des uneingeschränkten U-Boot-Krieges und bereiteten sich auf die Offensive der Entente vor.

Die Westmächte paßten ihre Offensivpläne den neuen Gegebenheiten an. Die Engländer schlugen Ende März in der Umgebung von Arras zu. Sie setzten erstmals die Tanks ein und erreichten in den ersten beiden Tagen einen ansehnlichen Erfolg. Die Deutschen verloren dabei etwa 40.000 Mann. Auch in den folgenden zwei Monaten griffen die Engländer immer wieder an, um ihre französischen Verbündeten zu entlasten. Den Anfangserfolg konnten sie allerdings nicht mehr wiederholen und verloren dabei mehr als 150.000 Mann – fast doppelt soviel wie die Deutschen.

Die Franzosen gingen Mitte April mit insgesamt siebzig Divisionen am Fluß Aisne in der Champagne zum Angriff über. Ihnen standen vierzig deutsche Divisionen gegenüber. Der französische Durchbruchsversuch scheiterte jedoch nach wenigen Tagen. General Nivelle wiederholte den Angriff Ende April und mußte wieder nach wenigen Tagen zurückweichen.

Die Angriffe schienen die Kraft der Franzosen bis aufs äußerste zu beanspruchen. In zehn Tagen verloren sie fast 160.000 Mann. Besorgt über die ungeheuren Verluste schränkte die französische Regierung die Vollmachten Nivelles ein. Zwar waren die Verluste der Deutschen nicht minder groß, aber das rettete General Nivelle nicht. Seine Verdienste bei Verdun waren schnell vergessen und Mitte Mai wurde er schließlich durch General Pétain abgelöst.

Die Soldaten meutern

Die Nachrichten über die Russische Februarrevolution verbreiteten sich wie ein Lauffeuer unter den französischen Soldaten, und die militärischen Mißerfolge gossen nur noch mehr Öl ins Feuer. Es entstand eine Meuterei, die auf sechzehn Korps übergriff. Mancherorts kam es sogar zu Gründungen von Soldatenräten nach dem Vorbild der Bolschewisten. Aber auch die französischen Arbeiter streikten, vor allem in der Metallindustrie, die für die Versorgung der Front von Bedeutung war. Streiks flammten in Großbritannien auf, aber auch Italien blieb vor Unruhen nicht verschont. In Turin gingen die ausgehungerten Massen auf die Straßen und plünderten die Lebensmittelgeschäfte. Die Ordnungskräfte eröffneten das Feuer auf die Menge, und auf den Straßen blieben vierzig Tote liegen. Diese Geschehnisse unterminierten die Kampfmoral der italienischen Truppen.

General Pétain bediente sich bei der Niederschlagung der Meuterer härtester Mittel, um die militärische Disziplin wiederherzustellen. Die Militärgerichte verurteilten etwa 24.000 Deserteure zum Tod, und an einer beträchtlichen Zahl wurde das Urteil tatsächlich vollstreckt.

Am 6. April 1917 erklärten die Vereinigten Staaten Deutschland den Krieg, was naturgemäß für die Alliierten eine große Unterstützung und Entlastung bedeutete. Die gescheiterte Nivelle-Offensive und der Eintritt der Vereinigten Staaten in den Krieg bewogen General Pétain zu einem defensiven Verhalten. Der Plan eines schnellen Durchbruchs erwies sich als völlig unrealistisch. Die französischen Truppen sollten künftig geschont werden, weshalb sich die Franzosen nun auf die Entwicklung eines militärischen Aufrüstungsprogramms konzentrierten.

Die erste Division aus den Vereinigten Staaten erreichte Frankreich zu Beginn des Sommers. General John Pershing, der Befehlshaber der US-Streitkräfte in Europa, hatte es allerdings nicht besonders eilig mit der Verlegung seiner Truppen an die Front, obwohl ihn die Verbündeten dazu drängten. Die amerikanischen Soldaten verfügten über keinerlei Kriegserfahrung, und die Bildung einer schlagkräftigen Armee erforderte eine gründliche Vorbereitung und Ausbildung der Rekruten.

Am 20. November begannen die britischen Truppen bei Cambrai einen neuerlichen Durchbruchsversuch und setzten dabei wieder Tanks ein. Der Durchbruchsversuch wurde von heftigem Artilleriefeuer eingeleitet. Dann gingen drei Panzerbrigaden gefolgt von der Infanterie zum Angriff über. Die Überraschung gelang. Die Engländer stießen auf keinen nennenswerten Widerstand und überrannten drei deutsche Verteidigungslinien. Die Deutschen zogen ihre Reserven zusammen und gingen auf den Flügeln zum Gegenangriff über. Sie fügten den Engländer derart große Verluste zu, daß sie letztendlich ihre Positionen halten konnten.

Diese letzte Offensive der Alliierten im Jahre 1917 ging als die erste Panzerschlacht in die Militärgeschichte ein: Die Tanks kündigten eine neue Ära in der Kriegsführung an.

Die „Russische Dampfwalze" geht zu Boden

Im Jahre 1917 ging die „Russische Dampfwalze" endgültig zu Boden. Die Versorgung der Armee schien für die russischen Verhältnisse zwar noch erstaunlich gut zu funktionieren, doch das zaristische System brach allmählich zusammen. Die russische Gesellschaft wies Risse auf: der Transport funktionierte nicht mehr, und in den Städten hatte die Bevölkerung unter Hunger und Kälte zu leiden.

Etwa fünfzehn Millionen Russen zogen im 1. Weltkrieg die Uniform an. In den drei Kriegsjahren ließ etwa ein Drittel von ihnen das Leben, und etwa zwei Millionen gingen in die Kriegsgefangenschaft (was Aufschluß über die Kampfmoral der russischen Soldaten gibt). Es kam zu Massenstreiks, und der Aufstand griff auch auf die Soldaten über. In Petrograd wurde auf die Demonstranten geschossen. Die Soldaten wollten aber nicht mehr auf die wehrlosen Menschen schießen und schlossen sich den Demonstranten scharenweise an. In den folgenden Tagen gingen ganze Truppenteile zu den Aufständischen über.

Daraufhin ordnete der Zar die Auflösung der Duma an, was aber nicht geschah. Mitte März dankte Nikolaus II. ab, und es wurde eine Übergangsregierung unter dem Fürsten L'vov gebildet. Die neue Regierung sicherte ihren Verbündeten zu, daß sie den Krieg in jedem Fall fortsetzen wolle. Die Forderungen der radikalen revolutionären Gruppen nach einer Beendigung des Krieges, der Aufteilung des Großgrundbesitzes und der Verkürzung der Arbeitszeit lehnte sie allerdings entschieden ab.

An der 1.200 Kilometer langen Front von der Baltischen See bis zum Schwarzen Meer wurde seit April nicht mehr gekämpft, und die Mittelmächte versuchten mit verschiedenen Propagandaaktionen die Kampfmoral des russischen Heeres zu untergraben.

Die revolutionären Wirren im Landesinneren erschütterten auch die Angriffsbereitschaft der russischen Truppen. Ganze Einheiten verließen ihre Stellungen, und die Armeen lösten sich allmählich auf, obwohl das russische Heer in dieser Phase des Krieges über die bislang größte Zahl an Kanonen verfügte. Um die Westfront zu entlasten, entschloß sich die russische militärische Führung am 1. Juli zu einer großangelegten Offensive, die aber nach Anfangserfolgen steckenblieb.

In den großen Städten weiteten sich die Unruhen bedrohlich aus. Im April kehrten Lenin und seine engsten Mitarbeiter in einem versiegelten Waggon über das deutsche Hoheitsgebiet nach Petrograd zurück. Die Deutschen wußten sehr wohl um Lenins Umsturzpläne, welche ihnen in dieser Phase des Kriegs sehr gelegen kamen, und so nutzten sie die einmalige Chance. Lenin rief im November die proletarische Revolution aus und zettelte einen Putsch an. Im mehrjährigen Bürgerkrieg zwischen den roten und weißen Armeen sollten anschließend mehr als neun Millionen Menschen ihr Leben lassen.

Der blutrote Isonzo

Nachdem Rußland im Dezember 1917 aus dem Krieg ausgeschieden war, verfielen die Westmächte in eine schwere Krise, und die Kriegsmüdigkeit machte sich auf beiden Seiten der Front sehr stark bemerkbar. Der Oberkommandierende der italienischen Streitkräfte, General Luigi Cadorna, entschied sich nur widerwillig zu einer von den Alliierten geforderten Offensive an der Isonzofront. Obwohl der Plan der Engländer, die Isonzofront zu durchbrechen und Österreich-Ungarn zur Aufgabe zu zwingen, fallengelassen worden war, forderte er für den Fall einer neuen Offensive Verstärkung für das italienische Heer. Seiner Meinung nach kam der Isonzofront die Schlüsselrolle für den Ausgang des Krieges zu. Zusätzlich spielte die italienische Presse die Bedeutung der Isonzofront hoch, um auf die öffentliche Meinung der Verbündeten in Cadornas Sinne einzuwirken. Die Entente sagte Italien die Unterstützung schließlich zu und lieferte vor allem schwere Waffen. Das war aber entschieden weniger, als der italienische Generalstab gefordert hatte. Da aber die Verbündeten selbst mit großen Schwierigkeiten zu kämpfen hatten, mußten sie zunächst die Bedürfnisse in den eigenen Armeen decken. Obwohl sich die Italiener nun vornehmlich auf ihre eigenen Ressourcen stützen mußten, waren sie den österreichisch-ungarischen Verteidigern am Isonzo zahlenmäßig und technisch weit überlegen.

In den Bergen rings um die Front war der Winter sehr hart. Es fielen bis zu vier Meter Neuschnee, bei Tauwetter gingen Lawinen nieder und rissen die Soldaten mit sich. Unzureichende Ernährung, Kälte, unhygienische Lebensbedingungen und Strapazen

R. Balogh phot. 1917.

General Boroević zu Pferde auf einer Militärpostkarte (1917) mit seiner handschriftlichen Widmung

setzten den Soldaten stark zu. Die österreichisch-ungarische 5. Armee erlitt im Winter große Verluste – etwa 7.000 Mann. Drei Viertel von ihnen starben an verschiedenen ansteckenden Krankheiten.

Der Beginn der zehnten Isonzoschlacht

Nach sechsmonatiger Pause gingen die Italiener am 12. Mai 1917 erneut zum Angriff über. Es begann die zehnte Isonzoschlacht, die bis zum 5. Juni dauerte. Die italienische militärische Führung ging nach folgendem Plan vor: Zunächst sollte der Gegner auf dem gesamten Frontabschnitt von der Avščekmündung bis zur Küste durch vernichtendes Artilleriefeuer entscheidend geschwächt werden. Die Einheiten, die in der „Zona di Gorizia" zusammengefaßt wurden, sollten die österreichisch-ungarischen Stellungen auf den Bergflanken am linken Isonzoufer nördlich von Görz erobern. Anschließend sollte die 3. italienische Armee auf der Karsthöhe vorrücken und den

Gegner in einer Entscheidungsschlacht um Triest vernichtend schlagen. Allerdings sollte die 3. Armee so lange warten, bis Boroević seine Kräfte auf den nördlichen Kampfabschnitt verlagert hätte.

Im österreichisch-ungarischen Generalstab war man sehr gut über die bevorstehende Offensive der Italiener unterrichtet. Die Berichte der Nachrichtendienste bestätigten die Vorbereitungsaktivitäten und zahlreiche italienische Deserteure ergänzten mit Detailinformationen das Lagebild.

Von italienischer Seite war man fest entschlossen, die Verteidiger vom eigentlichen Angriffsziel abzulenken. Boroević' Offiziere ließen sich aber nicht hinters Licht führen. Sie waren sich darüber im klaren, daß der eigentliche Angriff der Italiener auf der Karsthöhe erfolgen sollte, denn die Eroberung von Triest war ja von Anfang an das erklärte Kriegsziel der Italiener gewesen.

Boroević verfügte über die bisher größte Zahl an Infanterieregimentern und Artillerieeinheiten. Die Situation an der Ostfront und auf dem Balkan wandte sich zugunsten der Mittelmächte, wodurch zusätzliche Kräfte für die Isonzofront freigegeben werden konnten. 210 Bataillone und 1.400 Geschütze sowie Minenwerfer standen Boroević zur Verfügung, was aber über die wahre Stärke des österreichisch-ungarischen Heeres noch nichts aussagt.

Die Angriffslinie war sehr kurz: von der Avščekmündung bis zur Küste. Die Italiener häuften auf diesem relativ kurzen Abschnitt 450 Bataillone und 4.000 Geschütze

Mit dem Motorrad durch einen Schneetunnel – in den Julischen Alpen ist eine Schneehöhe von bis zu 6 Metern keine Seltenheit.

an. Das italienische Heer war den österreichisch-ungarischen Truppen somit in jeder Hinsicht überlegen. Um die Schlagkraft noch zu verstärken, waren sechzehn Divisionen in der „Zona di Gorizia" zusammengefaßt worden. Die Aufgabe dieser verstärkten 2. Armee war es, die Bergflanken auf dem linken Isonzoufer von Kobilnik bis zum Monte Santo zu erobern.

Die gelbe Kohlrübe und sonst nichts

Im Frühjahr 1917 schien die Lebensmittelversorgung der Mittelmächte ernsthaft gefährdet. Das wichtigste Nahrungsmittel in Deutschland und Österreich war die Kartoffel, deren Ernte im vorangehenden Jahr fast vollständig ausgefallen war. Zusätzliche Schwierigkeiten verursachten die Ungarn, weil sie die grundlegenden Bestimmungen über den gemeinsamen Markt mißachteten: Ungarn schloß seine Grenzen für den Nahrungsmittelexport. Die Zeitungen im Westen der Doppelmonarchie prangerten die Engherzigkeit und Spekulationslust der ungarischen Lieferanten auf das Schärfste an. In Ungarn aber flüchtete man sich in Ausreden und Entschuldigungen. Schuld an der Misere seien in erster Linie die unzureichenden und ganz auf die Bedürfnisse des Militärs abgestimmten Rationierungs-Verordnungen. Auch der Binnenhandel schlief ein, weil jede Region ihre Vorräte vor dem Zugriff fremder Händler schützen wollte. Der gemeinsame Markt schien zwar noch zu funktionieren, das Nahrungsmittelangebot ließ aber zu wünschen übrig.

Unmittelbar hinter der Front befand sich das Kronland Krain mit der Hauptstadt Laibach. Die krainische Approvisationsgesellschaft – sie war für den Nahrungsmittelnachschub zuständig – mauserte sich zum größten Unternehmen im Kronland Krain. Überhaupt kontrollierten die Kronländer die notwendigen Vorräte: Sie führten Buch über die Nahrungsmittel und verteilten sie. Die Kronländer bildeten einen Staat im Staat und wachten genauestens darüber, daß der größte Teil der Nahrungsmittel im Lande blieb. Die Beamten überwachten den Transport und belegten Übeltäter – Diebe und Betrüger – mit harten Strafen. Die wichtigsten Nahrungsmittel wie Getreide, Fleisch, Hülsenfrüchte, Kartoffel, aber auch wichtige Bedarfsartikel wie Petroleum und Steinkohle wurden von Beginn des Krieges an rationiert.

Für den Lebensunterhalt benötigte in der Doppelmonarchie im Jahre 1917 eine Durchschnittsfamilie mindestens 100 Kronen. Den Erwachsenen wurde zu Beginn des Krieges täglich eine Krone und 14 Heller, den Kinder nur die Hälfte zugewiesen. Viele aber konnten kein Geld auftreiben, was vor allem in den Städten zu Hungersnöten führte. Im Herbst 1917 brach in Laibach die Versorgung mit Milch zusammen. Nicht einmal mehr für die Säuglinge und Kranken gab es Milch.

Der Schwarzmarkt blühte. Das ist eine übliche Erscheinung, wenn der Staat die Einkaufspreise erhöht und das Angebot gering ist. Die Berichte der Marktaufsicht zeugen nicht nur in Krain von scharfer Überwachung und harter Bestrafung der Übeltäter. Die Presse moralisierte über die Unehrlichkeit und Verderbtheit der Schwarzhändler, was sich aber niemand wirklich zu Herzen nahm. Die bei den Händlern und in den Wirtshäusern aufgefundenen unregistrierten Bestände wurden einfach konfisziert und ein sattes Bußgeld auferlegt. Die Schwarzhändler und Schmuggler waren gewiß keine armen Leute in dieser Zeit. Auf dem Schwarzmarkt handelten vornehmlich betuchte Kaufleute, die auf diese Weise ihren Gewinn noch zu steigern vermochten.

Die Stadt Laibach benötigte wöchentlich sechzig Rinder, doch es gab kaum noch Vieh. Immer öfter wurde Pferdefleisch zum Verkauf angeboten und zwar das Fleisch von Pferden, die ihren Dienst an der Front bereits geleistet hatten. Die Stadt Laibach stellte im Jahr 1917 100.000 Kronen für die Armen zur Verfügung und bat auch Versicherungen, Banken und Unternehmen um Unterstützung. Die reicheren Stadtbewohner gaben zwar ihr bestes, doch angesichts des steigenden Bedarfs waren Spenden nicht mehr als nur ein Tropfen auf den heißen Stein.

Die gelbe Kohlrübe – das Futter für die Schweine und das Vieh – wurde im dritten Kriegswinter zu dem am meisten verbreiteten Nahrungsmittel in Deutschland und Österreich. Dieses Nahrungsmittel ist zwar nicht besonders schmackhaft, und doch hält es einen in Zeiten der Not am Leben. Immer populärer wurden spezielle Kochbücher für Kriegszeiten. Und immer größere Verbreitung fanden in den Ländern der Doppelmonarchie verschiedene Ersatzmittel. Wohlschmeckender Kaffee konnte ebenso aus gerösteten Getreidekörnern wie aus verschiedenen Wurzeln (z. B. Löwenzahn) zubereitet werden.

Die Kochkünste mit den Ersatzmitteln

Wohltuend auf die Moral der Bevölkerung wirkten Presseberichte, daß auch die Kaiserfamilie tagtäglich das Soldatenbrot zu sich nahm. Semmeln gab es nicht einmal mehr für die Reichen und auch im Mehl befanden sich Ersatzmittel. Die österreichisch-ungarischen Soldaten trugen längst keine Stiefel mit Ledersohlen mehr, sondern mußten sich mit Holzsohlen zufrieden geben. Wegen fehlender Flachsfasern wurden die Militäruniformen aus Nesselfasern gewoben.

Die größten Schwierigkeiten gab es aber mit dem Fett. Zehn oder mehr Kilo Schweineschmalz bedeuten unter diesen Umständen ein kleines Vermögen. Es ist es kaum zu glauben, wie erfinderisch man sich zeigte, und welche Ersatzmittel nicht nur beim Kochen, sondern auch im Haushalt zu finden waren.

Im Oktober 1917 besuchte eine Journalistin der Wiener „Arbeiter Zeitung" Laibach und schrieb eine Reportage über die Stadt: „Laibach ist nicht nur eine behagliche, sondern auch eine überaus saubere Stadt" – nach den Eindrücken der Autorin weitaus sauberer als Wien. Laibach verfüge über eine Stadtbahn, die selbstverständlich auch von Frauen gesteuert werde, die mit typischer weiblicher Kühnheit durch die Straßen rasten.

Die Slowenen zechten gerne, schrieb die Journalistin in ihrer Reportage. Im jedem vierten Gebäude befinde sich ein Wirtshaus. Die Stadtbewohner seien jedoch keine lustigen Zeitgenossen, die auch an den Sonntagen zu Ernst, Nachdenklichkeit und Trübsinn neigten. Am wohlsten fühlten sie sich noch bei der Arbeit, stellte die Journalistin fest. Das gelte sogar für die vielen italienischen und russischen Kriegsgefangenen, die bäuerliche Arbeiten verrichteten und den ganzen Tag fröhlich vor sich hin pfiffen wie die Amseln.

Die Hausfrauen mußten sich auf verschiedenste Weise zurechtfinden. Wer hat schon etwas von der sogenannten „Kochkiste" gehört? Diese Erfindung wurde in den Zeitungen angepriesen, um Brennmaterial beim Kochen zu sparen. „Jede Kiste kommt

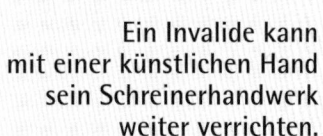

Ein Invalide kann mit einer künstlichen Hand sein Schreinerhandwerk weiter verrichten.

dafür in Frage, wenngleich sie Spalten haben sollte. Das Wichtigste ist, daß sie gut aufgefüllt wird. Dazu kann Heu, Stroh, Bast, zerknittertes Papier, Getreidespreu, Sägespäne und ähnliches genommen werden. Bevor die Kiste gefüllt wird, muß sie an den Seiten mit Papier ausgepolstert werden." In diese Kiste stellte man dann Töpfe und zwar zehn Zentimeter über den Boden und in einem Abstand von mindestens fünf Zentimetern voneinander. Dann erst füllte man die Kiste mit Heu, Stroh und ähnlichem an. Die Töpfe sollten unbedingt bedeckt bleiben. So wurde z. B. Rindfleisch zunächst auf dem Herd zwanzig Minuten aufgekocht und dann vier Stunden in der Kiste zu Ende gegart. Die gute Isolierung tat das ihrige. Ähnliche Rezepte bot die Zeitung „Slovenec" auch für Bohnen, Gemüse, Kartoffel und andere Lebensmittel an. Wie die Hausfrauen damit zufrieden waren, und wie viel Brennstoff dabei wirklich gespart wurde, ist der Zeitung allerdings nicht zu entnehmen.

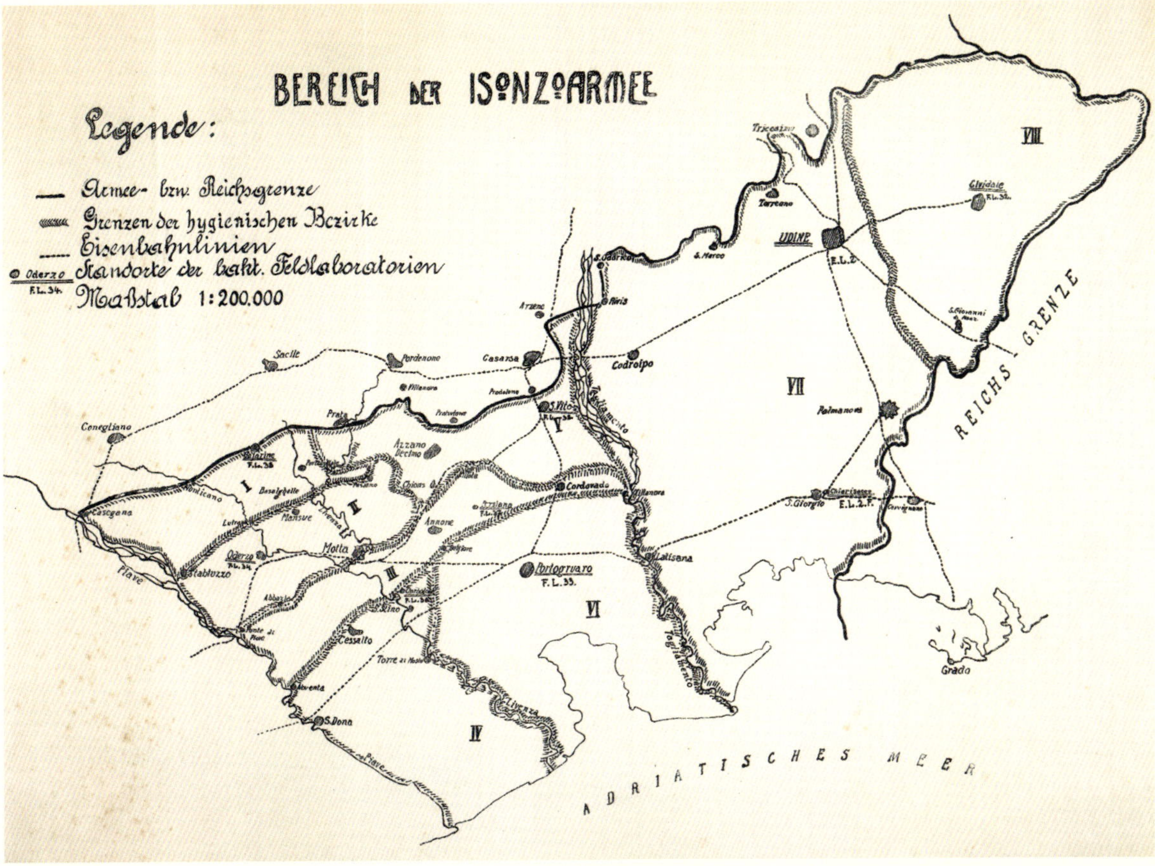

BEREICH DER ISONZOARMEE

Legende:

—— Armee- bzw. Reichsgrenze
〜〜 Grenzen der hygienischen Bezirke
—— Eisenbahnlinien
⊙ Oderzo Standorte der bakt. Feldlaboratorien
F.L. 34.
Maßstab 1:200.000

Skizze der hygienischen Bezirke der Isonzoarmee mit den Standorten der bakteriologischen Feldlaboratorien auf dem eroberten italienischen Gebiet um 1918 (Bild oben)

Stellungswechsel der Gebirgsartillerie (Bild rechts)

Der Herbst ist wohl die fruchtbarste Jahreszeit. Allerdings fehlte es im Herbst 1917 trotz Rationierung in Laibach an allem. Zu Beginn des Novembers drohte in der Stadt die Versorgung zusammenzubrechen. Die Bäcker hatten gerade noch für drei Tage Mehl. Danach gäbe es kein Brot mehr, kündigten sie an. Fünf mit Mehlsäcken beladene Waggons befanden sich auf dem Weg von Krainburg nach Laibach, doch der Zug ging verloren. Die Stadtobrigkeit genehmigte kurzfristig eine Verteuerung der Wecken mit 700 Gramm auf 40 Heller. Auch an Kartoffeln fehlte es, denn die Kreishauptmannschaften konnten sie nirgendwo mehr auftreiben. Ende Oktober wurde schließlich auch die Verteilung von Karotten, Rüben, Kohlrüben und Zwiebeln stark eingeschränkt. Für die Beförderung von über hundert Kilogramm Lebensmitteln benötigte man eine gesonderte Genehmigung der Landesbehörden.

Für den kommenden Winter und das Frühjahr schien sich die Lage etwas zu entspannen, denn die Kartoffelernte fiel in diesem Jahr weitaus besser als im Jahr zuvor aus. Die Zentralbehörden ließen sich darum zum Versprechen hinreißen, daß sie im anbrechenden Winter ohne Schwierigkeiten wöchentlich zwei Kilogramm Kartoffeln pro Person zusichern könnten. Sie taten das auch, um die Ruhe unter der hungernden Bevölkerung zu bewahren. Aber schon im Februar 1918 waren die Kartoffelvorräte aufgebraucht.

Zusätzliche Lebensmittel sollten künftig nur schwangeren und stillenden Frauen vorbehalten sein. Die Requirierung verlief allerdings nicht nach Plan. Den Presseberichten zufolge lieferten die Bauern lediglich Rüben und Kohlrüben ab, wobei sie die Kartoffeln als Viehfutter verwendeten, weil ihnen die Obrigkeit zu niedrige Preise bot.

Dem allgemeinen Mangel an Speiseöl versuchte man durch die Verwertung von Obstkernen abzuhelfen.

„Hunderte Waggons mit Lebensmitteln verlassen Krain und die Requisitionsaufsicht tut nichts, um das zu verhindern", kritisierte die Presse.

Ende Oktober hatte Laibach nur noch 74 Fässer Petroleum zur Verfügung. Die ledigen Personen bekamen einen halben Liter dieses Grundbrennstoffs monatlich, die Familien einen Liter und die Gewerbetreibenden eineinhalb Liter. Steinkohle wurde längst nicht mehr zum Kauf angeboten; lediglich den Menschen in höchster Not wurden 50 Kilogramm zugestellt. An Holz aus den Wäldern mangelte es zwar nicht, es fehlte aber an Arbeitern, um es zu fällen und zu transportieren.

„Das Armeeoberkommando in Adelsberg benötigt 2.000 starke Pferde für die Isonzofront", wurde in den Zeitungen ausgeschrieben. Der Preis war durchaus angemessen: 2.000 bis 4.000 Kronen pro Pferd. Das Militär verkaufte die ausgedienten Pferde an die Bauern zu niedrigen Preisen wieder weiter.

Ende des Jahres wurde für die Familien der Soldaten die Unterstützung erhöht: die Erwachsenen bekamen zwei Kronen und die Kinder eine Krone pro Tag. Diese Er-

Für den Wintereinsatz der Truppen wurden Schuhe aus Stroh geflochten. Aus demselben Material stellte man auch Mäntel her, die sich an der Front bewährten, da es an Brennmaterial mangelte.

höhung bedeutete aber noch längst keine Entlastung für die hungernden Menschen in der Stadt, denn die Mieten und Kanalisationsgebühren wurden verdoppelt. Die Zeitungen appellierten an die Wohnungseigentümer, sie sollten Verständnis für ihre Mieter haben und keine Wuchermieten verlangen. Zu allem Überfluß wurde die Grundsteuer um 70 bis 80 Prozent erhöht.

Aufgrund der in der Laibacher Umgebung angeordneten Viehzählung kann man auf eine Halbierung des Rinderbestandes schließen (der Bestand an jungen Rindern ging drastisch zurück; es gab viermal weniger junge Rinder als noch ein halbes Jahr zuvor). Lediglich der Bestand an Kühen blieb gleich. Sah man sich gezwungen, das Vieh zu verkaufen oder zu verstecken? Und noch weitere Facetten kann man den Berichten

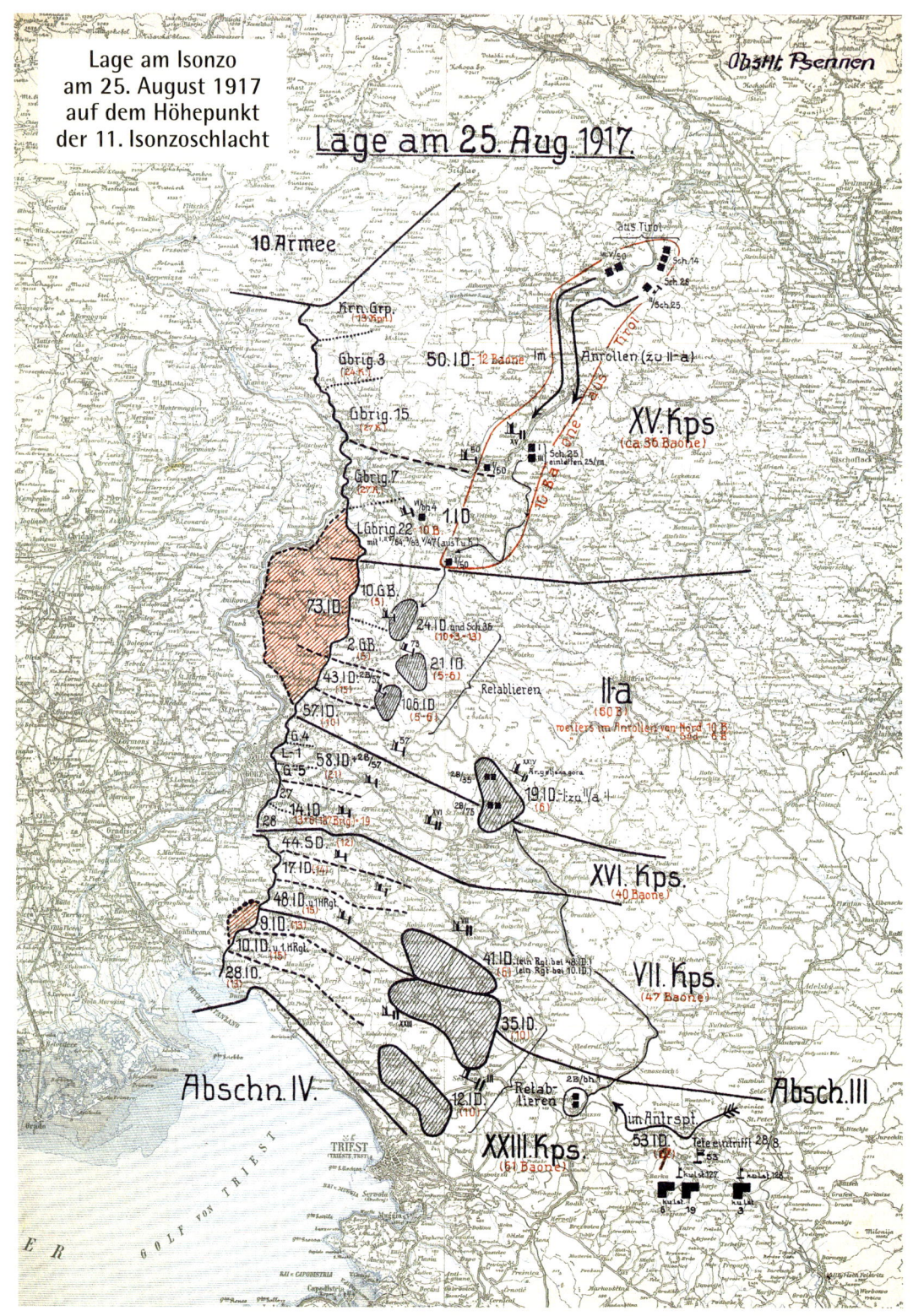

Lage am Isonzo
am 25. August 1917
auf dem Höhepunkt
der 11. Isonzoschlacht

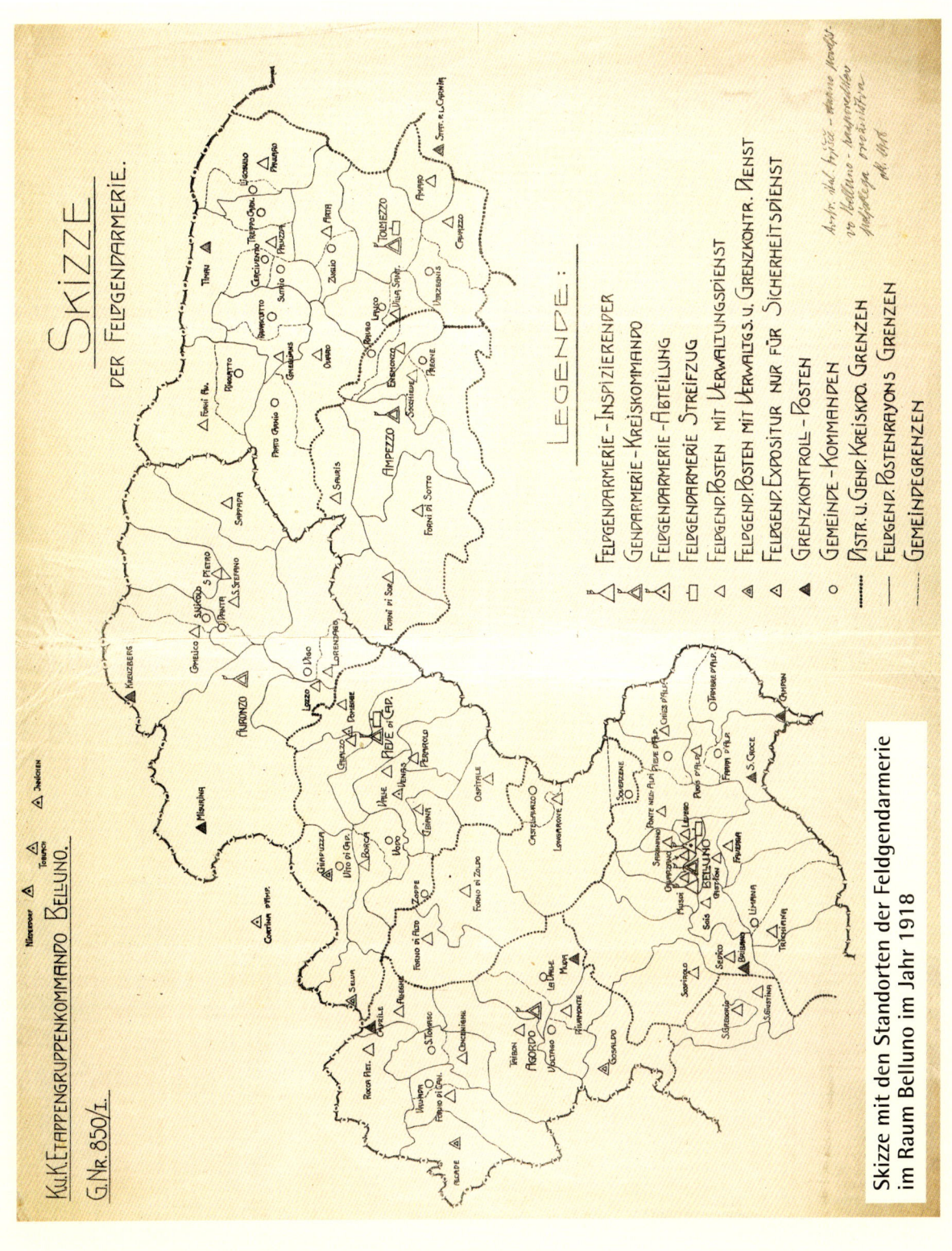

Skizze mit den Standorten der Feldgendarmerie
im Raum Belluno im Jahr 1918

Kaiser Karl I. nimmt
die Bitten slowenischer
Frauen aus dem
Küstenland entgegen.

entnehmen: Es fehlte an Streichhölzern und der Weinimport aus Istrien wurde gänzlich eingestellt.

Auch die Schuhmacher in Laibach machten bei ihren öffentlichen Zusammenkünften auf ihre schwierige Lage aufmerksam. Aus Wien waren ihnen zwar 90 Kilogramm Leder gesandt worden, das dann aus dem Eisenbahnwaggon gestohlen wurde. In den Schuhmacherwerkstätten fehlte es an allem. Die maschinell gefertigten Schuhe ließen sich einfach nicht ausbessern und lösten sich bereits nach zwei Tagen auf, klagte die Schuhmacherzunft. Jeder Schuhmacher hätte unbedingt bis zu zwanzig Kilogramm Leder nur für die Anfertigung von Sohlen benötigt, es wurde ihnen allerdings zehnmal weniger versprochen und nichts geliefert. Und wenn sie dann im guten Glauben für die Herstellung eines Paares Schuhe 90 bis 110 Kronen verrechneten, konnte ihnen dies unter Umständen sogar eine Klage vor Gericht einbringen, obwohl diese Schuhe bis zu drei Jahre und die maschinell gefertigten Schuhe nicht einmal sechs Monate hielten.

Die Not förderte auch die Kriminalität. Die tagsüber vorbildlichen Bürger wurden in der Nacht auf den Feldern in der Umgebung von Laibach zu Dieben. „Die Felddiebstähle mehren sich erschreckend schnell", berichtete die Zeitung „Slovenec". Die Diebe richteten dabei auf den Feldern einen größeren Schaden an, als sie aus diesen Diebstählen Nutzen gewannen. Die Bauern sahen sich darum gezwungen, auf den Feldern Wachen aufzustellen, um die Feldfrüchte zu schützen und die Ernte zu sichern.

Die Presse veröffentlichte zum Thema Ernährung aber nicht nur schlechte Neuigkeiten. Die Fabrik der „Kaffeezusätze" in Laibach (wie „Kolinska" – die Zigarettenfabrik, die damals einige tausend Arbeiter beschäftigte – offiziell genannt wurde) wirtschaftete ausgezeichnet. Sie zahlte an ihre Aktionäre eine Dividende von 80 Kronen pro Stück aus. „Wo gehen unsere Virginias hin?" fragte sich die Zeitung „Slovenec". Sie wurden nach Deutschland exportiert, wo sie im Nu vergriffen waren. Doch für die

Ein Ratgeber in den schlechten Zeiten

Spatzen und Frösche auf hundertundeine Weise

Spatzen seien zwar klein, aber zur Not läßt sich aus ihnen ein schmackhaftes Mahl zubereiten. So konnte man in einer Illustrierten Anfang 1917 lesen. Im Herbst seien die Spatzen natürlich gemästet und ergäben einen fetten Braten, aber auch im Winter seien sie niemals völlig ausgehungert, weil sie auch unter schlechtesten Bedingungen Nahrung zu finden wüßten. Die Menschen äßen ja auch andere Vogelarten wie z. B. Nachtigallen, die eigentlich viel wertvoller seien als diese widrigen und schädlichen Tiere. Diese würden schließlich auch in Amerika gegessen und seien etwa als Speise bei den reicheren Schichten sehr beliebt. Sie könnten auf dieselbe Weise gebraten werden wie junge Tauben, und man könne sie auch als Suppe oder Eingemachtes zubereiten. Die Vorteile lägen auf der Hand, denn Spatzen hätten genügend Eigenfett und man benötige darum kein zusätzliches Schmalz. Der Autor schlug den Hausfrauen vor, die Spatzen mit Mehl zu bestreuen und in die vorbereitete Brühe angeschnittene Kartoffel zu legen. Das Spatzenfleisch sei etwas süß, darum wäre es notwendig, in die Brühe etwas Essig zu tun. Auf diese Weise bekomme man eine schmackhafte und billige Speise.

Froschschenkeln seien schon immer eine Delikatesse gewesen, schreibt der Autor. Aber man müsse beim Kauf vorsichtig sein, denn Kriegsspekulanten schöben statt dessen Krötenschenkel unter. Der Unterschied sei gewaltig, mahnt er. Das Fleisch der Frösche sei weiß, das der Kröten hellgrün. Man müsse aber auch aufpassen, daß man die Schenkel nicht allzu lange im Wasser liegen lasse und diese aufblähten. Am besten eigneten sie sich für eine Suppe, weil diese sehr wohlschmeckend und nahrhaft sei. Am besten solle man die Frösche im Herbst fangen, denn im Frühling paarten sie sich und vertilgten Ungeziefer.

Gulasch und andere Gerichte ohne Fett

Das Fleisch in Stücke schneiden und ins kalte Wasser geben. Wenn das Wasser kocht, die Zwiebel dazu tun, Mehl und Paprika darüber streuen und mit einer Gemüsebrühe aufgießen. Solch ein Gulasch sei schmackhafter und nahrhafter als auf Rindertalg aufgekochtes, versichert der Autor.

Ähnliche Rezepte empfiehlt er auch für Gerichte mit Erbsen, Bohnen und Rollgerste. Die Rollgerste könne den Reis ersetzen, allerdings müsse sie sehr lange gekocht werden. Sie sei gesund, schmackhaft und brauche nicht importiert werden. Dazu gebe man gekochte Erbsen und Bohnen, etwas Leber oder Speck, fülle die

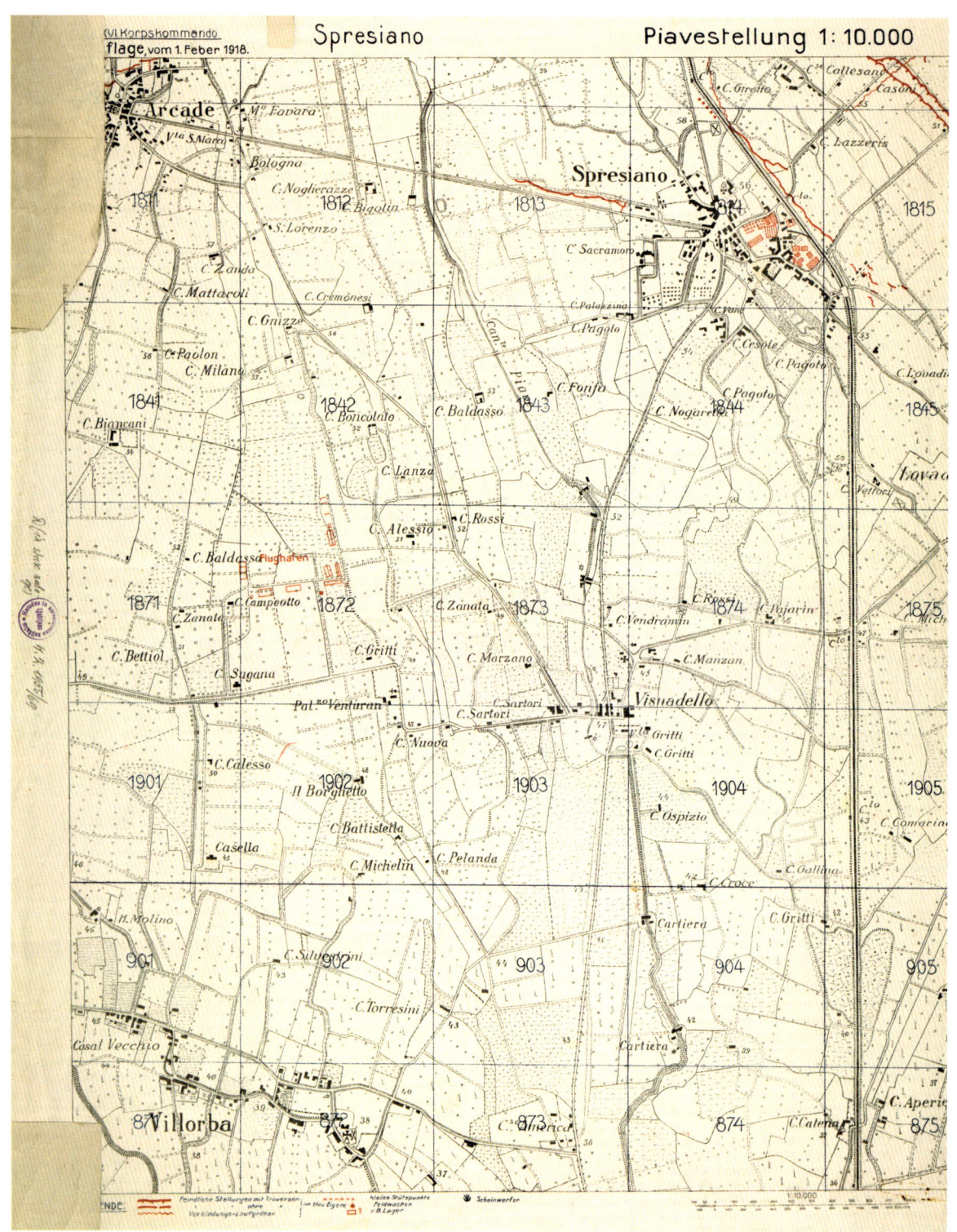

Militärkarte mit den erkundeten italienischen Stellungen bei Spresiano am Piave, Februar 1918

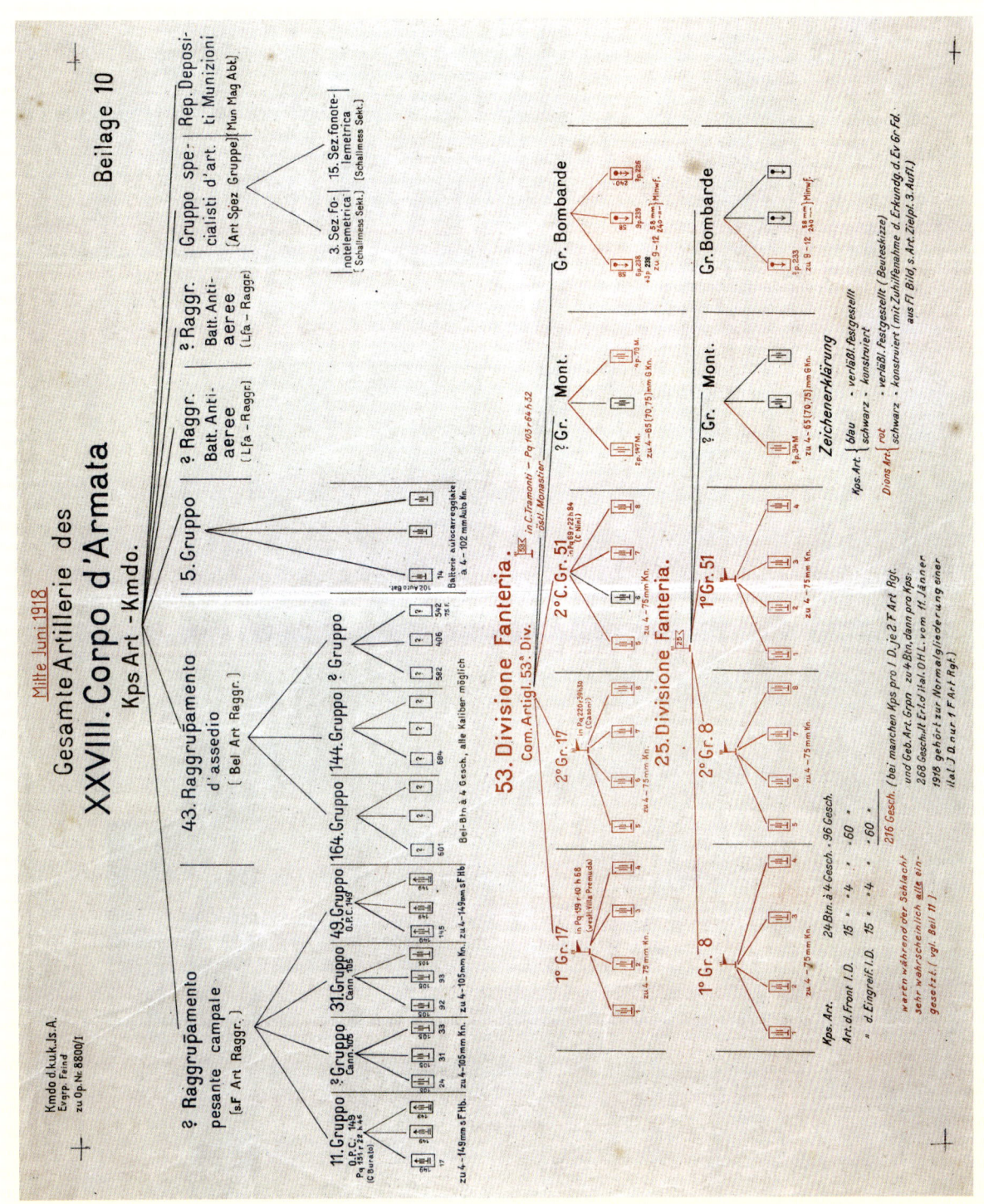

Vermutete Gliederung der italienischen Artillerie nach den Aufklärungsergebnissen
der k. u. k. Armee um die Mitte des Jahres 1918

Masse in den auseinandergewalzten Teig in Form einer Wurst und backe das Ganze anschließend im Ofen.

Ein Seifenersatz

Der Mangel an Seife war eines der größten Probleme während des Krieges. Auf dem Markt wurde teilweise eine höchst minderwertige Seife angeboten, die von selbst zerging. Die Illustrierten boten den Hausfrauen verschiedene Rezepturen an, wie sie selbst Seife herstellen konnten. Hauptzutaten für die Herstellung von Seife sind Talg, Laugenstein und Soda. Aber diese Rohstoffe waren sehr schwer zu bekommen, darum wurde als Alternative die Herstellung einer Seife aus Lehm empfohlen. Zu fünf Kilogramm feinen Lehms, der getrocknet und gesiebt wurde, sollte man ein Viertelkilogramm Asche geben. Alles zusammen ließ man im heißen Wasser zergehen. Schließlich wurde noch ein Achtelkilogramm gelöschter Kalk hinzugefügt. Die Masse wurde dann sehr gut durchgeknetet und in kleine Klumpen oder Plättchen zerteilt. Mit diesem Seifenersatz konnte man sich selbst und die Wäsche waschen. Manchmal wurde Kartoffelmehl, Salmiak oder ähnliches beigefügt.

Eine andere Rezeptur besagt: Koche 500 Gramm Lehmsand und 200 Gramm Natriumseife zusammen und füge 500 Gramm Soda hinzu. Die Masse kann als gewöhnliche Seife verwendet werden. Für die Säuberung der Hände eigne sich auch der gereinigte Sand allein, empfiehlt der Autor. Ein besonderes Problem sei allerdings die zarte weibliche Haut. Dafür empfiehlt der Autor eine Mischung aus gemahlener Kreide und feinem Meeressand.

An Stelle von Seife verwendeten die Leute alles mögliche. Für die Reinigung der Hände gebrauchte man zerquetschte Roßkastanien, Kartoffeln, Äpfel, Zitronen oder Gips, Asche und Holzkohle und vieles andere mehr.

Sacharin an Stelle von Zucker

Das Sacharin ist ein Zuckerersatz und wurde von dem Chemiker Fahlberg bereits 1879 entdeckt. Das auf dem Markt seit 1886 angebotene Sacharin ist ein Konzentrat auf Kohlenstoffbasis und etwa fünfhundertmal stärker als Zucker. Es mache zwar nicht dick, in der Kombination mit den anderen chemischen Stoffen könne es allerdings recht schädlich sein, warnt der Autor. Im Verlauf des Krieges stieg sein Preis kontinuierlich. Während vor dem Krieg ein Kilogramm 15 Kronen kostete, mußten 1917 bereits 56 Kronen bezahlt werden. Die zuständigen Stellen beteuerten, daß das Sacharin in kleineren Mengen nicht schädlich sei, und der staatlich kontrollierte Handel ermöglichte dessen maßvolle Verwendung. Sacharin wurde in der Nahrungsmittelindustrie für die Herstellung von süßen Likören, Süßwaren, Obstkonserven und beim Bierbrauen verwendet.

Algen an Stelle von Öl
Besonders im Frühling gibt es viele verschiedene Pflanzen, aus denen man einen schmackhaften Salat bereiten kann. Aber schon 1916 war kein Öl mehr zu bekommen. Darum wurden getrocknete Algen als Ersatz verwendet. Ihr Geschmack eignete sich sehr dazu und paßte gut zu Essig und Salz. Die Algen wurden an die Küste gespült, die Leute trockneten sie und verkauften sie weiter. Sie eignen sich aber auch als Mittel gegen Husten, Tuberkulose und Schwindsucht, meinen die Autoren in illustrierten Zeitungen.

Drei Unterhosen pro Jahr
Während des Krieges war zerrissene und geflickte Kleidung gang und gäbe. In Deutschland wurde verordnet, daß Frauen pro Jahr nur zwei Blusen und zwei Kleider für den Werktag und eines für den Feiertag kaufen dürften. Ebenso sollten sie nicht mehr als vier Paar Socken, drei Unterhosen und drei Unterröcke sowie sechs Tücher und zwei Waschlappen erhalten. Eine ähnliche Verordnung, die am meisten die Mittelschicht träfe, sollte auch in Österreich-Ungarn erlassen werden, konnte man in den Zeitungen lesen. Die Autoren empfehlen den Hausfrauen, ihre Wäsche zu Hause zu waschen oder strenge Aufsicht walten zu lassen. Es komme vor, daß die Wäscherinnen tagelang mit der Wäsche nicht zurückkehrten oder einfach auf Nimmerwiedersehen verschwanden, wird gewarnt.

Das Leiden der Raucher während des Krieges
„So viele Stunden bin ich in der Reihe gestanden und bekam am Ende nur vier Zigaretten für die ganze Woche", beklagte sich ein älterer Mann im Jahre 1917. Alle litten während des Krieges an Mangel, aber die Raucher hatten noch ein zusätzliches Problem: Tabak war nur schwer zu bekommen. Sie verwendeten als Ersatz Blätter von Buche, Nußbaum und Kastanie und noch vieles andere mehr. Man ließ die Blätter in einer Brühe mit Zigarettenstummeln längere Zeit ziehen. Diese äußerst schädliche Vorgehensweise versuchten die zuständigen staatlichen Stellen zu verbieten, weil die Raucher solcher selbstgemachter Zigaretten oft unter Benommenheit und Übelkeit litten.

Gefecht im Winter
im Gebirge nach
einem Bild von
A. H. Karlinsky
(Korps Hofmann)
(Bild oben)

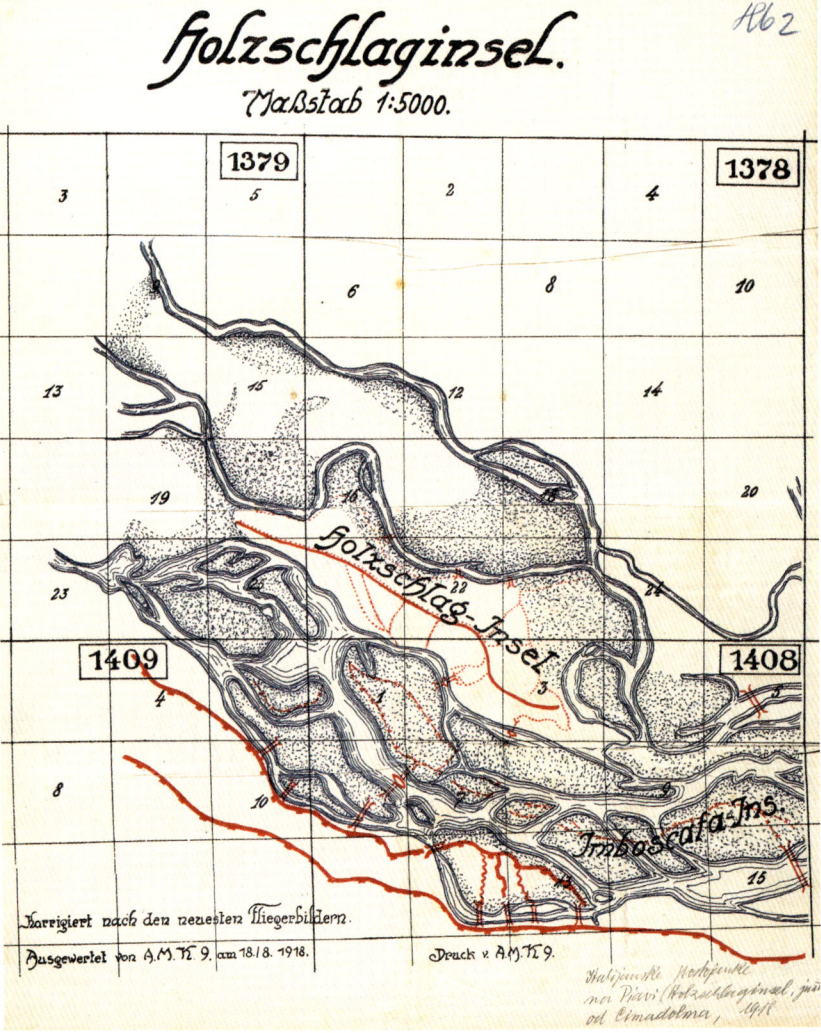

Skizze der
italienischen
Stellungen
auf der
„Holzschlaginsel"
im Piave nach
Flugaufklärungs-
ergebnissen
(Bild links)

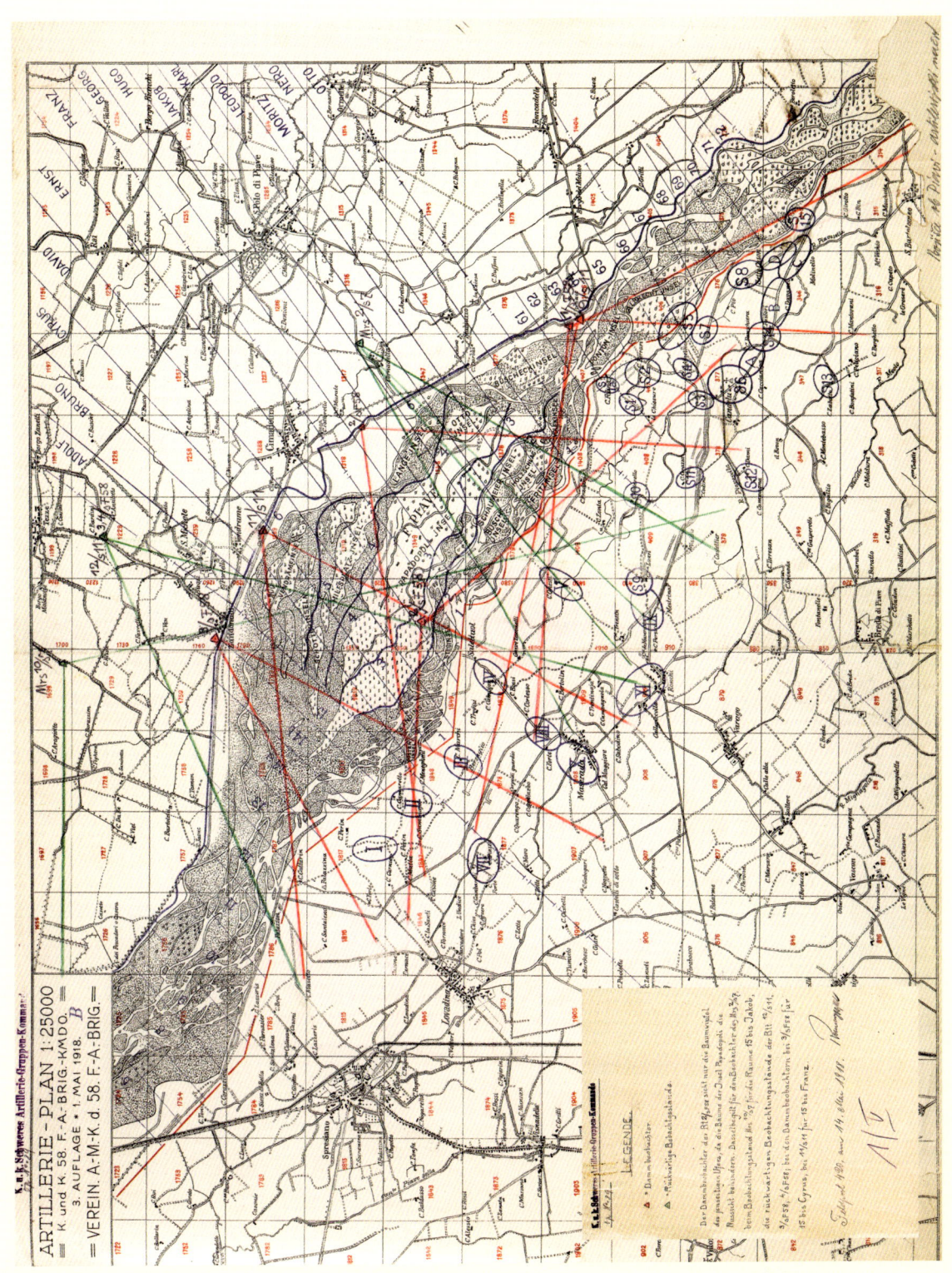

Artillerie-Plan der k. u. k. Feldartillerie-Brigade 58 von der Piave-Front vom Mai 1918

Zukunft schaute es düster aus, denn für eine dauerhafte Produktion fehlte der Rohstoff: Die Tabaklieferungen blieben aus.

Die Schlacht geht weiter

Im Hinterland, vor allem in den Städten, führten die Familien einen harten Kampf ums tägliche Überleben. Und an der Isonzofront kämpften die Väter und Söhne dieser Familien ums nackte Überleben. Die zehnte Isonzoschlacht war in vollem Gange, und das Donnern der Geschütze war tief ins Innere Italiens und Österreich-Ungarns zu hören. Der italienische Artilleriebeschuß schüttete den kurzen Frontabschnitt von der Avščekmündung bis zur Küste mit Granaten zu. Am Nachmittag des 14. Mai 1917 stürmte die italienische Infanterie am Mittellauf des Isonzo die Stellungen der Verteidiger, die zwei Tage in den finsteren Kavernen ausgeharrt hatten. Auf den Ruf „Sie kommen!" stürzten die österreichisch-ungarischen Soldaten aus den Stellungen heraus und erschraken beim Anblick der verwüsteten Landschaft, denn sie konnten vor lauter Zerstörungen ihre Stellungen kaum wiedererkennen.

Diese Artillerietaktik bedeutete für die Soldaten in den Schützengräben die schlimmste Erfahrung im Ersten Weltkrieg, und besonders die Neulinge konnten den Geschoßhagel oft nicht verkraften. Viele von ihnen verloren dabei den Verstand, was man als „Granatenschock" bezeichnete. Jeder Fußbreit Erde wurde mehrfach durchgewühlt, und es war ein wahres Wunder, daß überhaupt jemand überlebte. Von den Bäumen, Böschungen, Schützengräben und befestigten Unterständen blieb kaum etwas übrig. Als einzigen Schutz boten sich lediglich die tief ins Innere des Erdreichs gegrabenen Kavernen an, in denen die Verteidiger das Ende des Feuersturms und den Beginn des Infanterieangriffs abwarteten. Wenn die anrückende gegnerische Infanterie bemerkt wurde, wurde Alarm geschlagen. In Windeseile nahmen die Verteidiger ihre Positionen ein, obwohl sie ihre Stellungen oft nicht mehr finden konnten. Schutz boten ihnen nur Vertiefungen im Gelände und Granattrichter. Jede Verzögerung in der Aufstellung konnte unter Umständen den eigenen Tod sowie den der Kameraden bedeuten. Im schlimmsten Fall drohte der Ausfall der gesamten Kompanie.

Der italienische Infanterieangriff begann am 14. Mai nachmittags, so daß die Verteidiger von der niedergehenden Sonne geblendet waren. Die Italiener hatten einen günstigen Augenblick für den Angriff gewählt. Zudem waren die Verteidiger unausgeschlafen, durchfroren, dreckig und hungrig. Trotz allem gelang es ihnen, die stürmende italienische Infanterie zurückzuschlagen.

Die neugegründete „Zona di Gorizia" wurde von dem ambitionierten General Capello befehligt. Seine Aufgabe war es, den Bergkamm von Kobilnik über Kuk bis zum

Italienische Artillerievorbereitung am Kuk oberhalb von Görz

Monte Santo zu erobern und anschließend bis zum Tal von Chiapovano und dem Hochplateau Ternowaner Wald vorzudringen.

Die österreichische Artillerie hielt sich in der zehnten Isonzoschlacht nicht zurück, wozu sie in den früheren Kämpfen mangels Munition häufig gezwungen war. Die angreifende italienische Infanterie wurde mit Kartätschen und dichtem Sperrfeuer belegt. Unablässig wurden auch die bekannten und vermuteten italienischen Reserve-, Artillerie- und Kommandostellungen, Kommunikationszentren und Transportwege beschossen. Die Konzentration der italienischen Streitkräfte auf diesem engen Frontabschnitt war so dicht, daß kaum eine Granate ihr Ziel verfehlte.

Im Boroević' Stab führte man eine neue Taktik der Koordination von Artillerie und Infanterie ein, was sich in dieser Schlacht als entscheidend erwies. In den Schützengräben wurden Unteroffiziere postiert, damit sie das Sperrfeuer überwachten und mit Leuchtraketen ihren Batterien die entsprechenden Befehle erteilten. Mit welcher unglaublichen Intensität die österreichisch-ungarische Artillerie feuerte, läßt sich aus der Angabe entnehmen, daß in dieser Schlacht wegen zu intensiven Feuers 500 Geschütze unbrauchbar wurden.

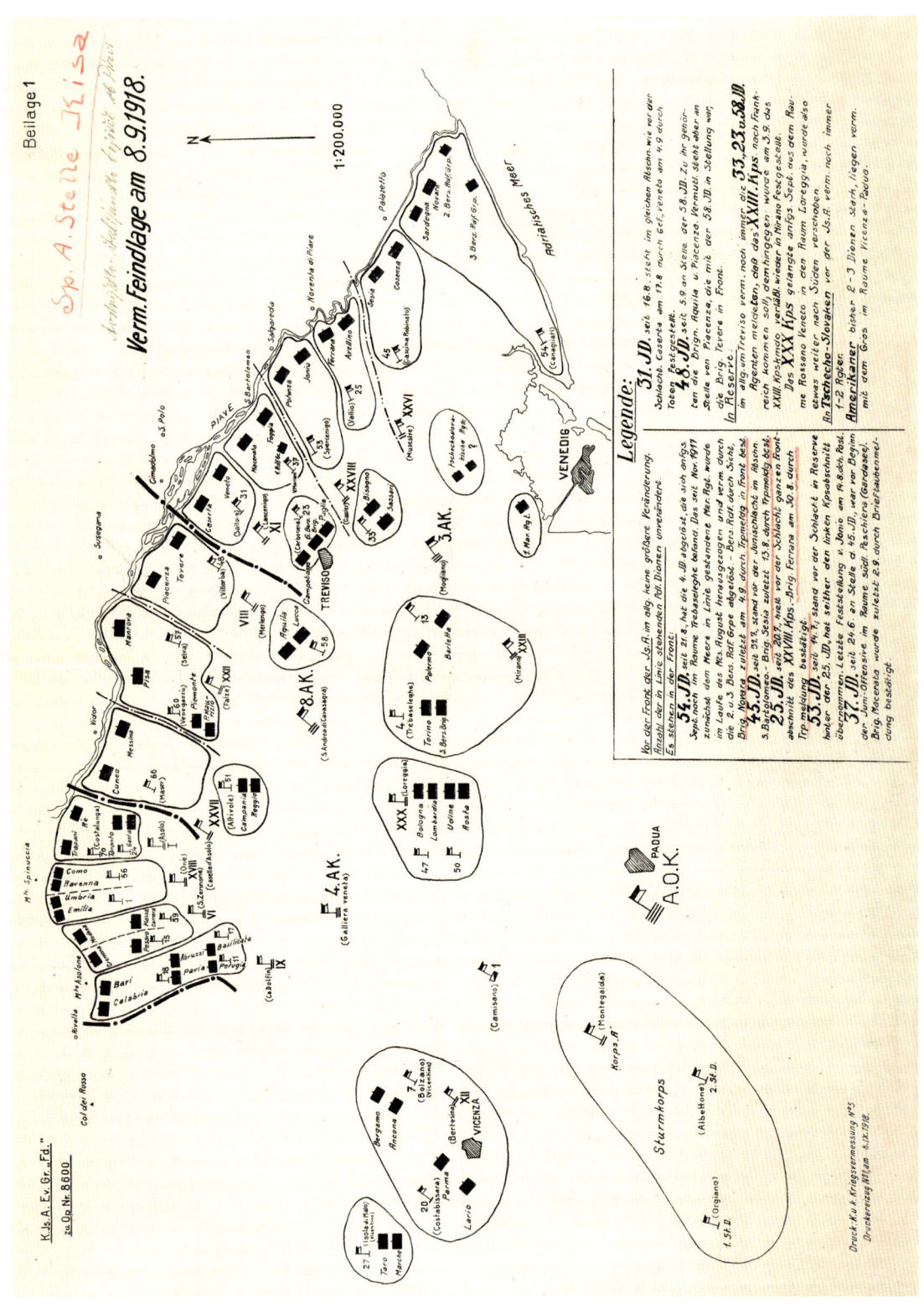

Skizze der vermuteten Feindlage am Piave vom 8. September 1918

Den italienischen Soldaten kann man sicherlich nicht den Mut oder die Entschlossenheit absprechen. Sie attackierten in Reihen oder Gruppen, sie fielen einer nach dem anderen tot oder verwundet um, und doch gaben sie nicht auf. Bevor noch die erste Angriffswelle überhaupt die Stacheldrahthindernisse überwinden konnte, folgte ihr schon die nächste. Diese rollte den Angriff von hinten auf und drückte die erste Angriffswelle vorwärts, bis die angehäufte Menschenmasse vollends vom Sperrfeuer aufgerieben oder der Angriff wegen zu hoher Verluste zurückgenommen wurde. Die frischen Einheiten stellten sich hinter den dezimierten Reihen auf und kämpften sich über die Leichen nach vorne.

Man war Zeuge eines Blutbades, wie man es zuvor an der Isonzofront noch nicht gesehen hatte. Und auf die Angreifer, die den Artilleriehagel und das Maschinengewehrfeuer letztendlich überlebten, wartete der Kampf Mann gegen Mann. Die Verteidiger verwendeten außer Bajonetten auch geschliffene Spaten oder Knüppel, verstärkt durch Metallnägel oder Granatsplitter.

Diese „Innovationen" hatten einen Vorteil gegenüber den Bajonetten: sie verhakten sich nicht im menschlichem Fleisch und erlaubten eine schnellere „Säuberung" der Schützengräben. Besonders die Bosniaken und Dalmatiner verwendeten diese Geräte gerne; die italienischen Soldaten aber liquidierten gnadenlos jeden, bei dem sie diese antiquierten und grausamen Waffen fanden.

Die italienische Unentschlossenheit

Die Anhöhen und Berggipfel wechselten des öfteren – manchmal sogar mehrmals am Tag – den Besitzer, die Verluste waren auf beiden Seiten gewaltig. Die italienischen Angriffe waren sehr heftig, wobei sich die Sturmeinheiten, die „Arditi", besonders auszeichneten. Der erste „Fascio", den Mussolini nach dem Ende des Krieges gründete, setzte sich aus demobilisierten „Arditi" zusammen. Er holte sie buchstäblich von der Straße, und als sie sich dem Duce anschlossen, trugen sie noch immer die abgenutzten schwarzen Uniformen. Die schwarze Uniform der enttäuschten Kämpfer wurde später zum Erkennungszeichen der faschistischen Bewegung. Auch die faschistische Hymne „Giovinezza" soll in ihren Reihen entstanden sein.

An einigen Kampfabschnitten waren die Italiener anfangs ziemlich erfolgreich. Sie überraschten gleich am 14. Mai die österreichisch-ungarische Besatzung auf dem Monte Santo. Unter dem Schutz der Nacht und dem Rauschen des Flusses schlichen sich die Italiener bis zu den Eingängen der gegnerischen Kavernen heran und töteten lautlos die Wachen. In einer der Kavernen blieb einem tschechischen Offizier gar nichts anderes übrig, als sich mit seiner Einheit zu ergeben.

Aber schon am gleichen Tag gelang es den Verteidigern, diese wichtige Stellung zurückzuerobern. Auch diesmal erwies sich die Unentschlossenheit und die mangelnde Initiative der Italiener, die ihre Chance zur Eroberung des wichtigsten österreichisch-ungarischen Verteidigungsringes auf diesem Kampfabschnitt nicht vollends auszunutzen vermochten, als entscheidend. Sie schickten die Reserven nicht in den Kampf und versäumten, die Befestigungen der zweiten Verteidigungslinie bei Gargaro hinter dem Monte Santo zu stürmen. In den folgenden Tagen wechselte der Monte Santo mehrmals den Besitzer. Am Ende behielt aber die österreichisch-ungarische 5. Armee wieder die Oberhand.

Am 17. Mai eroberten die Italiener den Berg Prižnica. Den österreichisch-ungarischen Verteidigern gelang es dennoch, sich aus der Umklammerung zu befreien. Die Italiener brachten zunächst das Hinterland von Kuk und am folgenden Tag auch die Anhöhe Kuk unter ihre Kontrolle, verloren dabei allerdings über 6.000 Mann. In den folgenden Tagen versuchten sie, auch noch die Anhöhe Vodice einzunehmen, was ihnen aber nur teilweise gelang. Die Angreifer und Verteidiger standen sich auf dieser Anhöhe Auge in Auge gegenüber, und noch einmal konnten sich die Italiener durchsetzen. Ihre Verluste bei der Eroberung von Vodice betrugen allerdings das Doppelte der bei der Eroberung von Kuk, nämlich über 12.000 Mann.

General Duca d'Aosta, der Befehlshaber der 3. Armee, mit seinem Sohn. Im Karst versuchte er, den Gegner durch die größte Konzentration von Artillerie während des ganzen 1. Weltkrieges zu zermürben.

Auf dem Görzer Kampfabschnitt erreichten die Italiener mit der Eroberung des Bergkamms von Prižnica über Kuk bis Vodice einen gewissen Erfolg und öffneten sich damit den Weg für die Erstürmung des Tales von Chiapovano und des Hochplateaus Ternowaner Wald. Sie verbesserten ihre Situation insofern, als sie nunmehr auch von den Anhöhen am linken Isonzoufer aus angreifen konnten. Der entscheidende Durchbruch gelang ihnen allerdings nicht, und sie beeinträchtigten die österreichisch-ungarische Verteidigung nicht wesentlich. Angesichts des eingesetzten Materials und der hohen Verluste fiel das Resultat letztendlich recht unbefriedigend aus.

Entlang des mittleren Verlaufes des Isonzoflusses wurden die Angriffe der Italiener durch starke Regenfälle gepaart mit kräftigen Windböen beeinträchtigt und gestört. Im Karst verzögerte sich die geplante Offensive wegen des schlechten Wetters sogar um einige Tage, und der Angriff begann erst am 23. Mai. Die 3. Armee von General d'Aosta stellte auf einem Frontabschnitt von lediglich 13 Kilometern insgesamt 16 Divisionen und 2.000 Geschütze auf. Von der Seeseite her erhielt sie zusätzliche Unterstützung von Schlachtschiffen, die mit Kanonen großen Kalibers ausgerüstet waren. Entsprechend der Planung hätte die 3. Armee den Durchbruch bis nach Triest einschließlich der Besetzung von Triest erzwingen sollen. Ihr standen fünf österreichisch-ungarische Divisionen gegenüber. Die Verteidiger machten sich keine Illusionen über das Ziel der Offensive und zogen sich deshalb auf die zweite Verteidigungslinie zurück. Auf diese Weise reduzierte die österreichisch-ungarische Armee ihre Verluste auf ein Minimum, denn das italienische Artilleriefeuer schlug ausschließlich auf die erste Verteidigungslinie und somit ins Leere.

„Kinder" an der Front

Am südlichen Frontabschnitt kämpften erfahrene österreichisch-ungarische Soldaten. Sie hielten allen italienischen Angriffen auch nach dem 23. Mai tapfer stand und behielten Fajti hrib, Kostanjevica und Hudi log in ihren Händen. In der Umgebung von Jamiano kämpften allerdings auch zahlreiche neue Rekruten, von denen viele erst siebzehn Jahre alt waren – beinahe noch Kinder – und die die Belastungen des Granatenhagels nicht ertrugen.

Die österreichisch-ungarische Artillerie war auf diesem Frontabschnitt sehr aktiv und außerordentlich erfolgreich. Den Angreifern, die sich in den Schützengräben und Karstgruben zum Sturm versammelten, fügte sie mit ihrem gezielten Beschuß große Verluste zu, und das Sperrfeuer der Verteidiger riß Breschen in die Linien der Angreifer. Die Schreie und das laute Stöhnen der Verwundeten im Niemandsland waren noch Stunden nach der Einstellung des Angriffs hören. Helfen konnte ihnen niemand.

Die Ruinen des Dorfes Kostanjevica: Bis hierher konnten die Italiener im Karst vorstoßen –
in 12 Offensiven waren sie an diesem Abschnitt nur 12 Kilometer vorgedrungen.

Die zehnte Isonzoschlacht erreichte damit ihren Höhepunkt, wobei die heftigen Angriffe der Italiener noch bis zum 27. Mai fortgesetzt wurden. Auf den Kampfabschnitten von der Anhöhe Fajti hrib bis zu den Dörfern Kostanjevica, Selo und San Giovanni folgte ein italienischer Angriff auf den anderen. Aber die Gegenangriffe der Verteidiger wechselten sich damit ab. Stein um Stein kämpfte man sich vorwärts und mußte auch immer wieder zurückweichen. Allein auf diesen Abschnitten verloren die Italiener die Hälfte ihrer Mannschaften. Am 25. Mai stürmten die Italiener das erste Mal die Anhöhe Hermada, die von entscheidender Bedeutung für die Verteidigung von Triest war. Sie konnten allerdings die Verteidiger nicht aus ihren befestigten Stellungen vertreiben.

Nach weiteren drei Tagen stoppte General Cadorna die Offensive, und die zehnte Isonzoschlacht war damit vorerst beendet. Die Verteidiger hielten die Italiener auf der Linie von Fajti hrib über Kostanjevica und Selo bis zu San Giovanni am Fluß Timavo zurück. Innerhalb von drei Tagen hatten die Angreifer die österreichisch-ungarische Armee bis zur Hermada zurückgedrängt. Von hier aus lag Triest wie auf einem Präsentierteller.

Die österreichisch-ungarische Armee hatte große Verluste erlitten, und General Boroević hatte so gut wie keine Reserven mehr zur Verfügung. Dennoch entschied er sich völlig unerwartet zu einem Gegenangriff. Die Hermada bildete den letzten Verteidigungsring vor Triest, und der Feind bedrohte die Stadt nunmehr ernsthaft. Die italienische 3. Armee war erschöpft, und sie hatte die von ihr eroberten Stellungen noch nicht befestigt.

Am 3. Juni 1917 führte die österreichisch-ungarische Artillerie einen vernichtenden Schlag entlang der Linie von Görz bis zur Adria durch. Tagsüber leitete die Infanterie mehrere Scheinangriffe ein, um die Stärke des Feindes zu testen. Vor dem Einbruch der Nacht ging sie dann aber zu einem konzentrierten und koordinierten Gegenangriff auf alle strategisch wichtigen Stellungen über. Der Feind wurde bei der Hermada, Flondar

Der 30,5 cm Mörser von den Škodawerken, die bekannteste Artilleriewaffe der österreichisch-ungarischen Armee, im Einsatz an der Südfront.

und San Giovanni zurückgeschlagen. Die Italiener wurden völlig überrumpelt und ganze Regimenter ergaben sich kampflos.

Nach verläßlichen Quellen verloren beide Seiten in der zehnten Isonzoschlacht insgesamt rund 240.000 Mann (Boroević' fünfte Armee davon etwa 80.000). Den italienischen Quellen zufolge hielten sich die Toten und Vermißten auf beiden Seiten etwa die Waage, eine Einschätzung, die man jedoch anzweifeln muß. Auf beiden Seiten gab es insgesamt mehr als 50.000 Gefangene, was davon zeugt, wie kriegsmüde die Soldaten waren. Von den Italienern gingen über 26.000 Mann in die Gefangenschaft, was man als ziemlich ungewöhnlich bezeichnen kann, denn in der Regel gibt es unter den Verteidigern mehr Gefangene als bei den Angreifern. Die zehnte Isonzoschlacht war die bislang verheerendste Offensive, es war die Hölle für beide Seiten. Es sollte allerdings noch eine Isonzoschlacht folgen, die die zehnte an Zerstörungswut und Verlust-zahlen übertreffen sollte.

Beide Seiten fühlten sich als Sieger. Die italienische Presse nutzte die Eroberung je-des Hügels und jeden Dorfes dafür, um einen Lobgesang auf die tapfere italienische Armee anzustimmen. Die Begeisterung aber verebbte, als die offiziellen Nachrichten über die Zahl der Toten die Heimat erreichten, oder als die erschöpften und verwun-deten Soldaten heimkehrten und über ihre schrecklichen Erfahrungen berichteten. Zwar waren es zunächst nur Gerüchte, die sich aber so hartnäckig hielten, daß sie letztendlich von der Kriegspropaganda nicht totzukriegen waren.

Die Erinnerungen eines italienischen Freiwilligen

Wie war das Leben an der Front? Vor kurzem fand man das Kriegstagebuch des italie-nischen Freiwilligen Ermano Lango, der Unterleutnant in der Sturmeinheit der „Ardi-ti" war. Jeden Tag zeichnete er die Geschehnisse und Eindrücke auf. Über die Vorbe-reitungen auf die zehnte Isonzoschlacht steht geschrieben:

„Es ist kalt in unseren Unterständen. Draußen hat es minus zwanzig Grad. Die Österreicher haben zweimal angegriffen. Wir haben sie beide Male zurückgeschlagen. Im Schnee sind dreißig Verwundete und drei Gefangene von ihnen liegen geblieben. Sie heulen, weil sie so sehr frieren. Man munkelt von einer neuen Offensive."

Lango wurde mit seinen Kameraden hinter die Front nach Palmanova geschickt, um wieder zu Kräften zu kommen. Mitte Mai wurde er dann in der Nacht an die Front südlich von Görz beordert. „Der Feind ist nicht einmal einen Kilometer entfernt. Es ist finster. Wir verfügen über zwei Kompanien und ein Maschinengewehr. Die Situation ist hoffnungslos. Die Männer sind unausgeschlafen, durstig und hungrig. Unsere Artil-lerie feuert aus allen Rohren auf den Feind, aber auch der Feind schweigt nicht. Um zehn Uhr entschließen wir uns für den Sturm. Wir stürzen uns aus den Gräben hinaus. Der Feind tut das selbe. Er bringt seine Maschinengewehre in Stellung und feuert auf uns. Wir sehen uns gezwungen, den Angriff abzubrechen und ziehen uns in einen fla-chen Graben zurück. Mittags stürmen wir erneut, aber auch diesmal ohne Erfolg."

Die Nacht brachte dann Erlösung und Ablösung auch für Ermano Lango, der das Leid seiner Kameraden mitansehen mußte. Obwohl er keinen Überblick hatte, genüg-te das sehr wohl. Nur die Generäle im Oberkommando wußten über die Gesamtlage Bescheid, und das Bild mußte für sie umso erschreckender gewesen sein. Die großen Verluste in der zehnten Isonzoschlacht entlockten dem Munde Cadornas, der anson-sten sehr wortkarg war, Worte der Anerkennung für seine Soldaten: „Es waren Tage des unerbittlichen Kampfes und der unvergänglichen Ehre unserer Kompanien." Was bedeuteten schon Zehntausende Tote angesichts der unvergänglichen Soldatenehre?

Karl Jagodič aus Cilli, Student der Rechtswissenschaften in Graz: Tagebuch von der Isonzofront – Das zweitemal an die Front

Mittwoch, 2. Mai 1917
Aufbruch von Cilli nach Laibach

3. Mai
Die Fahrt bis nach St. Luzia, dann zu Fuß über Chiapovano, Lokve, Ternova, Vogersko.

4. Mai
Ankunft um zehn Uhr abends. Als ich die Stellung bezog, traf ich meine Freunde Praznik und Kolšek. Die Kaverne befindet sich einige Meter unter der Erde und hat einen engen Eingang. Das Lager teile ich mit Kolšek, die Stellung liegt sehr tief, vorne sind noch die Wachen. Gestern habe ich zusammen mit Praznik die Wachen inspiziert. Die Leute lagen auf der schönen Wiese – vollkommene Ruhe – unten im Tal windet sich der Isonzo – helle Frühlingsnacht – bislang Sommerfrische.

5. Mai
Heute nachmittag wildes, starkes Feuer. Allerdings hocken wir in guter Deckung.

12. Mai
Heute um fünf Uhr morgens fiel eine schwere Granate auf unsere Stellung. Kaum explodierte sie, erstrahlte der Sabotino in unzähligen Feuern der speienden Geschütze und der Mt. Santo hüllte sich in eine dunkle, dichte Wolke, es knallte, blitzte und pfiff. Bis heute (13. Mai) um vier Uhr morgens ununterbrochenes Geschützfeuer, Minen aller Kaliber, sogar Gasgranaten, aber zum Glück mußte noch keiner bluten. In der Kaverne kamen wir alte Studenten aus Cilli zusammen: Ludwig, Praznik, Kolšek und ich.

Wir haben alles, auch einen Harmonikaspieler, der uns bei gutem Tee und Cognac die guten alten Melodien spielte; wir tauschten unsere Erinnerungen aus. In aller Stille tief unter der Erde – in der Finsternis. Draußen ist Tag, wo der Tod wütet! Wir sind von den Linien vollkommen abgeschnitten und wir erwarten den Angriff in jedem Augenblick.

13. Mai 1917
Um zehn Uhr abends. Den ganzen Tag starkes Geschützfeuer – von Freitag – nichts gegessen – wenig geschlafen.

14. Mai 1917
Wir sind alle schwarz und schmutzig. Mit dem Trinkwasser müssen wir sparen. Am Mittag begann der italienische Infanterieangriff – eine vollkommene Niederlage. Wir warteten nicht einmal, bis sie hundertfünfzig Meter entfernt waren. Das Sperrfeuer der Maschinengewehre kann keine Menschenseele durchbrechen. Es dauerte bis drei Uhr nachmittags, am Abend aber begann bei Donner, Blitz und Regen wieder alles erneut. Allerdings haben wir keinen einzigen Feind zu Gesicht bekommen.

15. Mai 1917
Ganz ruhig – kein Krieg mehr, die Stellungen sind teilweise verschüttet – die Männer sind gut gelaunt, sie singen und die Harmonika wird gespielt. Die Mühen und Anstrengungen sind vergessen, denn draußen ist ein wunderschöner Maitag.

18. Mai 1917
Das Geschützfeuer bei Plavih wird fortgesetzt. Bei uns ist es ruhig. Die erste Nachricht von der Mutter.

20. Mai 1917
Das Ende scheint noch nicht gekommen zu sein. Kuk wurde eingenommen. Heute den ganzen Tag starkes Geschützfeuer auf den Mt. Santo, obwohl der Infanterieangriff abgewehrt wurde. Vom Kloster auf dem Mt. Santo ist nur ein Haufen Steine übrig geblieben. Es blieb kein Stein auf dem anderen. Fahnenjunker Kurbus wurde am 16. Mai mit Gas vergiftet und wurde abtransportiert. Dann wieder ein Infanterieangriff auf den Mt. Santo, der im dichten Kanonenfeuer erstickt werden konnte. Der Mt. Santo ist in eine dichte, dunkle Wolke gehüllt und der Nebel zieht langsam, faul ins Tal in Richtung Isonzo und erglüht von den Blitzen der knallenden Schrapnells. Hier und da eine schwarze Rauchfahne der schweren Ekrasitgranaten. Die Nacht rückt näher, es wird schneller dunkel wegen des dichten Rauchs, der den Abhang vor uns einhüllt.

Die Menschen, die sich geopfert haben und nunmehr dasselbe Schicksal ereilte wie hunderte und hunderte vor ihnen – die Menschen, eingehüllt in den Nebel, bereit auf einen Kampf Mann gegen Mann, sind jetzt alle tot, ohne den Gegner zu Gesicht bekommen zu haben, sie wurden gnadenlos des Lebensrechts beraubt, vernichtet, als sie bis zuletzt und wild den letzten Fußbreit Erde verteidigten.

Wir Menschen stehen hier, so schwach und machtlos angesichts der wütenden Vernichtung. Das ist Mißbrauch der Vernunft, und wird Kultur – Bildung genannt!? Wie nichtig und gedanklich oberflächlich sind wir; keiner denkt an die Wunden, an das Blut, an die Familien derer, die an diesen Abhängen bluten und fielen – Nein!

Sie denken an die Zigarette, wie gut sie eben riechen wird, an den Tee, der vom Burschen serviert wird. Solche Gedanken sind der Intellektuellen nicht würdig und trotzdem beschäftigen sie sich mit ihnen! Der Krieg ist ein Gewerbe, grausam und egoistisch.

22. Mai 1917
Um vier Uhr im Vipavatal (Wippachtal) schweres Geschützfeuer.

24. Mai 1917
Diese Herren von der sechsten Kompanie wurden dem Kader zugeteilt – schade! Seifert, Leutnant, Ludwig, Leutnant, Boransky, Leutnant, Zettlfeld, Leutnant.

9. Juni 1917
Gestern zogen wir in die neue Kaverne um. Sie ist sehr gemütlich eingerichtet, auch im Frieden dürfte sie als Sommersitz taugen.

23. Juni 1917
Das Leben ist eintönig und doch vergeht die Zeit rasend schnell. Meine Behausung ist sehr gemütlich, verziert mit vielen Postkarten und dient als Treffpunkt für die Kameraden, um Karten zu spielen oder bloß rumzuhocken. Wenn ich nachts alleine bin, wach, dann vergehen die Stunden, ohne daß ich es beim Schreiben wahrnehmen würde. Oder aber ich lege mich aufs Feldbett, lasse mir einen Tee kochen und träume dahin.

29. Juni 1917
In der letzten Nacht Abmarsch. Ich wurde der Reserve hinter Škabrijel (San Gabriele) zugeteilt. Als erster verließ ich mit meinem Zug die Stellungen. Mit schnellen Schritten gingen wir der Straße entlang über den Paß Dol. Die Nacht war hell, der

Mondschein, auf dem Schlachtfeld herrschte absolute Ruhe, kein einziger Schuß war zu hören.

28. Juni 1917
Um ein Uhr nachts Angriff auf die italienische Wache. Fahnenjunker Šestan und Umek. Der Angriff ist für uns sehr übel ausgegangen. Umek wurde von der eigenen Handgranate so schwer verletzt, daß er im Divisionskrankenhaus in Kal starb.

2. Juli 1917
Schon drei Tage werde ich als Brigadebeobachter an der Kote 661 östlich von Kal eingesetzt. Eine sehr angenehme Position. Ich habe vier Männer, die den Dienst verrichten. Manchmal übernehme auch ich die Überwachung aus eigenem Interesse, was wohl weit hinter Görz vor sich geht. Morgens, wenn es schön ist, kann man auch das Meer sehen, die Kote 652, Vodice, Kuk. Eigentlich aber lese ich im Schatten Bücher – Kellermanns Tunnel – oder ich spaziere. Hier ist der Krieg noch grausamer als an der Frontlinie, denn hier sind wir noch menschlicher, wir bewegen uns frei, wir denken einfach anders, weil die Lebensgefahr nicht so groß ist. Nur unbebaute Felder, Unkraut wuchert, und weiter oben eine Häusergruppe. Es zieht mich dorthin, um zu sehen, wie es ausschaut. Leer und verlassen stehen sie, Fenster und Türe glotzen wie ausgestochene Augen auf den einsamen Besucher. Verschreckte Frösche springen in die Pfützen zwischen den Häusern – einmal war es ein Brunnen. Die Schritte auf dem Steinboden hallen dumpf zwischen den Wänden. Der Geruch nach Verwesung weht mir entgegen, schreckliche Leere, ein unbeschreibbares Gefühl umgibt mich in diesem offenen Grab. So eingeengt fühle ich mich in diesen von der Sonne glühenden Wänden, stumm schreien sie – Ach! Weg von hier, zurück in den Wald – nach Hause!

18. Juli 1917
Marsch in Richtung Lokve. Die Kompanie hatte den Badetag. Dieser Sprung ins Wasser tut so angenehm angesichts des Mangels und der Verachtung, denen wir sonst ausgesetzt sind.

1. August 1917
Am Abend war ich auf einem schönen Spaziergang auf dem Friedhof Ravnica, durch den Ort und dann über Kote 408 wieder nach Hause. Die frischen Gräber, neue Kreuze mit neuen Namen, alles aus der zehnten Schlacht. Es sind noch neue

hinzugekommen – und mit der Zeit wird sie doch das Gras überwuchern, vergessen werden alle sein und mit ihnen auch die Helden. Nur das große Steinkreuz wird die kommenden Generationen daran erinnern, daß sich hier ein großer Friedhof befindet.

Der Eingang in das Dorf wird von drei mächtigen Linden beschattet und gleich daneben steht eine Kirche, die im Inneren vollkommen verwüstet ist; eine schwere Granate explodierte gleich neben dem Hauptaltar.

Dann sind wir die Stiegen heraufgegangen bis zur Kote 408, sahen uns das feindliche Land an, von wo ein lauer südlicher Wind wehte und gaben uns dem Träumen hin. Von weiter unten erhob sich eine Leuchtrakete.

7. August 1917

Treffer ins Schwarze, auf die Kompaniebaracke. Gleich nach der Explosion entbrannte ein fürchterliches Feuer. Es war das Jammern und Stöhnen der Schwerverwundeten zu hören, aber die Hilferufe wurden bald vom prasselnden Feuer verschlungen – keiner konnte gerettet werden. In der Verwirrung flüchtete der Rest der Mannschaft hinter die schützenden Felswände. Einer erinnerte sich dann doch – Weg mit der Tarnung! Das Feuer muß isoliert werden! Und schon machten sich alle daran, die Munition wegzutragen, die Handgranaten in Sicherheit zu bringen, bis sich die Mannschaft beruhigte, die große Gefahr erkannte und zur Hilfe eilte. Aber der Blick auf die Feuerstätte war so grausam, als man mit Hacken und Schaufeln in den Trümmern nach den Resten der verkohlten Kameraden suchte. Sechzehn solche verkohlte Leichen wurden gefunden – das kann man einfach nicht beschreiben!

Einer wollte sich wohl durch das Fenster retten; das Feuer erfaßte ihn und Beine verbrannten, der Oberteil aber fiel einfach so herunter. Das menschliche Schicksal im Krieg! Was erfahren die im Hinterland aus den Zeitungen, was wissen sie vom menschlichen Schicksal! Was steht heute über sie geschrieben? „Nichts Neues! Artillerieaktivitäten!" Welche Ironie!

Ein ganz gewöhnlicher Tag auf Sv. Katarina

Boroević wurde das Kommando über die Heeresgruppe übertragen. Er war sich sehr wohl der schwierigen Lage seiner Armeen am Isonzo bewußt. Seinen Armeen war es bisher immer wieder gelungen, den Angreifer abzuwehren. Der Gegner jedoch konnte in allen bisherigen Schlachten mit der eigenen Übermacht an Mensch und Material rechnen. Daher konnten Boroević' Kompanien den feindlichen Angriff nicht untätig abwarten, sondern störten immer wieder mit lokalen Gegenangriffen den Feind. Und doch gab die bisherige erfolgreiche Verteidigung Boroević keinen Grund zum Optimismus. Er machte sich berechtigte Sorgen über die Zukunft der Isonzofront. Die Italiener konnten frische Einheiten heranziehen, und die Unterstützung durch die Verbündeten war außerordentlich großzügig (obwohl auch Cadorna nicht alles bekam, was er wünschte).

Der folgende Bericht über einen italienischen Angriff auf die Anhöhe Sveta Katarina während der zehnten Isonzoschlacht wurde in der Zeitung „Slovenec" veröffentlicht. Der anonyme Autor war allem Anschein nach ein kampferfahrener Offizier. Während des gegnerischen Artillerieangriffs zogen sich die Verteidiger entweder in die Kavernen zurück oder versuchten, wie der Autor schreibt, Initiative zu zeigen:

„Die abkommandierten Männer verharren mit zusammengepreßten Lippen an dem Platz, der ihnen zugewiesen wurde. Draußen donnern die schweren Granaten und Lufttorpedos, so daß der felsige Boden ringsum bebt. Von den Bergen im Norden über das Tal der Wippach bis zur karstigen Küste befindet sich die Front im Feuer. Die Atmosphäre verdunkelt sich und die tiefhängenden Staub- und Rauchwolken trüben die Sicht. Auch hinter uns schlagen die Granaten ein. Gnade denjenigen, die sich draußen aufhalten! Die Verbindung reißt ab und wir sind uns selbst überlassen."

Nach achtstündigem wildem Artilleriebeschuß stürzte sich die erste italienische Einheit auf die österreichisch-ungarischen Verteidigungsstellungen.

„Es ist an der Zeit. Es sind nicht viele Befehle notwendig: die Veteranen wissen, um was es geht. Gott sei Dank sind die Männer gut ernährt. Sie nehmen noch einen Schluck des Erfrischungsgetränks ein und sind bereit. Der Feind liegt nur achtzig Meter entfernt von der Kaverne, und es werden bereits Gefangene gemacht. Das sind die Vorposten. Der gefangengenommene Offizier, ein Lehrer aus Sizilien, ist sichtlich von unserer Kampfbereitschaft überrascht. Man hat ihm nämlich gesagt, daß wir ohne Munition seien und der Angriff leicht sein werde. Es sind insgesamt zweiunddreißig Mann. Wir haben keine Zeit, uns mit ihnen zu beschäftigen. Draußen ist bereits das Rattern des Maschinengewehres zu hören. Aus den Unterständen schießen finstere Gestalten hervor. Sie bedecken sich mit den Händen ihre Augen zum Schutze vor dem Tageslicht und eilen zu den Plätzen, die ihnen zugewiesen wurden. Alles scheint vollkommen verändert. An der rechten Seite, wo das gegnerische Artilleriefeuer am stärksten wütete, gibt es nichts, was nur annähernd einem Schützengraben ähneln könnte. Anderswo ist es nicht viel besser. Die Männer lassen sich in die Granattrichter oder hinter Trümmern fallen. Über uns hören wir das Sausen der Granaten unserer Kanonen.

Wir stellen uns gerade rechtzeitig auf. Die italienische Infanterie nähert sich im Laufschritt. Sie kommt nicht weit. Wie von einer unsichtbaren Macht niedergerissen, fallen die italienischen Soldaten reihenweise um. Eine neue Angriffswelle steigt aus dem Schützengraben, der vom Feuer unserer Artillerie erfaßt wird. Eine Kompanie nach der andern taucht aus der Nebelbank hervor, doch bis zur Grčinje reißen unsere Maschinengewehre problemlos Breschen in die feindlichen Linien. Auch mit der zweiten Angriffswelle haben wir ein leichtes Spiel. Sechs solche Angriffswellen stürzen sich auf unseren dreitausend Schritte breiten Verteidigungsabschnitt. Alle verbluten im Maschinengewehrfeuer (…) Es griff eine ganze italienische Brigade an und nun liegt sie niedergeschossen vor uns (…) Unsere Verteidigungskompanie hat im vierundfünfzig-stündigen Gefecht nicht mehr als fünfunddreißig Tote zu beklagen. Sveta Katarina bleibt in unserer Hand."

So wurde während der zehnten Isonzoschlacht gekämpft. In den offiziellen Nachrichten, die von den Zeitungen veröffentlicht wurden, wurde lediglich vermerkt, daß sich die Front nicht verändert und der Feind große Verluste davongetragen hätte. Ganz im Stile des Romans von Remarque „Im Westen nichts Neues". Kurzum, es handelte sich um einen ganz gewöhnlichen Tag an der Front.

Den österreichisch-ungarischen Einheiten droht der Zusammenbruch

Im italienischen Oberkommando sah man schließlich ein, daß sich die innenpolitische Lage während der 10. Isonzoschlacht drastisch verschlechtert hatte. Die Antikriegs-stimmung wurde stärker, und die Berichte der Veteranen wirkten der Kriegspropaganda entgegen. Sowohl die Soldaten auch als auch die Zivilisten zweifelten an dem Sinn des Krieges. Die Bevölkerung, die entlang der Front lebte, war meist gar nicht italieni-scher Abstammung. Sollten das die „unerlösten Brüder" sein? Sollte diese Bevölkerung die italienischen Befreier mit offenen Armen empfangen? Die Generäle schickten Tausende junge Menschen ohne Bedenken und ohne Gnade ins Verderben. Und genauso gedankenlos und gnadenlos wurde jede Form des Ungehorsams oder von Defätismus geahndet. Die Kampfmoral der Soldaten sank.

Die Lage der Entente spitzte sich im August 1917 an allen Fronten zu. Rußland schied aus dem Krieg aus, und der ambitionierte Vorstoß des Generals Nivelle scheiterte an dem unüberwindlichen Widerstand der deutschen Verteidiger. Ein Durchbruch konnte auf diesem Wege also nicht gelingen. Die französischen Soldaten waren des Kämpfens müde und meuterten. Die Entente forderte vom italienischen Oberkommando, Italien sollte doch endlich mit der österreichischen-ungarischen Armee fertig werden. Auch Cadorna war fest entschlossen, mit dem entscheidenden Sieg die immer stärkere Opposition im eigenen Lande endlich zum Schweigen zu bringen. Er war zuversichtlich, denn er befehligte ein Heer von über 1,3 Millionen Soldaten, und an der Isonzofront standen 600 Bataillone und 5.200 Geschütze bereit. Auch an Munition fehlte es nicht, und die Alliierten schickten im letzten Augenblick zusätzliche 100 schwere Kanonen zur Verstärkung.

Die Gegenseite befand sich in einer wesentlich schlechteren Position. Boroević verfügte nicht einmal über die Hälfte an Bataillonen und Geschützen gemessen an der Stärke seiner Gegner. Zur Verfügung hatte er in dieser Phase des Krieges 250 Bataillone und 2.200 Geschütze. Schwierigkeiten schien ihm auch die Logistik zu bereiten. Es fehlte an Transportmitteln und Treibstoff, aber auch Gespanne waren kaum mehr aufzutreiben. Im Zuge der Vorbereitungen für die 11. Isonzoschlacht tarnten die Italiener erst gar nicht ihren Aufmarsch für eine neue Offensive. Sie türmten Mensch und Material ganz ungeniert vor den Augen der Verteidiger auf. Aber auch die Scharen an italienischen Deserteuren zeugten vom Herannahen einer entscheidenden Schlacht. Im italienischen Oberkommando war man siegessicher, obwohl das italienische Heer – abgesehen von der Eroberung von Görz – bisher noch keinen nennenswerten Sieg errungen hatte. Allerdings: Der Verteidigungswille des Gegners bröckelte langsam ab.

Boroević' Armeen wurden immer mehr in die Enge getrieben. Auf dem wasserarmen Hochplateau Bainsizza-Heiligengeist bestanden keine Transportwege, und im karstigen und felsigen Boden erwiesen sich die Befestigungsarbeiten als überaus schwer und ermüdend. Die Verteidiger konnten nicht genügend Kavernen, Schützengräben und Befestigungen bauen. In Boroević' Stab war man sich zudem darüber einig, daß die Verteidigung des Hochplateaus ein überaus risikoreiches Unternehmen sei. Die Artilleriestellungen konnten auf diesem Gebiet nur sehr schwer getarnt werden. Die italienische Artillerie konnte sie ungehindert ausfindig machen und beschießen. Das karstige Terrain verdoppelte die Einschlagwirkung der Granaten durch tausende Felsensplitter.

Die elfte Isonzoschlacht

Die elfte Isonzoschlacht war noch heftiger als die vorangehende. Die Italiener lösten die „Zona di Gorizia" auf. Von Flitsch bis zur Wippach griff die 2. Armee des Generals Capello, und von der Wippach bis zur Adria die 3. Armee des Generals d'Aosta an. Diesmal entschieden sich die Italiener dafür, auf einem breiteren Frontabschnitt anzugreifen als in der zehnten Isonzoschlacht, und zwar auf der ganzen Linie von Tolmein bis zur Adria. Cadorna setzte auf diesem Frontabschnitt 600 Bataillone und 5.200 Geschütze und Minenwerfer ein. Obwohl auch Boroević Verstärkung erhielt, verfügte er insgesamt nur über 250 Bataillone sowie 2.200 Geschütze und Minenwerfer.

Die italienische Offensive begann am 17. August und dauerte bis zum 12. September. Die elfte Isonzoschlacht gehörte zu einer der längsten und heftigsten im ganzen Krieg. Die Italiener behielten auch die Luftüberlegenheit, und ihre Flugzeuge griffen erfolgreich die österreichisch-ungarischen Artillerie- und Infanteriestellungen sowie Transportwege hinter der Kampflinie an. Das Bombardement des Karstes verursachte in dieser trockenen und heißen Jahreszeit riesige Brände, die den Verteidigern zusätzlich Probleme bereiteten.

Bereits am ersten Angriffstag überquerten die Italiener den Isonzo über vierzehn Pontonbrücken zwischen Doblar und Anikova. Fünf Divisionen besetzten auf einen Schlag die Anhöhen auf dem linken Ufer des Isonzo; zusätzlich wurden zahlreiche Gefangene gemacht, die sich in die Eisenbahntunnels zurückgezogen hatten.

Um den Vormarsch der Italiener zu stoppen, entschied sich das österreichisch-ungarische Oberkommando zur Sprengung des Dammes bei St. Luzia. Der wilde Strom des Isonzo riß alles mit, was sich ihm entgegenstellte. So konnten die Verteidiger doch noch den überaus wichtigen Brückenkopf bei Tolmein halten.

Die Räumung der Hochebene Bainsizza

Südlich von Görz verlief der italienische Vormarsch allerdings nicht so glatt. In den ersten Tagen wurde zwar ein Teil der Anhöhe Hermada bis nach Kostanjevica besetzt, zu Beginn des Monats September schlug dann aber die österreichisch-ungarische Armee in einem entschlossenen Gegenangriff die Italiener wieder zurück, und diese mußten sich auf ihre Ausgangspositionen zurückziehen. Die italienische 3. Armee hatte also keinen Erfolg, obwohl nach Cadornas Worten die Italiener gerade bei San Gabriele die stärkste Konzentration des Artilleriefeuers im gesamten Krieg entfesselten.

Auf dem Hochplateau Bainsizza attackierten die Italiener immer wieder und konnten durchaus Erfolge vorweisen. Dem gegnerischen Artilleriefeuer konnten die Soldaten der Doppelmonarchie kaum etwas entgegensetzen. Die Verteidiger hatten nur wenige Kavernen zur Verfügung, ihr Verteidigungssystem war improvisiert und ihre Schützengräben waren sehr flach. Die gegnerische Artillerie konnte also leicht mit ih-

Eine Versorgungseinheit
der Bosniaken mit Maultieren
unterhalb des Mt. S. Gabriele
bei Görz (Bild oben)

Eine italienische Luftaufnahme
von den gegnerischen Stellungen
auf dem Hochplateau Bainsizza
(Bild links)

nen fertig werden. Die k. u. k. Armee hatte große Mühe, den Weg nach Tolmein offen zu halten.

Das Ziel der italienischen 2. Armee war die Eroberung des Hochplateaus Bainsizza und des Brückenkopfes bei Tolmein. In der nachfolgenden Phase hätte sich die Offensive dann gegen Kirchheim (Cerkno), den Ternowaner Wald und Chiapovano richten sollen. Um einer Niederlage zuvorzukommen, entschied sich Boroević zur Räumung des Hochplateaus und erwartete den Gegner in neuen und gut ausgebauten Verteidigungsstellungen.

Wegen mangelnder Koordination und Nachschubproblemen konnten die Italiener die ursprünglichen Vorteile und die zahlenmäßige Überlegenheit nicht nutzen. Der österreichisch-ungarischen Armee gelang es tatsächlich, sich geschickt aus der Umklammerung zu lösen und die Berührung mit dem Feind zu vermeiden. Sie gewann damit einen Vorsprung von drei überaus wichtigen Tagen. Die nachfolgenden Ereignisse gaben Boroević' Entscheidung recht, das Terrain dem Feind praktisch kampflos zu überlassen.

Auch diesmal wurden mehrere hochrangige italienische Offiziere mitten im Gefecht abgelöst. Am fünften Tag unterbrachen die Italiener ihre Offensive, um ihre Kräfte zu reorganisieren. Das erwies sich jedoch ebenso als nützlich für Boroević' Heer. In der italienischen Armee neigte man immer wieder – auch in anderen Situationen – zu Auswechslungen von Offizieren und zur Durchführung von Reorganisationsmaßnahmen der Streitkräfte mitten in einem Angriff, Maßnahmen, die nicht gerade vorteilhaft waren.

Mit der Räumung des Hochplateaus Bainsizza überließ man dem Gegner kampflos die Ruinen des Klosters auf dem Gipfel des Monte Santo (um diesen Berg war in der letzten Offensive heftig gekämpft worden). Die Italiener bemerkten das Manöver der Verteidiger zu spät und ließen wertvolle Tage tatenlos verstreichen. Inzwischen entzogen sich Boroević' Truppen dem Beschuß der italienischen Artillerie und bezogen neue Stellungen am östlichen Rand des Hochplateaus.

Den Italienern war die Artillerie kaum von Nutzen, denn sie konnte den Bewegungen der Infanterie nicht folgen. Überhaupt stellte sich der Transport der Artillerie als zeitraubend, mühevoll und nicht zuletzt auch als sehr riskant dar. Ohne die effiziente Unterstützung der Artillerie war aber die Infanterie ohne Schlagkraft. Die italienische Artillerie war zwar recht laut, doch sie war nicht präzise und richtete keinen ernsthaften Schaden an.

Die Verteidiger bezogen ihre neuen Stellungen auf der Linie von San Gabriele über Zagorje, Vrhovec, Kal bis nach Hoje. Obwohl die Italiener die österreichisch-ungarischen Stellungen attackierten, konnten sie keinen weiteren Geländegewinn, geschweige denn einen Durchbruch, erzielen.

Der Minenkrieg

Auf dem Krn entdeckten die Verteidiger einen Stollen, der von italienischen Ingenieureinheiten in den Berg geschlagen worden war. Im letzten Augenblick fanden österreichisch-ungarische Soldaten die Sprengladungen. Sie trugen diese auf die italienische Seite des Stollens, und dort wurde eine heftige Explosion ausgelöst.

Damit begann der Minenkrieg, und der Kampf wurde an vielen Frontabschnitten unter die Erde verlegt. Heiß umkämpft war auch der Monte San Gabriele. Eine der blutigsten Schlachten an der Isonzofront wurde an diesem Ort ausgetragen. Der San Gabriele ist ein 646 Meter hoher Berg nordwestlich von Görz und von großer strategischer Bedeutung. Von diesem Berg aus konnten die Verteidiger den Zugang zum Wippachtal und die Umgebung von Görz kontrollieren. Von Beginn des Krieges an war der San Gabriele Zielscheibe der italienischen Artillerie. Nach heftigem Artilleriebeschuß griffen am 19. August auf dem engen Abschnitt von Sv. Katarina bis zur Wippach über hunderttausend italienische Soldaten an.

Der San Gabriele wurde von den italienischen Truppen eingeschlossen. Zwanzig Tage mühten sich die Italiener ab, wobei es ihnen schließlich gelang, Sv. Katarina zu erobern, und für kurze Zeit besetzten sie sogar den Gipfel. Und doch mußten sie wieder zurückweichen. Die Eroberung von San Gabriele war mit so vielen Opfern verbunden, daß es für beide Seiten zu einer Frage der Ehre wurde, wer den Gipfel besetzt hielt – keiner wollte der Verlierer sein. Auf einer Fläche von lediglich zwei Quadratkilometern ließen über 40.000 Soldaten ihr Leben, der San Gabriele jedoch fiel niemals in italienische Hände.

Der italienische Zusammenbruch vor den Toren Triests

Die erfolgreiche taktische Abstimmung zwischen Artillerie und Infanterie war für Boroević' Heer von großem Nutzen. Die italienische Artillerie entlud einen Großteil ihrer tödlichen Fracht auf die vorderen Linien der Verteidiger, die ihrerseits aber in der Phase des Artilleriefeuers das Vorfeld der Verteidigungsstellungen bereits geräumt hatten. Zu Beginn des jeweils folgenden italienischen Infanterie-Angriffs lichtete die österreichisch-ungarische Artillerie sodann mit schnellem Sperrfeuer die Reihen der Angreifer. Die italienischen Soldaten, die diese Hölle irgendwie überlebten und die Stellungen der Verteidiger erreichten, wurden schließlich im Kampf Mann gegen Mann wieder zurückgeworfen.

Auf dem Karstgebiet von der Adria bis zur Wippach griff die italienische 3. Armee an. Auf dem fünfzehn Kilometer langen Frontabschnitt von Biglia bis zur See stellten

Fajti hrib, der Angelpunkt der österreichischen Verteidigung im Karst, wurde wegen seiner strategischen Bedeutung von den Italienern immer wieder attackiert. Wenn hier der Durchbruch gelungen wäre, wäre Triest in der Reichweite ihrer Artillerie gelegen.

№ 188. Geschosseinschlag am Fajti hrib 1.6.17.

die Italiener 2.200 Geschütze auf und wurden auch noch vom Kanonenfeuer der Schlachtschiffe unterstützt. Die Verteidiger gruben sich auf der Linie von Biglia über Fajti hrib, Flondar bis San Giovanni ein, wobei die wichtigsten Verteidigungsstützpunkte Fajti hrib und Hermada nordwestlich von Triest waren.

Nach sechsunddreißigstündigem Artilleriebeschuß griffen am Morgen des 19. August 1917 die Italiener an. Das Sperrfeuer dezimierte die Reihen der italienischen Einheiten. Diese besetzten Flondar, aus dem sie freilich später wieder zurückgeschlagen wurden. Das war aber auch alles.

Es kam, wie es kommen mußte: Die Verteidiger entschlossen sich am 4. September trotz ihrer äußerst schwierigen Lage zu einem Gegenangriff mit beschränkten Zielen. Nördlich von Flondar gelang es ihnen tatsächlich, die Italiener nach einem erbitterten Kampf zurückzuwerfen und zwar bis auf die Ausgangspositionen vom 17. August. Nach einigen Tagen flaute die Schlacht auf dem Karstgebiet dann ab, ohne daß die Italiener einen nennenswerten Erfolg erzielt hätten.

Am 13. September stellte die italienische militärische Führung die Offensive ein, weil die Munition knapp wurde. Die italienische Artillerie hatte auch die notwendigen Reserven verschossen, und der Nachschub blieb aus. Daraufhin wurde beschlossen, mit der Munition zu sparen (ein verhängnisvoller Beschluß, wie sich später noch zeigen sollte).

Die Verluste an Menschenleben waren erschreckend hoch. Die italienischen Verluste übertrafen allem Anschein nach bei weitem die Zahl 170.000 (davon 46.000 Tote). Die Doppelmonarchie hatte weniger Verluste; sie beliefen sich auf 100.000 (davon 10.000 Tote). Es muß allerdings hinzugefügt werden, daß die Verteidiger weniger Soldaten zur Verfügung hatten als die Angreifer, und somit die Verluste in Prozentzahlen auf beiden Seiten etwa ausgeglichen waren. Man muß weiter auch bedenken, daß die Doppelmonarchie den Mangel an Mensch und Material viel schwerer ausgleichen konnte.

In diese Verlustzahlen haben die Militäranalytiker überraschenderweise nicht die Ausfälle, die durch Krankheiten hervorgerufen wurden, eingerechnet. Diese summierten sich auf beiden Seiten auf eine Zahl von je über eine halbe Million Menschen. Sommerhitze, Wassermangel, verwesende Leichen der gefallenen Soldaten, Ratten und fehlende Hygienebedingungen förderten ansteckende Krankheiten. Viele Soldaten starben dann auch in den Lazaretten, ohne daß man sie zu den Opfern der Isonzofront hinzurechnete.

Beide Seiten waren fest davon überzeugt, siegreich aus der 11. Isonzoschlacht hervorgegangen zu sein. Die Antikriegsstimmung machte sich vor allem auf der italienischen Seite bemerkbar, und Cadorna beschuldigte die Neutralisten, die Sozialisten und auch die Friedensaktivisten, für die Mißerfolge der italienischen Streitkräfte an der Isonzofront verantwortlich zu sein. Boroević zeigte sich besonnener, denn er wußte genau, wie schlecht es um seine Armeen tatsächlich stand.

Die Besetzung von Triest und Laibach durch die Italiener war allem Anschein nach nur noch eine Frage der Zeit, und Boroević standen keine Rückzugsmöglichkeiten mehr offen. Im österreichisch-ungarischen Generalstab suchte man in Zusammenarbeit mit dem deutschen Oberkommando fieberhaft nach einer Lösung für die bedrängten Armeen an der Isonzofront.

Die Kriegserinnerungen eines bosniakischen Offiziers

Das Auftauchen der Bosniaken an der Front löste bei den anderen Soldaten im österreichisch-ungarischen Heer großes Staunen aus und wurde von vielen Kommentaren begleitet. Ihr Erscheinen verhieß nichts Gutes und kündigte stets verbissene Kämpfe an. In seinen Erinnerungen an die zehnte Isonzoschlacht schreibt der bosniakische Offizier Mate Blažević: „Unausstehlicher Gestank verbreitete sich und verpestete die Luft, die wir einatmeten. Italiener, Slawen, Magyaren und Deutsche lagen einer über

Einer der 25.000 gefallenen Italiener auf
dem S. Gabriele oberhalb von Görz. Alle
Angriffe waren vergeblich, denn der Berg
fiel niemals in die italienische Hände.
(Bild oben)

Österreichisch-ungarische Reservestellungen
am Fajti hrib (Bild links)

dem anderen auf einem Haufen. Die Leichen waren aufgebläht und schwarz wegen der glühenden Sonne und Felsen. Im Tageslicht konnten wir diese Leichenhaufen in der Ferne ganz deutlich sehen, und die Kämpfer benutzten sie höchstwahrscheinlich als Deckung, während sie angriffen."

Während die Bosniaken in der Finsternis der Nacht auf den Befehl zum Angriff warteten, mußten sie die ausgehungerten Ratten bekämpfen, die an den halbverwesten Leichen nagten und auch manchmal schlafende Soldaten oder deren Tornister befielen. Als sie einmal zwei Tage in einem Karsttrichter festsaßen, ging ihnen schon vor dem Ende des ersten Tages das Trinkwasser aus. Der Durst war unerträglich. Blažević gab sein Trinkwasser einem verwundeten österreichischen Jungen, der nicht in Sicherheit gebracht werden konnte.

Ein junger und unerfahrener Kadett, der gerade die Militärakademie verlassen hatte und keine klaren Befehle ausgab, führte die bosniakische Sturmeinheit an. Der Angriff verlief zwar erfolgreich, doch die Befehle des jungen Offiziers waren äußerst undeutlich. Statt die Anhöhe zu besetzen, wurde der Angriff nach der Eroberung des ersten gegnerischen Schützengrabens gestoppt. Dort wurde ein Wasserrohr entdeckt, aus dem an mehreren Stellen Wasser spritzte. Die Bosniaken tranken und tranken, als ob es gar keine Gefahr gegeben hätte. Erst nachdem sie sich vollgetrunken hatten, erhielten sie den Befehl zur Erstürmung des Gipfels. Doch die Italiener hatten die Zeit genutzt, sich gut vorzubereiten. Das italienische Artillerie-Sperrfeuer und das der Maschinengewehre dezimierte die Reihen der angreifenden Bosniaken. Und als Höhepunkt der Irrtümer erfolgte noch ein Beschuß durch die eigene Artillerie, bei der man meinte, daß die Erstürmung des Gipfels längst erfolgt sei.

Vom ganzen Bataillon mit seinen etwa 1000 Soldaten blieben gerade 200 am Leben. Blažević war sehr verbittert: „In einer halben Stunde blieb von unserem Bataillon nichts als Fleischbrei übrig. Dazu brauchte man achthundert menschliche Leiber."

Während der elften Isozoschlacht wurde Blažević vor Chiapovano eingesetzt. „Die Ausdauer, mit der die Italiener attackierten, ließ uns an deren Mut verzweifeln. Schon der kleinste Erfolg genügte ihnen, um ihre Kampfmoral zu heben und sich als die schlauesten Eroberer und mutigsten Kämpfer zu fühlen. In solchen Fällen folgten ihre Attacken ungeachtet der Verluste eine auf die andere. Und über die Gefallenen hinweg folgte eine neue, frische Angriffswelle."

Die letzte Isonzoschlacht

Im großen und ganzen war das Kriegsglück im Herbst 1917 mehr den Mittelmächten als den Alliierten gewogen. Nach dem Zusammenbruch bei Riga im September schied Rußland aus dem Krieg aus. Auch die Franzosen mußten Verluste hinnehmen (was zur Ablösung von General Nivelle durch General Pétain führte). Und die Armee der Alliierten auf dem Balkan war noch nicht aufgestellt.

Die Führung der Doppelmonarchie wollte an der Isonzofront zunächst in eigener Regie eine Gegenoffensive durchführen. Unmittelbar vor dem Beginn der elften Isozoschlacht besuchte Kaiser Karl I. die Front. Der Kaiser sicherte Boroević zu, daß im Herbst die Möglichkeit einer Gegenoffensive bestünde, obwohl er Bedenken hinsichtlich der deutschen Beteiligung habe, die Anwesenheit der deutschen Einheiten könne sich unter Umständen nachteilig auf die Kampfmoral die Truppen des Vielvölkerstaates auswirken. Außerdem strebte er Friedensverhandlungen und die Beendigung dieses mehrjährigen Völkergemetzels an. Er wünschte deshalb keinen unmittelbaren Kampf mit den Franzosen, weil das die künftigen Friedensverhandlungen erschwert hätte. Karl I. bemühte sich um friedliche Verständigung und hatte darum berechtigte Bedenken hinsichtlich der deutschen Beteiligung bei Kämpfen an der Isonzofront. Auch dem ambitionierten General Conrad von Hötzendorf war eine Rolle der österreichisch-ungarischen Armee als möglicherweise untergeordneter Partner der Deutschen nicht ganz geheuer.

Eine selbständige Aktion der österreichisch-ungarischen Streitkräfte gegen die italienische Armee an der Isonzofront erwies sich aber als unrealistisch. Die Deutschen wiederum signalisierten Bereitschaft zur Zusammenarbeit. General Conrad von Hötzendorf erwärmte sich zunächst für einen Offensivschlag von Südtirol aus in die Richtung von Verona, d. h. tief in das italienische Hinterland. In dieser Region allerdings beginnt der Winter schon sehr früh, darum wurde der Vorschlag bald fallengelassen.

Nach der elften Isonzoschlacht analysierten beide Generalstäbe – Boroević in Adelsberg und Cadorna in Udine – das zweieinhalbjährige Ringen am Isonzofluß. Es war

Kaiser Karl I. macht seinen Soldaten vor der 11. und zugleich blutigsten Schlacht am Isonzo Mut.

Kaiserin Zita erwartet mit ihren Kindern auf einem Bahnhof die Rückkehr Kaiser Karls I., der Stellungen an der italienischen Front besucht.

klar, daß für die italienische Seite die Erfolge nicht der Rede wert waren, vor allem, wenn man die Zahl der Opfer und das verbrauchte Material in Betracht zog. Die Italiener mußten eine Schlappe nach der anderen hinnehmen. Einen durchschlagenden Erfolg hatte es lediglich bei der sechsten Offensive gegeben, als sie Görz einnahmen und den österreichisch-ungarischen Brückenkopf am mittleren Flußlauf des Isonzo zerschlugen. Die 10. Offensive hatte zwar Geländegewinne gebracht und in der 11. gewann man sogar das Hochplateau Bainsizza. Cadorna war sich allerdings nicht sicher, ob das nun ein Erfolg oder nur ein schlaues Manöver der Verteidiger gewesen war. In der Tat gelang es Boroević, mit diesem Manöver die Frontlinie so zu verkürzen, daß er sich dem Bombardement der italienischen Artillerie entzog und ein Gelände, das sowieso schwierig zu befestigen und zu verteidigen war, räumte.

Boroević war bis dahin noch keine einzige echte Niederlage beigebracht worden. Auch seine Verluste fielen stets geringer als die seines Gegenspielers aus. Seine Einheiten wurden von den Angreifern nicht in die Flucht geschlagen, und sie zogen sich stets geordnet zurück, wenn es notwendig erschien. Obwohl sie in die Verteidigung gedrängt wurden, nur elende und provisorische Unterstände zur Verfügung hatten, oft am Ende ihrer Kräfte waren, gelang es ihnen immer wieder, im letzten Augenblick zu einem Gegenangriff anzusetzen. Auf diese Weise entrissen sie dem Gegner wieder, was dieser zuvor mit Blut und unzähligen Opfern erobert hatte. Aber die Italiener hatten mehr Soldaten zur Verfügung, und ihre Verbündeten unterstützen sie. Langsam aber sicher zerbröckelte der Verteidigungswille des österreichisch-ungarischen Heeres. Was den Italienern nicht mit großangelegten Offensiven gelingen wollte, erreichten sie im tagtäglichen Kleinkrieg. Es schien, als ob am Ende ihre Beharrlichkeit doch belohnt werden sollte.

Beide Seiten mußten mit innenpolitischen Schwierigkeiten kämpfen. Die schlechte Stimmung schwächte die Kampfmoral der Soldaten an der Front. Beide Seiten sehnten sich nach einem durchschlagenden Erfolg oder Sieg, um endlich die unzufriedene Öffentlichkeit zum Schweigen zu bringen und die Moral unter der Zivilbevölkerung sowie den Soldaten zu heben.

Die Italiener zehrten die Kräfte der Doppelmonarchie Schritt für Schritt auf. Eine Armee sei wie eine Kerze, schreibt Feldmarschall Svetozar Boroević von Bojna in seinen Erinnerungen. Sie brennt und brennt, solange sie nicht völlig verbraucht ist; aber am Ende brennt sie dann doch vollständig aus. Der Tag war also nicht weit, an dem die sonst recht schwerfällige und unflexible Angriffsstrategie des italienischen Oberkommandos doch noch Früchte getragen hätte und die italienische Armee wie eine Flut in die Täler der Drau und Save sowie nach Istrien hereingebrochen wäre. Die italienische Überlegenheit an Mensch und Material würde irgendwann doch noch zum Zuge kommen.

Die Italiener in der Verteidigung

Während der 11. Isonzoschlacht übten die Alliierten Druck auf Cadorna aus, er solle doch mit den Angriffen fortfahren. Ihrer Meinung nach sei es zu früh, die Offensive abzubrechen, und sie setzten sich für die Fortsetzung der Kämpfe ein. Cadorna gab seinen Verbündeten zunächst nach und plante eine Offensive für die Zeit gegen Ende September, überlegte es sich aber später anders. Der italienische Geheimdienst aber verfügte über Informationen, daß die Mittelmächte ihre Kräfte von Osten nach Westen verlagerten. Cadorna war zu diesem Zeitpunkt der Meinung, mit den beiden letzten Offensiven seien die Italiener ihren Bündnisverpflichtungen für das Jahr 1917 genügend nachgekommen. Die Verbündeten waren damit aber ganz und gar nicht einverstanden und entzogen Cadorna wieder die materielle Hilfe. Beispielsweise wurden überhaupt keine Geschütze mehr geliefert, was die Position der italienischen Armee an der Isonzofront deutlich schwächte.

Die österreichisch-ungarischen und deutschen Streitkräfte hatten nicht allzuviel Zeit, um eine Gegenoffensive vorzubereiten. Die Militärs beider Länder wurden sich dann auch schnell einig, was man allerdings von den Politikern der beiden verbündeten Länder nicht sagen kann. Nach zehntägigen Vorbereitungen wurde am 8. September die gemeinsame Operation „Waffentreue" beschlossen. Der Durchbruch sollte demnach auf dem Abschnitt von Tolmein bis zum Krn erfolgen, wobei der rechte Flügel in Richtung Flitsch verstärkt werden sollte. Die beiden Isonzoarmeen von Boroević sollten südlich von Tolmein operieren und durch Scheinangriffe den Gegner binden. Lediglich am rechten Flügel in Richtung Tolmein sollten Einheiten von Boroević aktiv ins Geschehen eingreifen.

Die Hauptlast des Angriffs trug die neuformierte 14. Armee. Sie setzte sich aus fünf österreichisch-ungarischen und sieben deutschen Divisionen zusammen und war über hunderttausend Mann stark. Das Kommando übernahm der deutsche General Otto von Below, der reiche Erfahrungen im Feldzug auf dem Balkan erworben hatte. Die 14. Armee wurde in vier Gruppen eingeteilt: Krauß, Stein, Berrer und Scotti.

Im Norden vom Rombon bis zum Krn sollte das 1. österreichisch-ungarische Korps von General Krauß operieren. Seine Aufgabe war es, die italienische Verteidigungslinie bei Flitsch zu durchbrechen, anschließend den Stol zu besetzen und weiter in Richtung Tarcento vorstoßen. Dem Korps gehörten die österreichisch-ungarische Division „Edelweiß", die 55. österreichisch-ungarische Infanteriedivision, die deutsche Jägerdivision und die deutschen Gaswerfer-Einheiten an.

Vom Krn bis Mengore bei Tolmein sollte die Formation des deutschen Generals Hermann von Stein operieren (3. bayrisches Korps). Ihre Aufgabe war es, den Kolowrat und den Monte Matajur zu besetzen, den Durchbruch bei Karfreit zu erzwingen und weiter in Richtung Robić und des unteren Flußlaufes der Natisone vorzustoßen. Dem Korps gehörten die 50. österreichisch-ungarische Infanteriedivision und zwei deutsche Infanteriedivisionen (12. und 117.) sowie das bayrische Alpenregiment an.

Südlich von Tolmein in der Gegend von St. Luzia sollten die Einheiten von General Albert von Berrer operieren. Die Aufgabe des Korps war es, den Ježa – hier befand sich ein befestigter Knotenpunkt dreier italienischer Verteidigungslinien – und den Monte San Martino zu besetzen. Im folgenden sollte das Korps in die Ebene von Friaul und Richtung Cividale vorstoßen. Der Formation gehörten zwei deutsche Infanteriedivisionen (26. und 200.) an.

Auf dem linken Flügel hatte das 15. österreichisch-ungarische Korps von Feldmarschall Karl von Scotti eine ähnliche Aufgabe zu erfüllen wie das 51. deutsche Korps: über den Globočak in die Ebene von Friaul vorzustoßen und Cividale zu besetzen. Hier war das Kommando der italienischen 2. Armee. Die Gruppe von General Scotti setzte sich aus der 1. österreichisch-ungarischen Infanteriedivision und der 5. deutschen Infanteriedivision zusammen.

Boroević' Armeen hielten die Stellungen von Tolmein bis zur Adria besetzt. Sie sollten mit Scheinangriffen die italienische 3. Armee binden und eine günstige Gelegenheit abwarten, um in Richtung Görz und weiter ins italienische Hinterland vorrücken zu können. Lediglich der rechte Flügel sollte mit zwei Divisionen losschlagen und in das Avščektal vorstoßen.

Für diese Aktion wurden die österreichisch-ungarischen und deutschen Elitetruppen zusammengefaßt, was die Lage auf den Schlachtfeldern sowohl im Osten als auch im Westen durchaus zuließ. Die Befürchtung Karls I., daß sich die Anwesenheit der deutschen Streitkräfte negativ auf die Kampfmoral seiner eigenen Truppen auswirken könnte, erwies sich als unangebracht. Ganz im Gegenteil! Die Ankunft der deutschen Truppen löste Begeisterung bei den erschöpften österreichisch-ungarischen Einheiten aus und weckte die Hoffnung auf einen baldigen Durchbruch und Beendigung der Kämpfe am Isonzo. General Otto von Below gab einen klaren Befehl aus: einen entschlossenen und ununterbrochenen Druck auf den rechten Flügel auszuüben – eine Maßnahme, die von General Cadorna ganz und gar nicht erwartet wurde.

Die italienische Selbstüberschätzung

General Luigi Cadorna wußte sehr wohl um die Kräfteverhältnisse an der Isonzofront Bescheid und wog sich deshalb siegesgewiß in Sicherheit. Wie in allen Schlachten zuvor hatten auch diesmal die Italiener ein deutliches Übergewicht an Mensch und Material. Das gesamte italienische Heer zählte damals über 1,3 Millionen Mann, und der

General der Infanterie
von Below
mit seinem Stabe
in Ostpreußen.

Otto von Below, Oberbefehlshaber der 14. Armee und der strategische Kopf des Durchbruchs bei Karfreit, mit seinem Stab.

Großteil der Truppen war an der Isonzofront zusammengefaßt. Die Mittelmächte verfügten über 470 Bataillone, 3.600 Geschütze und 900 Minenwerfer (die Italiener wiederum hatten über 600 Bataillone, beinahe 4.000 Geschütze und 2.400 Minenwerfer zur Verfügung). Die Mittelmächte hatten 1,5 Millionen Artilleriegeschoße angehäuft (etwa ein Zehntel von ihnen enthielt Gas).

Wie es scheint, waren die Mittelmächte nur auf demjenigen Frontabschnitt im Vorteil, wo sie ihren Durchbruchsversuch unternehmen wollten. Die Angaben darüber widersprechen sich, und das Verhältnis könnte unter Umständen durchaus ausgeglichen gewesen sein. Die Militärdoktrin sah zwar vor, daß der Angreifer für die Durchführung einer erfolgreichen Offensive über eine zwei- bzw. dreifache Überlegenheit verfügen müßte, allerdings konnten sich die Mittelmächte diesen Luxus nicht leisten.

Die italienische Verteidigung ruhte auf zwei starken Armeen: im Norden vom Rombon bis zur Avščekmündung stand die 2. Armee unter General Capello und im Süden von der Avščekmündung bis zur Adria die 3. Armee unter General d'Aosta. In Udine war das italienische Oberkommando stationiert, und das italienische Heer wurde von General Cadorna befehligt.

Die 2. italienische Armee, die sich entlang der Hauptrichtung des österreichisch-ungarischen und deutschen Vorstoßes befand, setzte sich aus drei Korps zusammen. Das 4. Korps befehligte General Alberto Cavaciocchi und verteidigte die Stellungen vom Rombon bis Dolje. General Pietro Badoglio befehligte das 27. Korps und konzentrierte sich auf das Hochplateau Bainsizza. Das von General Luigi Buongiovani befehligte 7. Korps stand entlang der Verteidigungslinie vom Globočak über Kolowrat bis zum Monte Matajur.

Die Vorbereitungen auf die Aktion wurden selbstverständlich geheim gehalten. Vor allem die Logistik bereitete den Mittelmächten große Schwierigkeiten. Bis zur letzten österreichisch-ungarischen Bahnstation an der Isonzofront St. Luzia bei Tolmein führte nur eine Schienenverbindung, die zudem ständigem Artilleriebeschuß und dem Bombardement der italienischen Flugzeuge ausgesetzt war. Durch Laibach fuhren täglich über 120 Züge, und für die gesamte Operation wurden etwa 2.400 Züge benötigt.

Die zentrale Kommunikation verlief über die Pässe Predil und Vršič. Benötigt wurden aber auch die Drahtseilbahnen und Maultierpfade von Wochein bis zum Krngebirge. Weiter südlich verlief der Transport mit der Bahn bis Grahovo, durch die Täler Selška und Poljanska Sora und auf den Feldwegen von Logatec bis Idria. Über 30.000 Arbeiter waren mit Ausbesserungsarbeiten an den Makadamstraßen beschäftigt. Die deutschen Einheiten sammelten sich in Kärnten in der Umgebung von Klagenfurt und Villach und in Krain nördlich von Laibach. Ihre Bewegungen führten sie stets im Schutze der Nacht durch. Die Ankunft der deutschen Jagdflugzeuge hatte zur Folge, daß die Initiativen der italienischen Luftwaffe eingedämmt wurden. Die Truppen wurden erst unmittelbar vor dem Beginn der Operationen an ihre Ausgangsstellungen beordert, um die Aufmerksamkeit des Gegners nicht auf sich zu ziehen.

Zunächst war das Offensivziel recht beschränkt. Die Mittelmächte rechneten damit, die Italiener zum Rückzug auf die Linie von Cividale bis zum Berg Hum (nördlich des Stol) zu zwingen. Später allerdings einigte man sich darauf, die italienischen Truppen hinter den Tagliamento zu werfen. Nach den Einschätzungen des deutschen Generalstabs war dieses Unternehmen mit vielen Risiken verbunden. Doch eines stand fest: die Lage des österreichisch-ungarischen Heeres mußte in jedem Fall verbessert werden, denn Boroević konnte sich nirgends mehr zurückziehen. Die strategischen und taktischen Möglichkeiten waren voll ausgeschöpft. Jetzt hieß es nur noch: angreifen!

Der Wettstreit um das Verteidigungskonzept

Bisher hatten immer die Italiener angegriffen. Die fehlenden Erfahrungen in der Verteidigung waren in diesem Fall sicherlich ein erheblicher Nachteil. Überdies bestand in der italienischen militärischen Führung kein einheitliches Verteidigungskonzept. Die beiden italienischen Generäle Cadorna und Capello verfolgten ihre eigenen Verteidigungsstrategien.

Es war ein offenes Geheimnis, daß die beiden Generäle einander nicht besonders mochten. Die Biographen führen diese Differenzen auf Cadornas Eitelkeit und Eifersucht zurück (nach Capellos großem Sieg bei Görz 1916 versetzte ihn Cadorna demonstrativ auf einen ruhigen Frontabschnitt in Südtirol).

Cadorna setzte alles auf Verteidigung und stützte sich dabei vor allem auf die schlagkräftige Artillerie. Capello aber schlug für den Fall einer österreichisch-ungarischen und deutschen Offensive einen Gegenangriff vor und zwar vom Hochplateau Bainsizza aus. Wie die Offensive der Mittelmächte in diesem Fall verlaufen wäre, bleibt für immer ein Geheimnis. Es gilt aber als absolut sicher, daß Capellos Plan der geeignetere gewesen wäre. Die Strategie einer aktiven Verteidigung war bei Boroević nämlich in allen elf Isonzoschlachten von Erfolg gekrönt. Capello schien also mit einem Durchbruchsversuch der Mittelmächte zu rechnen, allerdings mußte er den Befehlen des übergeordneten Generals Cadorna gehorchen. Zudem wurde er im Oktober von einer schweren Krankheit befallen und übertrug den Befehl über die 2. Armee an General Montouri.

Cadorna hatte nach der 11. Isonzoschlacht die Aufstellung seiner Streitkräfte nicht geändert. Die italienischen Kräfte blieben weiterhin auf den südlichen Frontabschnitt konzentriert. Nördlich von Tolmein (bis zum Rombon) wurden lediglich zehn Divisionen aufgestellt. Cadorna dachte wohl nicht daran, daß aus dieser Richtung ein Angriff erfolgen könnte.

In den vergangenen zwei Jahren waren auf dem nördlichen Frontabschnitt keine großangelegten Aktionen unternommen worden. Lediglich in der vierten und fünften Offensive hatten die Italiener auf diesem Frontabschnitt Gelände gewinnen können und es später gut befestigt. Im Vergleich zum südlichen Frontabschnitt konnten sich die italienischen Soldaten hier von den harten Kämpfen erholen. Drei Linien von Befestigungsanlagen und Schützengräben, Stacheldrahthindernissen und Kavernen wurden in den Felsen geschlagen und den natürlichen Gegebenheiten des Bergmassivs angepaßt. Die erste Linie diente nur zur Beobachtung, die zweite war von zentraler Bedeutung für die Verteidigung, und an der dritten standen die Reserveeinheiten bereit. Diese Befestigung hatte aber auch Schwachstellen, und zwar dort, wo die drei Verteidigungslinien zu nahe nebeneinander verliefen und darum auch mit einem Schlag zerstört werden konnten.

Die Vorbereitungen für die Offensive konnten die Mittelmächte allerdings nicht gänzlich geheimhalten, obwohl in den deutschen und österreichisch-ungarischen Einheiten äußerst diskret vorgegangen wurde. Einige österreichisch-ungarische Deserteu-

№ 1533 Ausladen eines schweren Geschützes a.d. Jsonzofront 16.10.17.

Der Transport schwerer Artillerie – wie hier in Vorbereitung auf die Offensive im Herbst 1917 – war ein technisch überaus anspruchsvolles Unterfangen.

Die Italiener brachten als erste eine Art Maschinenpistole zum Einsatz, die sich im Nahkampf als sehr effektive Waffe erwies. Österreich-Ungarn konterte mit einer eigenen Entwicklung, der hier abgebildeten „Sturmpistole".

re versorgten die Italiener mit neuen Informationen über die Vorbereitungen für eine große Aktion der Mittelmächte.

Die Unentschlossenheit der Italiener

Die Angreifer konnten ihren Erfolg vor allem dem Umstand verdanken, daß die wichtigsten Entscheidungen der übervorsichtige General Cadorna fällte. Zudem hatten die beiden italienischen Armeekommandeure unmittelbar vor dem Beginn der Schlacht widersprüchliche Befehle ausgegeben und somit bei ihren Untergebenen für Verwirrung sowie unnötige Bewegungen der Artillerie- und Infanterieeinheiten gesorgt. Zu allem Überfluß widerrief auch noch General Capello seinen Befehl, eine Gegenoffensive vorzubereiten. Cadorna genehmigte in einem schriftlichen Befehl nur „Gegenangriffe von lokaler Bedeutung". Dieser Hickhack löste bei den Unteroffizieren und einfachen Soldaten Unmut aus, denn allem Anschein nach war sich das italienische Oberkommando nicht im klaren über das weitere Vorgehen.

Da Cadorna durch die Analysen seines Stabes nicht zufriedengestellt werden konnte, inspizierte er die Befehlsstellen verschiedener Einheiten und fragte sie über deren Versorgung und Ausrüstung aus. Die Berichte fielen stets günstig aus, und die Einheiten waren ja tatsächlich bestens versorgt und ausgerüstet. Er forderte auch die gründlichen Berichte der Spionageabwehr und Geheimdienste über die Moral der Truppen an.

Nach Cadornas Einschätzungen hatte das italienische Heer im Sommer 1917 über 700.000 Mann verloren. Es galt daher, die Einheiten wieder aufzufüllen. Zudem war er sehr besorgt darüber, wie sich die beiden blutigen Schlachten auf die Kampfmoral seiner Truppen ausgewirkt hatten, und daß sie angesichts des Blutbades möglicherweise tiefe Spuren im Bewußtsein der Mannschaften hinterlassen hatten. Die Berichte waren jedoch beruhigend: es gab kaum Deserteure an der Front (im Hinterland desertierten die Männer häufiger als an der Front und zwar in einigen Landesteilen häufiger als in anderen). Cadorna hatte zwar viele Schwächen, man konnte ihm aber kaum Nachlässigkeit vorwerfen.

Die Geheimdienste konnten auch keine Anzeichen für eine Meuterei unter den Soldaten erkennen, wie es in Frankreich zu diesem Zeitpunkt der Fall war. Auch von Befehlsverweigerungen in einem besorgniserregenden Ausmaß konnte keine Rede sein. Es gab überraschenderweise sogar zahlreiche demonstrative Äußerungen der Unteroffiziere und einfacher Soldaten für die Fortsetzung des Krieges, was auf eine hohe Kampfmoral hindeutete. Diese demonstrativen Äußerungen leiteten die Kommandeure allzugerne weiter, obwohl es sich dabei augenscheinlich um Heuchelei oder besser

Vorhänge aus Stroh sollten die Eisenbahntransporte tarnen.

Eine österreichische Karikatur zeigt General Cadorna als Totengräber vor dem unerreichbaren Ziel Triest.

gesagt um Selbstverteidigungsreflexe der völlig erschöpften und kriegsmüden Soldaten handelte. Sie erzählten ihren Vorgesetzten einfach nur, was diese hören wollten. Wie dem auch sei, die Einschätzung der italienischen Geheimdienste war, daß sich die Kampfmoral der italienischen Truppen an der Isonzofront auf einem hohen Niveau befand.

Unmittelbar vor dem Beginn der Schlacht stattete der italienische König den Frontsoldaten einen Besuch ab. Es gelang den Kommandeuren, ihn davon zu überzeugen, daß die Kampfbereitschaft der italienischen Truppen maximal sei. Im großen und ganzen gäbe es kein Grund zur Besorgnis. Auch Cadorna ging davon aus, daß erst im Frühjahr wieder Kampfhandlungen im größeren Ausmaße zu erwarten seien. Die Konzentration der österreichisch-ungarischen und deutschen Truppen erklärte er sich damit, daß die Mittelmächte eine neue italienische Offensive befürchteten. Dieser Irrtum sollte Cadorna den Kopf kosten.

Die List der Angreifer

Eine derart umfangreiche Angriffsaktion vor dem Feind geheimzuhalten, war eine sehr schwierige Aufgabe. Die österreichisch-ungarische Seite ließ keine Gelegenheit aus, um die Italiener irrezuführen. Vor allem aber planten die Generäle der Mittelmächte eine kurze Vorbereitungszeit ein, so daß der Informationsfluß möglichst gering war. Zur Hand ging ihnen auch das kalte und feuchte Wetter, wodurch die Artillerie- und Truppenbewegungen gut vor dem Feind abgeschirmt werden konnten. Mit dem Transport der Ausrüstung und der einzelnen Truppenteile wurde überhaupt erst in den letzten Septembertagen begonnen, und er wurde ausschließlich nachts oder bei regnerischem bzw. nebeligem Wetter durchgeführt. Die italienischen Aufklärungsflugzeuge konnte somit keine größeren Bewegungen bemerken – außerdem wurden sie von den deutschen Jagdflugzeugen daran gehindert.

Auf dem Gebiet des oberen Flußlaufes des Isonzo verdeckten die Mittelmächte ihre umfangreichen militärischen Operationen mit Hilfe zahlreicher Scheinmanöver. In Triest zeigten die deutschen Soldaten demonstrativ ihre Anwesenheit, und die lokalen Behörden riefen die Stadtbevölkerung zu Zurückhaltung und Ruhe auf. In Südtirol wiederum marschierten die österreichisch-ungarischen Truppen tagsüber an die Front. In der Nacht wurden sie dann wieder zu ihren Ausgangspositionen gebracht, um am nächsten Tag erneut an die Front zu marschieren. Die italienischen Geheimdienste sollten davon ausgehen, daß eine Konzentration der feindlichen Truppen in Südtirol und nicht im Isonzogebiet stattfände. Die zwei Armeen von Boroević übten auf dem südlichen Frontabschnitt ständig Druck auf die Italiener aus, als ob von dieser Richtung in jedem Augenblick ein massiver Schlag zur Wiedereroberung des Hochplateaus Bainsizza erfolgen könnte. Aber auch die österreichisch-ungarische Flotte schloß sich mit Minensäuberungsaktionen in der Adria diesen Scheinmanövern an. Die italienischen Geheimdienste hatte also alle Hände voll zu tun, um die Bedeutung dieser Truppenbewegungen zu entschlüsseln und das eigentliche Angriffsziel festzumachen. Das sollte ihnen trotz aller Anstrengungen nicht gelingen.

An verschiedenen Frontabschnitten wurden die österreichisch-ungarischen Soldaten gar mit der traditionellen roten muslimischen Kopfbedeckung ausgestattet, und Muezzine riefen die vermeintlichen Bosniaken zum Gebet auf. Die Bosniaken, die österreichisch-ungarischen Elitetruppen, hatten sich bei den italienischen Soldaten Respekt verschafft. Die Konzentration von Bosniaken-Einheiten bedeutete stets eine Angriffsankündigung. In der Tat gehörten der 14. Armee auch zwölf Bosniaken-Bataillone an.

Cadorna hatte den Ruf eines systematischen und übervorsichtigen Offiziers. In seinem Stab häuften sich die widersprüchlichen Informationen der Geheimdienste. Das Hauptproblem war, nach welchen Kriterien diese Angaben selektiert und wie die wahren von den scheinbaren gegnerischen Vorkehrungen unterschieden werden sollten. Unmittelbar vor dem Beginn des Angriffs kamen drei österreichisch-ungarische Offiziere rumänischer und tschechischer Abstammung als Deserteure zu den Italienern. Unter ihnen befand sich auch ein Übersetzer aus dem österreichischen Stab. Die Deserteure hätten entscheidend den Fortgang der 12. Isonzoschlacht beeinflussen können, denn sie verfügten über sichere und detaillierte Informationen der Angriffsvorbereitungen. Sie gaben sogar die Truppenaufstellung, Angriffsziele und genauen Zeitpunkt der Offensive an. Die Italiener aber schenkten ihnen offensichtlich keinen Glauben und ließen ihre Berichte im Haufen anderer widersprüchlicher Informationen verschwinden. Cadorna gab zwar vorsichtshalber die Order aus, die schwere Artillerie von dem Hochplateau Bainsizza und dem Karst zurück hinter den Isonzofluß zu verlegen, damit sie bei einem eventuellen Angriff nicht in die Hände des Feindes fiele. Andere Vorkehrungen traf er allerdings nicht.

Alle Anzeichen sprachen also dafür, daß eine Offensive der Mittelmächte bevorstand, und von Stunde zu Stunde wuchs die Spannung. Cadorna wartete hinter seinen befestigten Anlagen und Schützengräben den Angriff ab, fest von der zahlenmäßigen und materiellen Überlegenheit seiner Truppen überzeugt. Die Mittelmächte bedienten sich einer List, und das italienische Kommando fiel auf ihr Scheinmanöver herein. Es sah sich nicht in der Lage, den Umfang, Zeitpunkt und Ort der Operation mit Sicherheit vorherzusagen. Zwar haben später die Generäle Cadorna und Capello in ihren Memoiren behauptet, daß sie auch die Möglichkeit eines Angriffes am oberen Flußlauf des Isonzo für möglich gehalten hätten. Es ist aber offensichtlich, daß beide den entscheidenden Schlag doch aus der Richtung des Hochplateaus Bainsizza oder südlich davon erwarteten. Alles spricht dafür: Cadorna und Capello konzentrierten ihre Truppen auf dem südlichen Frontabschnitt, und die Reserveeinheiten befanden sich zu weit hinter der Kampflinie, um rechtzeitig an Ort und Stelle sein zu können.

„Alles kaputt, alles kaputt"

Die beiden österreichisch-ungarischen Armeen und die deutsche 14. Armee gingen am frühen Morgen des 24. Oktober 1917 auf dem Abschnitt vom Rombon bei Flitsch bis Log bei Tolmein zum Angriff über. Die Kampfmethoden unterschieden völlig von den gängigen Militärstrategien. Der Artilleriebeschuß war stark, aber kurz, und ohne die allzu verräterischen Nachkorrekturen. Die eiserne Regel der damaligen Militärdoktrin lautete, daß zunächst die Stellungen in den höheren Lagen erobert werden müssen, bevor sich die Infanterie in die Täler wagen kann. Die Angreifer stellten diese Regel auf den Kopf. Die österreichisch-ungarische und deutsche Infanterie griffen ohne Flankendeckung entlang der Täler an. Eine wahrhaft waghalsige Vorgehensweise!

Im Tal von Flitsch verfügten die Italiener über drei befestigte Verteidigungslinien. Aber auch wenn sie diese Stellungen hätten aufgeben müssen, hätten sie sich ebenso gut vom Stol aus weiterhin verteidigen und den Gegner zurückschlagen können. Der Angreifer mußte also in einem Schlag nicht nur die drei befestigten Verteidigungslinien im Tal von Flitsch, sondern auch den Stol erobern. In den Kavernen an den Bergflanken des Rombon hatten die Italiener 80 Geschütze und zahlreiche Maschinengewehre untergebracht und konnten das gesamte Tal von Flitsch erfassen. Bei normalen Verhältnissen hätte das Eindringen ohne Flankendeckung in das Tal von Flitsch schlichtweg Selbstmord bedeuten können.

In der Nacht von 23. auf 24. Oktober regnete es in den Niederungen, und es schneite in den höheren Lagen. Für einen Überraschungsangriff waren das wohl ideale Verhältnisse. Das schlechte Wetter und die damit verbundene schlechte Sicht hinderten die Italiener bei der Ortung der gegnerischen Batterien. Die österreichisch-ungarische und die deutsche Artillerie hatten aber schon im voraus ihre Ziele abgestimmt. Das Spiel konnte also beginnen.

Um 2 Uhr früh begannen sie mit dem Beschuß. Dabei kamen auch Gasgranaten zum Einsatz. Um 6 Uhr 30 setzte der konzentrierte Artilleriebeschuß aller drei italienischen Verteidigungslinien ein. Die italienische Artillerie verstummte in dem Augenblick, als sie selbst beschossen wurde. Die Artillerie der Mittelmächte konnte also ungehindert ihr Werk zu Ende führen. Es gelang ihr, die Kommunikation und das telefonische bzw. telegraphische Verbindungsnetz der Italiener zu zerstören. Lediglich die Kommunikation über Funkverbindungen und Kuriere funktionierte noch. Sie wurde aber durch den konzentrierten Artilleriebeschuß sehr erschwert und praktisch zum Erliegen gebracht. Die Nachrichten gelangten nur noch mit großer Verspätung an ihr Ziel und spiegelten daher nicht die aktuellen Verhältnisse auf dem Schlachtfeld wieder.

Der Artilleriebeschuß dauerte ungewöhnlich kurz. In den vorangegangenen Schlachten hatte er manchmal sogar mehrere Tage gedauert, diesmal aber wurde er bewußt schnell beendet, damit die italienischen Kommandeure keinen Verdacht schöpften. In erster Linie wurden Kommandostellen, Kommunikationsverbindungen und Stacheldrahthindernisse zerstört. Am meisten aber bekam die zweite italienische Verteidigungslinie ab. Starke Wirkung zeigte auch das Gas, das vor allem für die Mannschaften in den Tälern verhängnisvoll war. In den Höhen wurde es vom Wind schnell weggefegt und damit weniger effektiv.

War das Gas von schicksalhafter Bedeutung?

Für die größte Überraschung aber sorgten die deutschen Gaswerfereinheiten mit ihrem verheerenden Angriff in der Talenge unterhalb des Javorček zwischen Flitsch und Isonzo (auch Naklotal genannt). Die Historiker sind sich auch heute noch nicht einig darüber, welche Auswirkungen dieser Angriff überhaupt hatte. Die Italiener wiederum sind bis heute davon überzeugt, daß dies der tödliche Schlag war, der die österreichisch-ungarische und deutsche Offensive erst richtig ins Rollen brachte.

Neunhundert Minenwerfer schossen mit Hilfe elektrischer Auslösermechanismen zum selben Zeitpunkt Granaten mit dem giftigen Gas Diphosgen auf die nach allen Seiten hin gesperrte Talenge. Die italienischen Soldaten hielten sich zwar in den Kavernen versteckt, so daß sie nur sehr schwer direkt getroffen werden konnten. In dem engen Tal und bei völliger Windstille aber war die Konzentration des Gases so stark, daß keine Kaverne und keine Maske wirklich Schutz bieten konnten. Wie viele italienische Soldaten bei diesem Angriff ums Leben kamen, ist noch heute Gegenstand von Recherchen und ernsthaften Untersuchungen. Man schätzt die Zahl der Toten auf 1.000, während andere meinen, daß es nicht einmal 500 waren.

„Alles kaputt, alles kaputt", erinnerte sich später der alte Hans Hack aus Tirol über den Durchbruch bei Karfreit und die 12. Isonzoschlacht. Damals war er Kaiserschütze und gerade zwanzig Jahre alt. Die Deutschen hatten im Bačagraben südlich von Tolmein den Gasangriff vorbereitet, da die österreichisch-ungarische Armee gar nicht über die entsprechende Technologie verfügte.

„Die Deutschen halfen uns beim Aufsetzen der Gasmasken, die nach Maß angefertigt waren. Mit Gasmasken auf den Gesichtern stürmten wir die Talenge. Wir brauchten nichts zu tun. Die italienischen Stellungen waren tief unter der Erde und die Eingänge in die Kavernen waren rasenbedeckt. Alles war wie ausgestorben", erinnert sich der Hundertjährige mit Grauen an diese Bilder.

Führte der Gasangriff tatsächlich zum Durchbruch der österreichisch-ungarischen und deutschen Einheiten und zum völligen Zusammenbruch des italienischen Heeres? Hans Hack sah lediglich die toten italienischen Soldaten. Lebende waren keine dabei. Er konnte allerdings nicht mit Sicherheit sagen, wie viele tote Italiener er sah. Auch ein Offizier wurde Zeuge dieser Ereignisse, der in einer Baracke im Naklotal vierzig tote Soldaten zählte und über eine Menge Leichen, die im Freien lagen, berichtete.

Wie viele italienische Soldaten also starben durch den Gasangriff? Um das herauszufinden, müssen wir uns der Methode von Janez Švajncar bedienen. Zunächst muß geklärt werden, wie viele italienische Soldaten auf diesem engen Raum unmittelbar vor dem Beginn des Gasangriffs stationiert waren und wie viele von ihnen dann später gefangen genommen wurden. Die Differenz dürfte die Zahl der Toten angeben. Die italienische Presse berichtete vom heldenhaften dritten Bataillon, das angeblich durch das Gas gänzlich ausgelöscht wurde. Švajncar zufolge gab es aber dieses Bataillon überhaupt nicht. Handelte es sich bei den italienischen Presseberichten also nur um Kriegspropaganda?

Fest steht, daß im Naklotal so gut wie keine Gefangenen gemacht wurden. Stattdessen wurden scharenweise italienische Soldaten auf dem Gebiet um Flitsch gefangenge-

Öster-
reichisch-
ungarische
Soldaten
führen
italienische
Gefangene
ins Hinter-
land.

nommen (dem überwiegenden Teil konnte dort das Gas nichts anhaben). Es ist also fraglich, wie viele der gefallenen Soldaten auf dem Gebiet um Flitsch überhaupt durch das Gas getötet wurden.

Die überraschende Taktik

Auch der Bosniaken-Offizier Mate Blažević nahm an dieser Offensive teil. Die Granaten der österreichisch-ungarisch-deutschen Artillerie hätten zwar zahlreiche italienische Befestigungen zerstört, erzählt er in seinen Erinnerungen, eine ganze Reihe italienischer Stützpunkte sei aber weiterhin intakt geblieben. Die italienischen Soldaten hätten ordnungsgemäß ihre Stellungen bezogen, aber keinen Schuß abgegeben. Blažević spricht mit Bewunderung über die Leistung der italienischen Ingenieure und Pioniere, über die unübersichtlichen unterirdischen Galerien, über die komfortablen Unterstände und über die zahlreichen Befestigungen. Er stellt allerdings fest, daß die Italiener nicht imstande waren, diesen Vorteil auszunutzen. Die beste Verteidigungsanlage sei wertlos, wenn die Verteidiger zu wenig Entschlossenheit zeigen.

Bei Tolmein hörte der Artilleriebeschuß um 8 Uhr und bei Flitsch um 9 Uhr auf. Sofort nach der Einstellung des Artilleriefeuers gingen die österreichisch-ungarischen und deutschen Infanterieeinheiten zum Angriff über. Auf beiden Abschnitten eroberten sie im Sturm die ersten Verteidigungslinien der Italiener und rückten weiter vor. Ohne Rücksicht auf die starken und gut befestigten italienischen Verteidigungsstellungen konnten sie ihre Kampfformation ungehindert entfalten. Die Wolken und der Nebel über dem Rombon hinderten die Italiener daran, das Maschinengewehrfeuer rechtzeitig zu eröffnen.

Die Einheiten der Gruppe Krauß konnten bis zum Abend die zweite befestigte Verteidigungslinie der italienischen Truppen bei Flitsch durchbrechen. Vor Saga wurden sie zwar vom Wildbach und dem Widerstand der italienischen Reservekräfte vorübergehend aufgehalten, bis zur Nacht konnten sie allerdings sieben Kilometer tief ins feindliche Hinterland vorstoßen. Bei Saga spaltete sich ein Teil der Heeresgruppe ab und stieß entlang des Isonzo vor, um die Verbindung mit der 12. deutschen Division herzustellen.

Die 12. deutsche Division ging bei Tolmein zum Angriff über und eroberte im Sturm die erste italienische Verteidigungslinie. Dann unternahm sie gegen alle Regeln der militärischen Strategie einen Vorstoß aufwärts in das Tal des Isonzo. Sie rückte im Schutze des Nebels ungehindert vor, obwohl starke italienische Verbände noch immer beide Flußufer besetzt hielten.

Diese Tollkühnheit und Verwegenheit sowie die Mißachtung der Spielregeln trugen bald reichliche Früchte. Um Mittag des folgenden Tages erreichten die österreichisch-ungarischen und deutschen Verbände die Ortschaft Kamno, zwei Stunden später hielten sie den Übergang über den Isonzo bei Idersko in ihren Händen und wiederum zwei Stunden später besetzten sie Karfreit. Nach diesem Ort sollte die Operation später ihren Namen bekommen und in die Militärgeschichte eingehen.

Eine wichtige Rolle am entscheidenden ersten Tag des Angriffs spielte das deutsche Alpenkorps. Südwestlich von Tolmein durchbrach es bei den Anhöhen Ježa und Kolowrat die Verteidigungslinien der Italiener und öffnete den kürzesten Weg in Richtung Idrijcafluß. Die Bergmassive Ježa und Kolowrat bildeten einen natürlichen Schutzwall. Es verwundert also nicht, daß die Konzentration der italienischen Truppen und Waffen hier sehr hoch war. In zwei Kolonnen stürmte das deutsche Alpenkorps die beiden italienischen Verteidigungslinien. Die linke Kolonne stieß auf harten Widerstand, während die rechte Kolonne bereits um 11 Uhr Hevnik und mittags das Dorf Foni eroberte. Bis zum Abend hatte das deutsche Alpenkorps den östlichen Teil des Kolowrat in seinen Händen.

Binnen einiger Stunden stieg diese deutsche Eliteeinheit eintausend Höhenmeter die Bergrücken hinauf, was schon für einen Bergsteiger eine Höchstleistung bedeutet und was erst recht für die Soldaten in ständiger Kampfbereitschaft bzw. Feindberührung eine enorme Leistung darstellte. Bereits am ersten Tag wurden zahlreiche italienische Stützpunkte überrannt. Dieser Erfolg des deutschen Alpenkorps und der 12. deutschen

Gefangene italienische Soldaten und ihre Bewacher verfolgen gespannt das Geschehen auf dem Schlachtfeld.

Ein österreichisch-ungarischer 42 cm Mörser in einer drehbaren, gepanzerten Kuppel. Dieses Kaliber war die stärkste Artilleriewaffe auf beiden Seiten: allein eine Granate wog 1050 Kilogramm.

Division brachte letztendlich den Durchbruch und war entscheidend für den Fortgang der Schlacht.

Erfolge vermeldeten an diesem Tag auch die Einheiten der Generäle Berrer und Scotti auf dem Bergmassiv Ježa. Vormittags kämpften sie sich am Dorf Ciginj vorbei und am Nachmittag stürmten sie die zweite italienische Verteidigungslinie. Das 15. Korps des Generals Scotti überschritt bei Selo den Isonzofluß, durchbrach die erste italienische Verteidigungslinie, griff die zweite bei Cempani an und eroberte noch vor dem Abend die Anhöhe Hrad vrh.

Die 2. Armee von Boroević griff auf dem Hochplateau Bainsizza an und konnte dort Geländegewinne erzielen. Einer Division gelang es sogar, den Isonzo zu überqueren und sich dort auch zu halten. Die Italiener führten jedoch einen Gegenangriff durch und warfen Boroević' Einheiten wieder zurück. Die Italiener waren auf diesem Frontabschnitt auf einen Angriff des Gegners sehr gut vorbereitet, und Boroević' Armee hatte keinerlei Chancen. Südlich davon aber griffen die österreichisch-ungarischen Einheiten erst gar nicht an und beschossen lediglich den Feind.

Am ersten Angriffstag eroberten die österreichisch-ungarisch-deutschen Einheiten insgesamt 32 Kilometer Frontlinie und zahlreiche Gebirgsstützpunkte der Italiener. Der Nebel ermöglichte einen überraschenden Angriff und Vorstoß entlang der Täler ohne Einsatz eines Flankenschutzes. Das Kommando der Mittelmächte entschied sich für eine Kampfmethode, bei der die Ziele klar waren und die einzelnen Kommandeure selbständig vorgingen. Die Kommandanten waren in ihren jeweiligen Entscheidungen frei, und besonders die deutschen Offiziere waren sehr gut vorbereitet und wußten, auch wenn der Kontakt zum Oberkommando zeitweise unterbrochen wurde, was zu tun war. Und: die österreichisch-ungarischen Offiziere erwiesen sich als gelehrige Schüler.

Das Schweigen der Artillerie und der Maschinengewehre

Die flexible Taktik des österreichisch-ungarischen und deutschen Kommandos stellte sich als überaus erfolgreich heraus und war dem unbeweglichen und hochzentralisierten Kommandoapparat der Italiener weit überlegen. Cadorna war überhaupt nicht imstande, in Kategorien wie Otto von Below zu denken. Zwischen den beiden lagen Welten.

Die ersten Nachrichten, die am Vormittag des 24. Oktober die Stäbe der beiden italienischen Armeen erreichten, klangen noch ziemlich optimistisch. Nach den ersten Einschätzungen dauerte der gegnerische Artilleriebeschuß recht kurz, und nichts deutete auf eine umfangreiche Aktion hin. Es überrascht, daß die italienische Artillerie mehr oder weniger gerade zu einem Zeitpunkt passiv blieb, als sie den Gegner in den Tälern entscheidend hätte treffen können. Der konzentrierte Artilleriebeschuß und der Gasangriff sind nur unzureichende Erklärungen dafür. Ein Großteil der italienischen Batterien und Maschinengewehrnester blieb immerhin intakt. Zu der gleichen Feststellung gelangte auch General Capello, als er Jahre später dieses Gebiet als Tourist besuchte und nach den Gründen für das Debakel forschte.

Ein weiterer Grund für die Zurückhaltung der italienischen Artillerie könnte in dem ominösen Befehl liegen, man solle mit der Munition sparen, weil man in den Schlachten zuvor allzu verschwenderisch mit ihr umgegangen war. Als die italienischen Artillerieoffiziere später dem militärischen Untersuchungsausschuß die Gründe für ihre Untätigkeit nennen mußten, konnte man unter anderem auch hören, daß diese Artillerieoffiziere wegen schlechter Sicht die Beobachter ins Tal schickten, um eventuelle Kampfhandlungen auszumachen. Man konnte keine Maschinengewehre hören, obwohl sich auf diesem Abschnitt über 3.000 MG-Nester befanden. Also ging man davon aus, daß sich der Gegner noch nicht in Marsch setzte. Das führte dazu, daß die Infanterie im entscheidenden Augenblick ohne Unterstützung der eigenen Artillerie blieb und sich kampflos ergab.

Die österreichisch-ungarischen und deutschen Einheiten hatten keine Zeit, ihre Gefangenen zu zählen. Sie waren bemüht, schnellstens die strategisch wichtigen Stellungen zu besetzen, um einem Gegenangriff zuvorzukommen. Die Überraschung war vollends geglückt. Sie versuchten darum, so schnell es nur ging, die Aktion zu Ende zu führen. Damit gaben sie den Italienern keine Möglichkeit, sich zu sammeln, sich wieder aufzustellen und zu einem Gegenangriff anzusetzen.

Im Stab der 2. italienischen Armee wußte man lange Zeit nicht, was genau an der Front vor sich ging. Man hatte keine Ahnung davon, daß die eigenen Verteidigungslinien praktisch innerhalb weniger Stunden völlig zusammengebrochen waren. Die Nachrichten kamen mit großer Verspätung und widersprachen sich. Einige Kommandeure versuchten nach Kräften, dem Gegner standzuhalten und einen geordneten Rückzug anzutreten. Bereits am Mittag des ersten Tages versammelten sich vor Karfreit zahlreiche italienische Soldaten, die den Rückzug antreten wollten. Die militärische Lage schaute aber ganz und gar nicht nach einem Rückzug aus. So entstand Chaos, das Schlimmste was einer Armee wiederfahren kann. Der Befehlshaber der 46. italienischen Division versuchte dennoch in diesen chaotischen Verhältnissen eine systematische Verteidigung zu organisieren. Er versuchte, mit seinen Reservekräften die dritte Verteidigungslinie zu besetzen. Aufgrund der Behinderungen durch zahlreiche Flüchtlinge und Fahrzeuge konnten die Reserven allerdings gar nicht den Isonzofluß erreichen.

Auch auf dem Friedhof von Karfreit versuchten die Italiener, eine Verteidigungslinie aufzustellen. Aber auch dieser Versuch mißlang. Die Kavallerie und die motorisierten Einheiten des Angreifers umgingen die Verteidigungsstellungen der Italiener und schlugen von der Flanke oder von hinten zu. Sogar kleine Gruppen oder Züge von Angreifern konnten mit dieser Taktik die zahlenmäßig überlegenen italienischen Einheiten in Panik versetzen und zur Aufgabe bewegen.

Um 13 Uhr übermittelte der Kommandant des 4. italienischen Korps General Cavaciocchi an den Stab der 2. Armee die besorgte Nachricht, daß wohl nicht alles mit rechten Dingen zugehe. Die Informationen aus zahlreichen Abschnitten der Front würden einander widersprechen. Alles deute darauf hin, daß der Angriff der österreichisch-ungarischen und deutschen Truppen schwere Folgen für die italienische Verteidigung haben würde.

Der Feind sei bereits bis zur Saga vorgedrungen (wo er vom Wildbach und den italienischen Einheiten zeitweise aufgehalten wurde) und habe die Verteidigungsstellungen auf dem Mrzli vrh, bei Gabrije und Selišče überrannt. Dort seien einige italienische Regimenter zur Verteidigung aufgestellt worden, und die gesamte Brigade „Potenza" im Dorf Bergogna stehe in Bereitschaft.

Allerdings zeigte es sich später während der Kampfhandlungen, daß diese Brigade zu erschöpft vom langen Marsch und von Durchfallserkrankungen war, um in den Kampf eingreifen zu können.

Militärische Taktik gegen die Regeln

Die italienischen Einheiten wußten sich nicht mehr zu helfen. So drängte General Cavaciocchi zweimal den Kommandanten des 7. Korps, der vorrückenden 12. deutschen Division auf dem rechten Isonzoufer den Weg abzuschneiden. Der Kommandant des 7. Korps wollte aber mit seinen Einheiten nicht vom 700 Meter hoch gelegenen Luico hinuntersteigen, weil der Nebel angeblich zu dicht war. So ließ er die einmalige Chance aus, den Vormarsch der 12. deutschen Division aufzuhalten. Die deutschen Soldaten rückten ungehindert und in geordneten Reihen vor, als ob es sich bloß um eine Truppenübung gehandelt hätte.

Warum bloß brachen die italienischen Verteidigungslinien zusammen, und nicht einmal die brutalste Bestrafung, wie die Erschießung jedes zehnten Soldaten, konnte daran etwas ändern? Wie kam es, daß dieser Rückzug bzw. die kopflose Flucht der italienischen Einheiten nicht vor dem Piave aufgehalten werden konnte?

Was zu diesem Desaster der italienischen Armee führte, bleibt wohl für immer ein Geheimnis. Zwei Millionen Zeugen konnten es kaum begreifen, obwohl damals und auch später sehr viele Gerüchte in Umlauf waren. Alles entwickelte sich sehr schnell. Noch heute läßt sich nicht mit Gewißheit sagen, was tatsächlich passiert ist, oder was bloß aus Propagandazwecken behauptet wurde. Auch die Erinnerung der Zeitzeugen kann uns hier nicht weiterhelfen, weil sie zu ungenau ist.

Die Angreifer griffen zu ungewöhnlichen Kampfmethoden, die vom italienischen Nachrichtendienst nicht richtig eingeordnet werden konnten und nicht erwartet wurden. Die Verwirrung bei den Verteidigern war sehr groß und nahm erschreckende Ausmaße an. Der spätere deutsche Feldmarschall Erwin Rommel nahm als junger Offizier an der zwölften Isonzoschlacht teil. In seinen Memoiren erzählt er von Hundertschaften italienischer Soldaten, die mit Gewehren in ihren Händen die deutschen Soldaten vorbeiziehen ließen, ohne daß sie dabei einen einzigen Schuß abgegeben hätten. Sie schossen nicht, und sie salutierten nicht. Bei den italienischen Soldaten schien ein Zustand völliger Gleichgültigkeit geherrscht zu haben, und sie ergaben sich in Scharen und kampflos. Sie wirkten wie hypnotisiert. Die offiziellen italienischen Nachrichten sprachen von Truppen, die den Rückzug angetreten haben. Wie aber General Capello später verbittert feststellen mußte, handelte es sich eigentlich um „Flüchtlingsscharen mit Bewußtseinsstörung".

Der erste Schlag der 14. deutschen Armee am 24. Oktober 1917 war in der Tat gewaltig und verlief sehr überraschend. Die italienische Armee blieb aber noch weiterhin intakt und zahlenmäßig überlegen. Noch immer hätte sie genügend Kräfte mobilisieren können, um die Flußtäler dichtzumachen und eine Verteidigungslinie aufzustellen. Die italienischen Soldaten in ihren befestigten Stellungen auf den Gipfeln der Berge konnten sich aber kein Bild davon machen, was in den engen Tälern vor sich ging. Sie wurden dann auch bald umzingelt und verloren folglich auch den Kontakt zu den Kommandoposten und Reserveeinheiten. Als der Wind die dichten Wolken und den Nebel wieder vertrieb, war es schon zu spät für sie. Sie konnten nur noch zusehen, wie sich in den Niederungen lange, geordnete Reihen des Gegners in Richtung Italien wälzten.

Weil der schon erwähnte flüchtige Offizier rumänischer Herkunft genaue Informationen über den geplanten Angriff der 14. Armee verraten hatte, konnte das Kommando der italienischen 2. Armee noch rechtzeitig eine zusätzliche Brigade als Verstärkung auf den Berg Ježa beordern. Aus unerklärlichen Gründen wurde aber dieser Befehl nicht ausgeführt. An Stelle einer Brigade traf dort nur ein Bataillon ein. Dieses war aber eine leichte Beute für die schlagkräftigen deutschen Truppen. Die Deutschen rückten in drei Kolonnen auf Kolowrat und Ježa vor. Vor sich hatten sie drei befestigte italienische Verteidigungslinien. Am Vormittag stürmten sie Ravna und mittags den Hevnik. Lediglich auf den Höhen des Kolowrat leisteten die Italiener entschlossenen Widerstand und hielten die Deutschen für eine Weile auf.

Bald fielen die strategisch wichtigsten Punkte wie das Dorf Foni, in dem eine italienische Batterie aufgestellt war, in die Hände des deutschen Alpenkorps und der 12. deutschen Division. Ein Teil der italienischen Brigade „Spezia" verschanzte sich zwar in der Befestigung auf dem Berg Ježa, wurde aber von beiden Flanken angegriffen. Auf dem Globočak wehrten ein italienisches Alpinibataillon und Bersaglierieinheiten den ganzen Tag und auch noch die folgende Nacht den Gegner ab.

Der Kommandant der 19. italienischen Division General Vilani übermittelte am Abend des ersten Angriffstages dem General Montaurio einen vernichtenden Bericht. Trotz vereinzeltem hartnäckigen Widerstandes wurde seine Einheit auf der ganzen Linie geschlagen. Von den Brigaden wie „Spezia" und „Taro" überlebten nur sehr wenige Soldaten, und von der Artillerie blieb so gut wie nichts übrig. General Vilani beging unter der Last der schweren Niederlage Selbstmord.

Tagebuch Erwin Rommel

Aus: Infanterie greift an, Potsdam 1937 (gekürzt)

Der 1. Angriffstag: Hevnik, Höhe 1114

In dunkler Regennacht beginnt am 24. Oktober 1917 um 2.00 Uhr die bisher so schweigsame eigene Artillerie mit dem Vorbereitungsfeuer. Bald zucken die Feuerschlünde von über 1.000 Geschützen beiderseits Tolmein. Im Feindgelände dröhnt ein ununterbrochenes Bersten und Krachen. – Mächtig, wie schwerstes Gewitter, hallt es von den Bergen wieder. Staunend sehen und hören wir das ungeheuere Geschehen.

Kurz nach Tagesanbruch setzt sich das W. G. B. (Württembergische Gebirgsbataillon), aus seinen Bereitstellungsräumen in Marsch nach vorne. Es regnet jetzt stärker und dadurch ist die Sicht stark behindert. Dem vorauseilenden Stab Sproesser folgend, steigt die Abteilung Rommel in einer Geröllhalde gegen den Isonzo ab. Unten angekommen, ziehen wir dicht oberhalb des steilen Isonzoufers hinter dem rechten Flügel des bayr. I./L. R. (Leibregiment) vor.

In der letzten Viertelstunde vor Sturmbeginn steigert sich das Feuer zu ungeheurer Heftigkeit. Ein Wirbel berstender Geschosse hüllt die wenige hundert Meter vor uns liegenden feindlichen Stellungen in Rauch und Qualm. Über dem Tal wogen graue Rauchschwaden, die Folge der stundenlangen Beschießung. Tief hängende Regenwolken verhüllen die Bergkuppen des Hevnik und Kolovrat.

8.00 Uhr! – Das Artillerie- und Minenfeuer springt feindwärts. Vor uns erhebt sich das Leib-Regiment zum Sturm. Seinem rechten Flügel dichtauf folgend, ziehen wir uns nach halbrechts und gewinnen die feindlichen Stellungen um St. Daniel. Aus ihren Trümmern eilen die Reste der Besatzung mit erhobenen Händen und angstverzerrten Gesichtern uns entgegen. Wir hasten über die breite Ebene vorwärts, die noch vom Hevnik-Nordhang trennt. Zwar hemmt MG.-Feuer von den Ost-Ausläufern des Hevnik da und dort das Vorwärtskommen; jedoch unser Angriff über die freie Fläche bleibt im Fluß.

Der Fußpfad, auf dem wir gegen Foni ansteigen, ist schmal und von Buschwerk sehr überwachsen. Allem Anschein nach hat ihn der Feind kaum benützt. Der Hang beiderseits des Pfades ist sehr steil und dicht bewaldet. Herbstlaub hängt noch an den Bäumen. Durch das dichte Unterholz sieht man nur wenige Meter weit. Selten bietet sich ein Ausblick ins Tal. Einzelne tief eingekerbte Rinnen führen zum Isonzo. Dumpf tönen Einschläge schwerer deutscher Granaten vom Tal herauf und auch von links rückwärts aus der Richtung, in der wir das Leib-Regiment vermuten. Der Hang vor uns liegt unheimlich still. Irgendwo müssen wir auf ihm mit dem Feind zusammenstoßen. Dann wird in dem Bergwald keine eigene Artillerie uns helfen können, wir werden ganz auf uns selbst gestellt sein.

Da bringt mich der so vorzüglich maskierte Fußweg am Waldrand links neben uns auf neue Gedanken. Auf diesem Weg hat sich wohl bisher der Verkehr zur vorderen italienischen Linie bei St. Daniel oder zu Stellungsbesatzungen am Osthang des Hevnik oder dort befindlichen Artilleriebeobachtungsposten abgespielt. Solange wir hier liegen, hat noch kein Italiener ihn benützt.

In immer noch strömendem Regen pirschen wir uns – eine kilometerlange Reihenkolonne – von Busch zu Busch, steigen in Mulden und Rinnen gedeckt auf und gewinnen Stellung um Stellung. Nirgends kommt es zum Kampf. Meist gehen wir die feindlichen Anlagen von rückwärts an. Wer sich bei unserem überraschenden Erscheinen nicht sofort ergibt, flieht Hals über Kopf unter Zurücklassung der Waffen in die tiefer gelegenen Waldungen. Wir schießen diesem fliehenden Feind nicht nach, um nicht die noch oberhalb befindlichen Stellungsbesatzungen aufzuschrecken.

Unter anderem dringen wir in die Stellung einer italienischen 21-cm-Batterie ein, die unter Gasbeschuß gelegen hat. Die Bedienung ist spurlos verschwunden. Berge von Granaten liegen dicht neben den riesigen Geschützen. Die in den Fels gesprengten Unterschlupfe und Munitionskammern sind nicht beschädigt. Knapp 100 m oberhalb besichtigen wir im Vorbeigehen eine mittelschwere Batterie, deren Geschütze vollkommen schußsicher in Felsenkammern mit nur ganz schmalem Ausschußloch stehen. Auch hier ist die Bedienung spurlos verschwunden.

Gegen 11.00 Uhr erreichen wir den vom Hevnikgipfel nach Osten verlaufenden Kamm und haben hier Anschluß an Teile des III. Btl. der „Leiber". Eine Zeitlang steigen wir mit ihnen auf gleicher Höhe die Kammlinie entlang gegen den Hevnikgipfel auf, der nun unter starkem deutschem Feuer liegt. Während die „Leiber" eine Rast einlegen, um das Verlegen des eigenen Artilleriefeuers abzuwarten, biege ich mit meinen Kompanien auf den Nordhang des Hevnik ab. Von dorther ersteigen wir um 12.00 Uhr, ohne auf kämpfenden Feind zu stoßen, den Hevnikgipfel (876). Ringsum zeigen sich versprengte Italiener in großer Zahl und werden zum Teil eingefangen.

Als wir uns gegen 17.00 Uhr der Felsenkrone 1066 (Nahrad) nähern, fallen bei der vordersten Kompanie des III./L. Schüsse. Daraufhin gehen zwei Kompanien des III./L. unterhalb der Felsen ostwärts des Weges in Deckung.

Mit Offizieren des III./L. sind Leutnant Streicher und ich gemeinsam der Ansicht, daß jene gewaltigen, von unserem Artilleriefeuer noch keineswegs gefaßten, von starkem und kampftüchtigem Feind verteidigten, beherrschenden Höhenstellungen auf 1114 und der Höhe 500 m nordwestlich (1120 bis 1130 m hoch) nur bei gründlicher Artillerieunterstützung genommen werden können. – Mit dem Glas beobachte ich noch längere Zeit Einzelheiten der feindlichen Stellungen. Hierbei zwingt MG.-Feuer aus Richtung 1114 wiederholt zum Deckungnehmen. Langsam bricht die Dunkelheit herein.

Der 2. Angriffstag: 25. Oktober 1917 – Überraschender Einbruch in die Kolovratstellung

Ehe wir den Vormarsch antreten, werden die Kompanieführer über das beabsichtigte Unternehmen unterrichtet. Ich will 200 bis 400 m unterhalb der feindlichen Kolovratstellungen am steilen Nordhang nach Westen ziehen, mich etwa 2000 m vom Kampfgetümmel bei 1114 absetzen und dann im Gelände eine günstige Gelegenheit zu überraschendem Angriff auf die 3. feindliche Stellung suchen und ausnützen. Besonders wichtig ist, daß aus der italienischen Stellung die ganze Bewegung am Hang nicht beobachtet werden kann.

Nachdem die Hauptsicherung vor der feindlichen Stellung lautlos ausgehoben ist, hat der von mir geplante überraschende Einbruch in die Kolovratstellungen hier besonders gute Aussichten auf Erfolg. Die Annäherungsmöglichkeiten an die Hindernisse oberhalb sind günstig. Vor allem ist der tiefste Teil der Mulde, in der die Spitze augenblicklich hält, von den Stellungen auf den Höhenrücken beiderseits der Mulde nicht einzusehen. Ich entschließe mich, hier den Einbruch zu wagen.

Unter Anspannung aller Kräfte klettert die gesamte Abteilung Rommel in der nächsten Minute in der steilen Mulde hangaufwärts. In wenigen Augenblicken sind die feindlichen Hindernisse erreicht und überstiegen. Hernach setzen wir über die feindliche Stellung. Vor uns tauchen die langen Rohre einer schweren italienischen Batterie auf. In ihrer Umgebung säubern die Leute Streichers einige Unterstände. Etliche Dutzend gefangene Italiener stehen in der Nähe der Geschütze. Leutnant Streicher berichtet, daß er die Geschützbedienungen beim Waschen überrascht habe.

Seit unserem Eindringen in die Kolovratstellung mögen 10 bis 15 Minuten vergangen sein. Auf der Höhenstraße nähert sich der Anfang der 3. Komp. dem Sattel

300 m ostwärts 1192. Da kommt es plötzlich allerorts zum Kampf. Wenige 100 m vor uns schwillt der Kampflärm bei der 2. Komp. zu größter Heftigkeit an. Handgranaten krachen, MG. feuern ununterbrochen, Karabiner geben Schnellfeuer ab. Von den mir folgenden Kompanien verlange ich Beschleunigung bis zum Äußersten. Unsere Hilfe darf nicht zu spät kommen. – Mit wenigen Gefechtsordonnanzen meines Stabes eile ich voraus. Von der Kuppe 350 m ostwärts 1192 überblicke ich die Lage.

Rasch wird mir klar, daß die 2. Komp. nur durch einen überraschenden Stoß der übrigen Abteilung in die Flanke und den Rücken des Feindes herausgehauen werden kann. Dann wird der Nahkampf gegen derartige Übermacht über Sieg oder Niederlage der Gebirgsschützen entscheiden.

Ich gebe das Zeichen zum Angriff für 3. Komp. und 1. MG. Während das erste s. MG. auf die davorbefindliche Deckung geworfen wird und Dauerfeuer in den Feind jagt und das zweite s. MG. kurz darauf ebenfalls mit Feuer eingreift, stürzen sich links die Gebirgsschützen mit wilder Entschlossenheit auf Flanke und Rücken des Feindes. Gewaltiges Hurra ertönt. Der überraschende Stoß in Flanke und Rücken trifft. Die Italiener hemmen ihren Ansturm gegen die 2. Komp. und versuchen sich gegen die 3. Komp. zu wenden. Aber jetzt erhebt sich auch die 2. Komp., stürmt von rechts her. Von zwei Seiten gepackt und auf engem Raum zusammengepreßt, streckt der Gegner die Waffen. Nur die Italienischen Offiziere verteidigen sich noch bis auf wenige Meter Entfernung mit der Pistole. Dann werden auch sie überwältigt. Es bedarf meines Eingreifens, um sie vor der Wut der Gebirgsschützen zu retten. Ein ganzes Bataillon mit 12 Offizieren und über 500 Mann legt im Sattel 300 m nordostwärts 1192 die Waffen nieder. Damit erhöht sich die Zahl unserer Gefangenen aus der Kolovratstellung auf 1.500 Mann. Wir gewinnen den Gipfel und Südhang von 1192 und erbeuten dort noch eine weitere schwere italienische Batterie.

Um 9.15 Uhr ist die Abteilung Rommel im uneingeschränkten Besitz eines 800 m breiten Stückes der Kolovratstellung, von Höhe 1192 einschließlich bis 800 m ostwärts davon. Damit ist eine breite Bresche in die feindliche Hauptstellung geschlagen. Der erste feindliche Gegenstoß örtlicher Reserven ist für diese vernichtend ausgefallen. Mit weiteren Versuchen des Gegners, das Verlorene wiederzugewinnen, muß ich rechnen. Mögen die Italiener kommen! Wir Gebirgsschützen sind nicht gewohnt, zurückzugeben, was wir in hartem Kampf erstritten. Von Westen, Südosten und Osten bestreicht jetzt der Feind mit Maschinengewehren die von uns besetzten Höhen. Auch italienischen Artilleriegruppen auf Mt. Hum und westlich ist der Einbruch auf dem Kolovrat und der Kampf um 1192 nicht entgangen. Ihre schweren Granaten zwingen uns, rasch den Deckung bietenden Nordhang aufzusuchen.

Bald rücken mehrere Wellen von Schützenlinien über die breiten Osthänge des Kuk gegen uns vor. Ich bemesse ihre Stärke auf ein bis zwei Bataillone. – Im Süden wimmelt es auf dem Mt. Hum wie auf einem Ameisenhaufen. Dort steht eine gewaltige Artilleriemasse des Feindes im Feuer. Lebhafter Kraftwagenkolonnenverkehr herrscht auf der von Cividale über Mt. Hum führenden Höhenstraße in beiden Richtungen. Beiderseits der Straße streben geschlossene Feindverbände der Kampffront zu. Im Osten übersieht man den ganzen Kolovratrücken, der allmählich abfällt bis zur Höhe 1114. Deutlich ist starke Feindmassierung auf dem Süd- und Südwesthang von 1114 zu erkennen. Die Italiener scheinen dort anzugreifen. In langen Kraftwagenkolonnen werden von Crai her italienische Reserven herangeführt und am Westhang von 1114 entladen. – Auch entlang der Höhenstraße und über die Kuppen oberhalb sieht man feindliche Kräfte von Osten her gegen uns vorrücken. Allem Anschein nach will der Feind uns jetzt gleichzeitig von zwei Seiten anpacken.

Der Angriff gegen Kuk. Das Tal Luico–Savogna wird abgeschnürt und der Luico-Paß geöffnet

Sobald weitere Kräfte bei 1192 eintreffen, will ich den Feind auf dem Kuk angreifen. Es soll ihm möglichst wenig Zeit zum Eingraben bleiben; denn hat er sich erst mal tief im Boden verankert, so wird es schwer, ihn zu werfen. Es gilt, die Zeit zu gründlicher Vorbereitung des geplanten Angriffes zu nützen.

Um die Überraschung zu wahren, lasse ich den Feind bei seiner Schanzarbeit nicht durch Feuer stören. In dem felsigen Boden scheint er nicht sehr rasch eindringen zu können. Durch Fernsprecher melde ich, da der Stab des W. G. B. bereits nach 1192 unterwegs ist, über 1066 an das Alpenkorps den bisherigen Erfolg und meine Absicht, den Kuk anzugreifen, sobald Verstärkungen bei 1192 eintreffen. Ferner setze ich dem Hauptmann im Generalstab des Alpenkorps, Meyr, meinen Angriffsplan gegen Kuk auseinander und erbitte für den Angriff die Unterstützung von zwei schweren Batterien. Meinem Wunsch wird umgehend entsprochen. In wenigen Minuten bin ich mit dem Feuerleitungsoffizier einer Artilleriegruppe bei Tolmein verbunden. Mit ihm vereinbare ich Wirkungsfeuer der beiden schweren Batterien von 11.15 bis 11.45 Uhr auf den breiten Osthang des Kuk und die Stellungen auf dem Nordosthang. Damit ist die artilleristische Unterstützung des Angriffes sichergestellt. Von der Wirkung schwerer Granaten erwarte ich in dem felsigen Gelände wegen des Steinschlages besonders viel.

Pünktlich um 11.15 Uhr rauschen die ersten schweren Granaten aus dem Becken von Tolmein herauf und schlagen mitten zwischen die neugebildeten italienischen Linien auf dem Osthang des Kuk ein. Steinschlag poltert talwärts. Ein guter Auftakt für den Angriff! – Jetzt beginnt die MG.-Feuerstaffel auf 1192 ebenfalls zu wirken, auf dem Nord- und Südhang der Höhe setzen sich die Stoßtrupps in Bewegung. Voll Spannung verfolge ich mit dem Glas ihr Vorwärtskommen.

Das eigene Artilleriefeuer liegt nach wie vor ausgezeichnet. Granate um Granate schlägt zwischen die italienischen Linien. Jetzt verdichtet sich das Feuer unserer MG.-Staffel an der Stelle, wo der Stoßtrupp der 3. Komp. dem Feind am nächsten ist. – Bald ist der Stoßtrupp auf Handgranatenwurfweite an die vorderste feindliche Schützenlinie herangekommen. Einzelne Gebirgsschützen winken der feindlichen Besatzung, die nahezu deckungslos unserem Feuer ausgesetzt ist, mit Taschentüchern zu. Das wirkt! Aus der Stellung oberhalb bröckeln die ersten Überläufer ab. Rasch wird unter diesen Umständen der Sattel zwischen 1192 und Kuk erreicht, der bereits im gedeckten Winkel gegen das Feuer der Italiener auf Kuk liegt. In langer Reihenkolonne kommt die Abteilung im Laufschritt nach.

Auf kürzeste Entfernung, manchmal, wenn es gerade um eine scharfe Biegung geht, auf wenige Meter, stoßen wir auf völlig ahnungslosen, auf der Straße stehenden oder uns entgegenkommenden Gegner. Ehe er zu den Waffen greift, sind wir neben ihm, an ihm vorbeigestürmt. Das Zeichen zum Abschnallen und Deuten in der Richtung nach Osten genügt, um die Italiener ohne Waffen an unserer Kolonne entlang in Marsch nach 1192 zu setzen. Alle sind wie gelähmt durch unser plötzliches Auftauchen.

Rechts unten liegt das Bergdorf Luico im Sattel zwischen Kuk und Mrzli vrh. Die Ortschaft, sowie größere Barackenlager in ihrer Nähe sind dicht belegt mit italienischen Truppenverbänden. In und um Luico herrscht friedliches Treiben, wie hinter der Front üblich. Auf der Straße Luico–Savogna ist reger Verkehr in beiden Richtungen zu beobachten. Unter anderem rückt eine mit Pferden bespannte schwere Batterie im Schritt von Luico aus nach Süden ab. Aus Gegend nördlich Luico schallt heftiger Kampflärm. Dort vermute ich Teile der 12. Div. im Kampf.

Hinter mir kommen im Eilmarsch die Kompanien der Abteilung. Ihr Angriffsschwung darf bei Ravna nicht gehemmt, sondern muß rasch in die entscheidende

Richtung geleitet werden. Ich entschließe mich zum Abschnüren der feindlichen Kräfte um Luico durch Sperrung des Tales Luico–Savogna und der Matajurstraße auf Cragonza (1096). Die bewaldeten Hange beiderseits des Tales Luico–Savogna begünstigen dieses Vorgehen. Wir können im Tal bei Polava sein, ehe die feindlichen Kräfte um Luico etwas von unserer Nähe ahnen. Drücken dann rückwärtige Teile des Alpenkorps von Osten gegen Luico vor, so wird der eingekesselte Feind kaum der Vernichtung oder Gefangennahme entgehen können.

Wir erreichen die Straße. An einer Stelle, an welcher sie zweimal eine scharfe Biegung macht, nisten wir uns ein. Rasch sind sämtliche Fernsprechleitungen des Gegners zerschnitten. Die jetzt eintreffende 4. Komp. und 3. MGK. werden auf den Hängen beiderseits des Tales in den Büschen und Buschreihen unsichtbar so eingesetzt, daß sie das Tal weithin nach Norden und Süden durch Feuer beherrschen.

Inzwischen setzt zu unserem großen Erstaunen auf der Straße Luico–Savogna der italienische Verkehr wieder ein. Von Norden und Süden kommen einzelne Soldaten und Fahrzeuge ahnungslos auf uns zu. Sie werden an den scharfen Straßenkurven unseres Versteckes von wenigen Gebirgsschützen höflichst in Empfang genommen. Das macht Spaß! Zum Schießen kommt es dabei nicht. Uns ausgehungerten Kriegern bietet der Inhalt der verschiedenen Fahrzeuge ungeahnte Leckerbissen. Da werden Schokolade, Eier, Konserven, Trauben, Wein, Weißbrot ausgepackt und verteilt. Die braven Schützen auf den Hängen beiderseits werden in erster Linie bedacht. Rasch sind alle Anstrengungen und Kämpfe der vergangenen Stunden vergessen. Die Stimmung ist – 3 km hinter der feindlichen Front! – fabelhaft.

Alarm! Alles gefechtsbereit machen! In wenigen Minuten wird es wohl zum Kampf kommen: 150 Gebirgsschützen gegen gewaltige Übermacht. Aber unsere Stellung ist stark und unsere MG. beherrschen weithin das Tal. Je näher ich den Gegner auf die Sperre aufprallen lasse, um so weniger kann er seine überlegenen Kräfte entwickeln und zum Angriff bringen. Ich gebe deshalb den Schützen das Feuer erst auf mein Zeichen mit der Signalpfeife frei.

Der Anfang der feindlichen Kolonne ist jetzt auf 300 m an unsere Sperre heranmarschiert. Um unnötiges Blutvergießen zu vermeiden, sende ich den Offizierstellvertreter Stahl als Parlamentär mit weißer Armbinde dem Feind entgegen. Jetzt erreicht Stahl den Anfang der feindlichen Kolonne. Offiziere stürzen vor, entreißen ihm Pistole und Fernglas, die er in der Eile nicht abgelegt hatte, und nehmen ihn gefangen. Er kommt kaum zu Wort. Unser Winken hilft nichts. Die italienischen Offiziere lassen die vordersten Gruppen auf uns schießen. Wir verschwinden rasch um die Ecke. – Dann löst mein Pfiff von den beiderseitigen Hängen einen Hagel von Geschossen auf die immer noch auf der Straße haltende Feindkolonne aus und fegt die Straße in wenigen Sekunden leer. Während der Feind volle Deckung nimmt, gelingt es Stahl, sich zu befreien und wieder auf unsere Seite zu eilen.

Endlich nach zehn Minuten sehr heftigen Feuerkampfes gibt der Feind sich besiegt und macht Zeichen der Übergabe. Daraufhin stellen wir das Feuer ein. 50 Offiziere und 2.000 Mann der 4. Bersaglieribrigade legen auf der Talstraße die Waffen nieder und rücken zu uns herüber. Den tüchtigen Offizierstellvertreter Stahl beauftrage ich mit dem Sammeln und Abtransportieren der Gefangenen über La Glava–1077 nach Ravna. Nur wenige Schützen können ihm als Begleitleute mitgegeben werden.

Aus Richtung Luico ertönt schon seit etlicher Zeit heftiger Kampflärm. Um die Lage dort zu klären, lasse ich den erbeuteten Kraftwagen mit einem schweren MG. bewaffnen und fahre in Richtung Luico vor. Nur langsam kommen wir über die kilometerweit auf der Straße liegenden italienischen Waffen und Ausrüstungsgegenstände vorwärts. Dicht südlich Luico treffe ich die von Ravna aus beobachtete schwere italienische Batterie. Ihre Bespannung liegt zusammengeschossen auf der Straße.

Major Sproesser schlage ich vor, mit allen verfügbaren Teilen des W. G. B. von Polava aus auf kürzestem Weg querfeldein über Jevscek gegen den Mt. Cragonza aufzusteigen und diesen in Besitz zu nehmen. Haben wir den Mt. Cragonza, so ist dem auf dem Mrzli vrh befindlichen Gegner der Weg nach Süden verlegt, und wir können ihn, während er von Norden und Nordosten von Teilen der 12. Div. und des Alpenkorps festgehalten wird, im Rücken angreifen. Außerdem beherrschen wir auf Cragonza die einzige auf das Matajurmassiv führende Höhenstraße und schneiden damit alle auf oder seitlich dieser Straße fahrenden oder stehenden Batterien der Italiener ab.

Major Sproesser ist einverstanden und unterstellt mir die in und südlich Luico befindlichen Teile des W. G. B. (2., 3., 4. Komp., 1., 2., 3. MGK. und die Nachrichtenkomp.). Gleichzeitig bekommt die Abteilung Gößler (1., 5., 6. Komp. Geb.-MG.-Abteilung 204 und 205) Befehl, zur Verfügung von Major Sproesser nach Luico heranzurücken.

Major Sproesser selbst begibt sich in dem bei Polava erbeuteten italienischen Auto zur Brigade, um Meldung über den bisherigen Kampfverlauf und die beabsichtigte Weiterführung des Angriffes zu erstatten und um die Artillerieunterstützung für die zu erwartenden Kämpfe sicherzustellen.

Die Unfähigkeit der italienischen Offiziere

Nicht alle italienischen hohen Offiziere hielten es so streng mit der militärischen Ehre wie der unglückliche General Vilani. Auch Offiziere von Rang waren der Situation nicht gewachsen, wie das Beispiel des Kommandanten des 27. Korps, General Badoglio, zeigt.

Nach dem Zusammenbruch bei Karfreit wurde Badoglio zur allgemeinen Verwunderung zum Adjutanten des neuen Generalstabschefs General Diaz, der an Stelle des Generals Cadorna trat, ernannt. Später wußte sich Badoglio bei Mussolini einzuschmeicheln und avancierte zum Marschall. Nach der Kapitulation Italiens im September 1943 spielte er eine bedeutende Rolle, als der große Rat der Faschisten Mussolini absetzte. Er ließ seinen Charme spielen und überzeugte seine Zuhörer durch seine Redekunst. Seine militärischen Fähigkeiten waren aber augenscheinlich in krassem Gegensatz zu seiner rhetorischen Begabung.

Als er am Vormittag des 24. Oktober mit König Vittorio Emanuele ein Telefongespräch führte, konnte er keine Auskünfte über die Situation auf dem Schlachtfeld geben. Zu diesem Zeitpunkt überrannten die österreichisch-ungarischen und deutschen Truppen bereits die Verteidigungsstellungen seiner Einheiten auf Kolowrat und Ježa. Außerdem reichten seine Reserven bei weitem nicht, um einen Widerstand organisieren zu können. Die Verbindungen seines Stabes zu den vorderen Verteidigungslinien wurden unterbrochen, und die Kommunikation riß ab. Später erklärte Badoglio, daß er keine Übersicht über die Situation an der Frontlinie hatte. Dafür hatte er wohl triftige Argumente. Die Kuriere konnten ihn im kritischsten Augenblick der Schlacht in seinem Stab im Dorf Cosizza nicht ausfindig machen. Aus unerklärlichen Gründen verschwand er von seinem Kommandoposten und irrte irgendwo zwischen Kambreško und Lig umher. Er zeigte kein Interesse für die Nachrichten seiner Untergebenen. Anscheinend wußte er nicht, was er ihnen befehlen sollte.

General Badoglio kann auch persönlich für die Untätigkeit der ihm unterstellten Artillerie verantwortlich gemacht werden. Er ging nämlich davon aus, daß im Falle einer großangelegten Offensive eine Richtung des gegnerischen Angriffs durch das Dorf Woltschach führen würde. Sein Plan war, dem Gegner eine Falle zu stellen. Er befahl, einen kilometerlangen Frontabschnitt auf dem rechten Isonzoufer zu öffnen. Erst wenn der Gegner die Ebene vor Woltschach erreicht hätte, hätte auch die Artillerie eingreifen dürfen.

Der ruhmsüchtige General gab die Order aus: die Falle darf sich nur auf seinen ausdrücklichen Befehl schließen. Er wachte eifersüchtig darüber, daß niemandem sonst diese Ehre zu Teil werden sollte. Das war unklug von Badoglio, der sich nicht nach den bestehenden Verhältnissen richtete. Im Grunde wußte er gar nicht, was der Gegner vorhatte. Er kannte zwar den Angriffsplan aufgrund der Berichte der desertierten österreichisch-ungarischen Offiziere. Und gerade weil dieser Plan unverändert blieb, verwundert es umso mehr, daß Badoglios Einheiten sich auf dem Kolovrat und Ježa so schlecht hielten. Anscheinend unterschätzte Badoglio die Kampfmoral und die Ausrüstung der gegnerischen Truppen. Oder glaubte er gar, was die eigene Kriegspropaganda behauptete?

Später versuchte General Badoglio, sein Bild in der Öffentlichkeit zurechtzurücken. Als die Untersuchungskommission des italienischen Militärs die Ursachen für den Zusammenbruch der italienischen Armee bei Karfreit untersuchte, wurden im Entwurf des Kommissionsberichtes dem fragwürdigen Verhalten des Generals während der 12. Isonzoschlacht zehn Seiten gewidmet. Doch dieser Teil verschwand seltsamerweise aus der endgültigen Fassung.

Das Schweigen des Kommandos

Anstatt sich eine vollständige Übersicht über die Situation auf dem Schlachtfeld zu verschaffen, klare Befehle zu geben, auf die überraschenden Aktionen des Gegners schnell zu reagieren und das Vorgehen der Infanterie- und Artillerieeinheiten besser zu koordinieren, hüllte sich das italienische Kommando in Schweigen. Das mußte sich wohl demoralisierend auf die Offiziere und einfachen Soldaten auswirken. Die Befehle trafen mit Verspätung ein, denn die Situation auf dem Schlachtfeld veränderte sich von Stunde zu Stunde. Der Gegner ging in Schützenlinie vor und den italienischen Einheiten blieb nichts anderes übrig, als sich zurückzuziehen. Man könnte meinen, daß die Offiziere in einer solchen Situation die Initiative ergreifen und die vorhandenen Möglichkeiten nützen. Stattdessen hofften sie, daß der Gegner von selbst haltmachen würde. Sie wogen sich in trügerischer Hoffnung und erlebten ihr blaues Wunder.

Um 16 Uhr fiel Karfreit in die Hände der österreichisch-ungarischen und deutschen Truppen. Die Einheiten wurden sofort in Marsch gesetzt, um den wichtigen Paß Robić zu besetzen. Auch das italienische Kommando gab den Befehl zur Besetzung des Passes aus, doch niemand leistete diesem Befehl Folge.

So gelang den Truppen der Mittelmächte gleich am ersten Tag ein durchschlagender Erfolg. Sie erzielten tatsächlich den Durchbruch auf einer Breite von 32 Kilometern vom Rombon bis Selo, überrannten die italienischen Verteidigungslinien und stießen fünf bis neun Kilometer in die Tiefe vor. Mit einem Schlag wurden alle drei Verteidigungslinien der Italiener weggefegt und deren Widerstand gebrochen. Darüber hinaus bemächtigten sie sich auch des gesamten Geräts und Materials der Italiener. Sie zerschlugen fünf italienische Divisionen und hatten kaum Verluste zu verzeichnen. Als größtes Problem bei dem Vorstoß erwiesen sich überraschenderweise nicht die kämpfenden italienischen Einheiten, sondern die blockierten Bergstraßen und Pfade.

Nach diesem schnellen Erfolg kam bei den Mittelmächten Siegesstimmung auf. Ein Plan für den weiteren Vormarsch in die Ebene von Friaul war schon vorbereitet. Allerdings war noch nichts endgültig entschieden. Die Italiener hatten genügend Reserven, um den Gegner in den engen Schluchten abfangen und am weiteren Vormarsch hindern zu können. Es erwies sich jedoch als nachteilig, daß diese Reserven zu weit vom Kampfgeschehen entfernt waren. Erst nach einem zeitraubenden Marsch hätten sie den Ort des Geschehens erreichen können. Viel zu spät!

Die österreichisch-ungarischen und deutschen Truppen konnten also einen großen Sieg feiern. So gut wie alle Ziele wurden erreicht. Lediglich General Krauß war es noch nicht gelungen, den Stol zu erobern. Das war aber auch in dieser kurzen Zeit nicht zu schaffen. Am Ende des ersten Tages verlief die neue Frontlinie vom Rombon über Saga, Polovnik, Jama, Krasji vrh, Vrata, Karfreit, Robić, Bukova ježa und Hrad vrh bis Doblar. Die Italiener kontrollierten noch einen Großteil des rechten Isonzoufers, und der Berg Stol befand sich noch in ihren Händen. Die italienischen Einheiten auf dem Bergmassiv Krn, Polovnik, Mrzli vrh und Vodil vrh waren von der Hauptarmee abgeschnitten. Die italienischen Alpinieinheiten leisteten noch auf dem Rombon, Mrzli vrh, Ježa und Bukova ježa und oberhalb des Dorfes Cempani erbitterten Widerstand.

Der zweite Tag der Schlacht

Am Morgen des zweiten Tages wußten die Italiener endlich Bescheid. Immer noch hätten sie die österreichisch-ungarischen und deutschen Truppen aufhalten können. Sie behielten weiterhin die strategisch wichtigen Berge Stol und Monte Maggiore (von wo aus ein Eindringen des Gegners in die Ebene von Friaul hätte verhindert werden können) in ihren Händen. Zu guter Letzt hätten sie sich für einen geordneten Rückzug bis hinter den Tagliamento entscheiden können, um den völligen Zusammenbruch doch noch im letzten Moment zu verhindern. Und trotzdem wurde das Chaos in den italienischen Reihen im Laufe des zweiten Tages immer größer.

Es war der reinste Hohn, daß der Bericht des italienischen Oberkommandos über den ersten Tag der Offensive recht optimistisch ausfiel: „Auf den feindlichen Angriff waren wir gut vorbereitet", steht im Militärbulletin geschrieben. In seinem Befehl für den folgenden Tag rief Cadorna zu Standhaftigkeit auf. Er rechne fest mit dem heldenhaften Mut der Offiziere und Soldaten: „Heute werden wir siegen oder sterben!"

Am zweiten Tag der Schlacht war das Wetter sonnig und klar. Für Cadorna war aber dieser Tag ein Trauertag, und der Oberbefehlshaber versuchte, die Situation klar

Für manche hatte der Krieg auch seine angenehmen Seiten – hohe italienische Offiziere beim Umtrunk nach dem Mittagessen.

Die Generäle Cadorna und Capello oben auf der Treppe. Cadorna war auf Capello eifersüchtig, der sich als der klügere Stratege erwies. Nach dem Zusammenbruch bei Karfreit wälzte Cadorna die Schuld für die Niederlage auch auf General Capello, der „wegen seiner Unfähigkeit gefährlich für seine Umgebung sei".

zu erkennen. Er benötigte Zeit, um seine Einheiten aus der eisernen Umklammerung zu lösen und um zumindest für eine Weile die Feindberührungen zu unterbrechen. Er brauchte eine Kampfpause, um seine Einheiten zu sammeln und zu reorganisieren.

Die Truppen der Mittelmächte gönnten den Italienern allerdings keine Ruhepause und folgten ihnen auf Schritt und Tritt. Die italienischen Soldaten gaben einer nach dem anderen auf und warfen ihre Waffen weg. Damit war der Krieg für sie zu Ende. Nur noch vereinzelt gelang es den italienischen Offizieren, ihre Männer auf der Straße aufzusammeln und sie wieder in den Kampf zu schicken. Auch setzten sie sich damit der Gefahr aus, von ihren eigenen Leuten erschossen zu werden. Die italienischen Soldaten waren es leid, weiterzukämpfen.

Capello schlug Cadorna den Rückzug bis hinter den Tagliamento vor. Allerdings bestand die Gefahr einer Umzingelung der beiden italienischen Armeen im Falle eines zu schnellen Rückzugs. Der Armeeführung fiel die Entscheidung zur Räumung des Isonzotales außerordentlich schwer, weil an dieser Front bereits so viel italienisches Blut geflossen war. Wie sollte man diese Niederlage dem italienischen Volk und dem Parlament bloß beibringen? Cadorna verfaßte zwar den Befehl zum Rückzug bis hinter den Tagliamento, behielt ihn aber vorerst in der Schublade. Von der 2. Armee verlangte er, daß sie erbitterten Widerstand leisten sollte, um den Rückzug der 3. Armee abzusichern.

Die Absetzung Capellos

Cadorna verfügte immer noch über genügend befestigte Anlagen und ausgerüstete Truppen, um einen Widerstand organisieren zu können. Er war allerdings in seinen Entscheidungen inkonsequent, was typisch für ihn war. Erst jetzt fiel ihm auf, daß die 2. Armee eigentlich viel zu groß und unbeweglich war. Sie setzte sich aus neun Korps zusammen und verteidigte einen 70 Kilometer langen Frontabschnitt. Das Terrain aber war wegen des gebirgigen Geländes und der hohen Berge außerordentlich schwierig zu verteidigen. Die Durchführung der Befehle nahm zu viel Zeit in Anspruch, und die Reserven trafen mit großer Verspätung ein.

Cadorna entschloß sich, Capello abzusetzen, obwohl dieser nach der Meinung der Militärhistoriker sicherlich einer der fähigsten italienischen Generäle im 1. Weltkrieg war. Das gleiche Schicksal wie Capello ereilte auch General Cavaciocchi. In der italienischen Armee wurden im Verlauf des Krieges insgesamt 250 Generäle entlassen sowie eine ganze Reihe weiterer hoher Offiziere. Die Schuld für die Mißerfolge mußten immer einzelne tragen, die militärische Führung wurde aber unbehelligt belassen.

Capellos Vorkehrungen am zweiten Tag der Schlacht mögen zwar weitgehend sinnvoll gewesen sein, sie erfolgten aber viel zu spät. Zudem wirkten sich die Reorganisationsmaßnahmen mitten im Kampf sehr nachteilig auf die Kampfmoral der einfachen Soldaten aus und schürten bei den Offizieren das Mißtrauen.

Den Erfolg vom ersten Tag konnten die Mittelmächte auch am folgenden Tag fortsetzen. Einige Einheiten rasteten nur kurz und setzten mitten in der Nacht ihren Vormarsch fort. Beide Richtungen des Angriffs waren schon am ersten Tag überaus erfolgreich. Am zweiten Tag vereinigten sich dann die beiden Angriffsspitzen hinter dem Berg Krn und bildeten einen Keil. Der Stol sollte schon am ersten Tag von der 22. Schützendivision (sie gehörte dem Korps des Generals Krauß an) erobert werden, was aber rein physisch unmöglich war. Auf weiten Strecken konnten die Italiener auch am 25. Oktober noch das Feld behaupten. Die deutschen Einheiten mußten im Zuge des Vormarsches fünf befestigte Verteidigungsreihen überwinden. Erst am Abend gaben die italienischen Alpini-Truppen auf, und mit dem Stol fiel ein weiterer wichtiger Angelpunkt in die Hände der Mittelmächte.

Die Erfolge folgten blitzschnell aufeinander. Was am ersten Tag begonnen wurde, wurde am zweiten Tag zu Ende geführt. Die Berge Kolowrat, Kuk, Monte Matajur, Stol und Globočak fielen in die Hände der österreichisch-ungarischen und deutschen Truppen. Mit der Eroberung von Luico konnten sie ihren Brückenkopf auf dem rechten Isonzoufer ausbauen. Sie stießen weiter das Ucceatal und die Flußtäler der Resia und Natisone aufwärts. Das Tor zu Friaul und Italien war damit geöffnet.

In den vergangenen zwei Jahren hatte das italienische Heer auf diesem Gebiet Unmengen an Waffen, Ausrüstung und anderem Material angehäuft. General Cadorna zerbrach sich den Kopf, wie sich zumindest etwas davon retten ließ. Am Isonzo waren eine Million italienischer Soldaten im Einsatz, und der Transport einer solchen Streitmacht stellte ein kompliziertes logistisches Unterfangen selbst in Friedenszeiten dar. Und was geschah nun in dieser Situation völliger Führungslosigkeit? Die Lage für die Italiener verschlechterte sich von Stunde zu Stunde, und bei diesen Verhältnissen war ein geordneter Rückzug praktisch unmöglich. Auf den Straßen stauten sich Fahrzeuge, an den Straßenrändern lagen Waffen und Ausrüstung. Das überflüssige Kriegsmaterial wurde von den Italienern auf ihrem Rückzug einfach in den Abgrund oder ins Flußbett gestoßen, um den Weg freizumachen.

Am Abend des 25. Oktober wurde eine neue Frontlinie gebildet. Sie verlief von Prestreljenek über Kanin, Skutnik, Uccea, Stol, Monte Mia, Prapotnizza, Globočak, Kambreško, Ronzina und Kanalski vrh bis Bate. Die Truppen der Mittelmächte hatten somit die alte Staatsgrenze im oberen Isonzotal erreicht. Der erste Teil des Operationsplans der 14. Armee war erfüllt. Damit waren aber auch die Voraussetzungen gegeben, daß Boroević mit seinen beiden Armeen auf dem südlichen Frontabschnitt (auf dem Hochplateau Bainsizza und auf dem Karstplateau) angreifen konnte.

Der dritte Tag der Schlacht

Zu Beginn des dritten Angriffstages hielten die Truppen der Mittelmächte einen Frontabschnitt von 50 Kilometer Länge besetzt (und waren etwa 20 Kilometer in die Tiefe vorgestoßen). Erst jetzt waren alle Bedingungen erfüllt, um die Offensive in Richtung Friaul erfolgreich fortsetzen zu können.

Wie gesagt, stellten das größte Problem im schmalen Isonzotal weniger die italienischen Soldaten als die engen Straßen dar. Die italienischen Offiziere versuchten vergebens eine Verteidigung zu organisieren und den Rückzug geordnet anzutreten. Als die vom langen Marsch erschöpfte Verstärkung das Schlachtfeld erreichte, war es schon zu spät. Was sie sah, erfüllte sie mit Grauen. Soldaten verschiedener Einheiten und Gattungen flüchteten Hals über Kopf. Die Gerüchte multiplizierten die reale Gefahr um ein Vielfaches und zerstörten den Willen zum Kampf. Wie ein Bumerang rächte sich nun die Kriegspropaganda über die Verbrechen und die Grausamkeit der feindlichen „Germanen". Meistens waren die Berichte darüber schlicht und einfach aufgeblasen oder gar erlogen. Was den Haß und die Kampfbereitschaft stärken sollte, führte nun zur kollektiven Panik. Der Ruf: „Die Deutschen kommen!" ließ die Italiener erstarren. Und der Rückzug gestaltete sich immer mehr zu einer kopflosen Flucht hunderttausender Soldaten und Zivilisten.

Am Morgen des dritten Tages gab Cadorna der 3. Armee schließlich den Befehl zum Rückzug auf die Linie von Görz bis Monte Maggiore. Er verlangte von seinen Truppen, sie sollen „siegen oder sterben". Den Angreifer diese Linie überqueren zu lassen, hieß, ihn die Staatsgrenze nach Italien passieren zu lassen. Umso mehr verlangte Cadorna von seinen Offizieren, daß sie jedes Anzeichen von Ungehorsam ahndeten.

Zusammengeschossenes italienisches Fuhrwerk nach dem Durchbruch von Karfreit (Bild oben)

Gefallene italienische Soldaten bei einem verlassenen Lastkraftwagen (Bild links)

Noch immer hoffte er, den Gegner in den Bergen aufzuhalten und dessen Eindringen in die Ebene von Friaul verhindern zu können. Vorsichtshalber riet er den Einheiten der „Karnischen Gruppe", ihr schweres Gerät in Sicherheit zu bringen und einen eventuellen Rückzug in die Voralpen vorzubereiten. Der 4. Armee gab er den Befehl, sich bis hinter den Piave zurückzuziehen.

Den Rückzug der italienischen Armeen nutzten die Truppen der Mittelmächte, um einen noch stärkeren Druck auszuüben. Die 1. österreichisch-ungarische Armee hielt sich zunächst zurück, wie es vorgesehen war. Lediglich ihre Artillerie war vom Beginn der Offensive an aktiv. Als sich nun die 3. italienische Armee offensichtlich auf einen Rückzug vorzubereiten begann, schlugen die Truppen von Boroević unerbittlich zu. Im Sturmlauf eroberten sie Fajti hrib nordwestlich von Triest und überrannten damit die wichtigste italienische Verteidigungsstellung im Süden. Tausende italienische Soldaten gerieten in Gefangenschaft. Auch die 2. österreichisch-ungarische Armee bereitete sich zum Ansturm vor.

Im Norden wiederum wurde Cividale von der leichten österreichisch-ungarischen und deutschen Artillerie unter Beschuß genommen. Die Angreifer nutzten das Chaos auf der italienischen Seite zu einer kurzen Feuerpause, um dann ein letztes Mal zuzuschlagen. Den nördlichen und mittleren Frontabschnitt mußten die Italiener räumen. Die italienische Verteidigung auf diesem Sektor brach völlig zusammen. Der Angreifer aber setzte bereits zur Verfolgung der Verteidiger an.

Bis zum Abend des 26. Oktober bildete sich eine neue Frontlinie vom Rombon über Kanin, Stolvizza, Nizki vrh, Passo di Tanamea, Monte Maggiore, Monte Cavallo, Monte le Zuffine, Prosenicco, Clenia, San Leonardo, Monte San Giovanni bis Zapotok.

Der letzte Ritterkrieg

Die Soldaten der Mittelmächte hatten den strikten Befehl, sich gegenüber der Zivilbevölkerung in jedem Fall korrekt zu verhalten. In der Tat gibt es keine Berichte über Vergewaltigungen und Plünderungen. Beide Seiten verhielten sich in diesem Krieg gegenüber den gegnerischen Gefangenen und Verwundeten angemessen. In der Regel wurde zwischen den eigenen und gegnerischen Verwundeten kein Unterschied gemacht. Der 1. Weltkrieg war der letzte Ritterkrieg, behaupten einige Historiker, zumindest was diesen Bereich der Kriegsführung betrifft.

Die Soldaten konnten aber beim Vormarsch doch nicht ganz auf das Beutemachen verzichten. In erster Linie handelte es sich dabei um Nahrung und Vieh. Manchmal stritten österreichisch-ungarische und deutsche Einheiten darüber, wem nun das erbeutete Gut gehören sollte. Italienische Karikaturisten wußten solche Szenen gut für Propagandazwecke zu nutzen.

Manche Zeugen bestätigten wiederum, daß den Angreifern mehr das reiche Nahrungsangebot und das übermäßige Trinken schadete als die italienische Abwehr. Nach all den Monaten voller Entbehrungen waren sie gar nicht mehr in der Verfassung, so viel Nahrung zu sich zu nehmen. Auf den Fotos kann man z. B. sehen, daß die Angehörigen der österreichisch-ungarischen Regimenter auf dem Hauptplatz von Görz ausgelassen und mit Weinflaschen in ihren Händen feiern. Ein solcher Sieg ist nur wenigen im Leben gegönnt. Die Zivilisten wußten sich sehr schnell an die neue Situation anzupassen. So bezeugen Fotos, daß sie am Straßenrand den „Germanen" Schnaps und Wein anzudrehen versuchten. Aufnahmen gefangener italienischer Soldaten zeigen wiederum, daß diese guten Mutes waren und sich die Niederlage überhaupt nicht zu Herzen nahmen. Auf über zwanzig Fotos gefangener Soldaten sieht man nur einen am Kopf und an der Hand verwundeten Italiener. Alle anderen Fotos zeigen unversehrte Soldaten in sauberen Uniformen. Die Gefangenen wurden von nur wenigen österreichisch-ungarischen oder deutschen Soldaten bewacht. Offensichtlich kam es niemanden in den Sinn zu fliehen.

Die biblischen Ausmaße des Rückzugs

Am dritten Tag erreichte der italienische Rückzug biblische Ausmaße. Es flüchteten nicht nur Soldaten, sondern auch viele Zivilisten. Die ansässige italienische Bevölkerung wurde von Panik ergriffen. Völlig verängstigt raffte sie ihr Hab und Gut zusammen und lud es auf Karren. Damit wurde die Verwirrung noch größer und der Verkehr stockte. Die Armen aber nutzten die Anarchie, um die Geschäfte und Lagerhäuser zu plündern.

Die italienische Verstärkung erreichte nur mit Mühe die Kampfzone. Mancherorts bestand nach wie vor noch die Bereitschaft zum Widerstand. Anderorts wiederum schaute es ganz anders aus: „Einer unserer Soldaten warf einen Blick in den Hof eines Hauses mit hohen Mauern. Er begann zu schreien und unsere Soldaten stürmten den Hof", erinnert sich Mate Blažević. „Im Hof befanden sich gesattelte Pferde, doch von den Reitern fehlte jede Spur." Über hundert Pferde waren da. Die Bosniaken suchten das ganze Gelände nach den fehlenden Reitern ab und konnten sie zunächst nicht finden. Erst im Keller des Nachbarhauses wurden sie dann fündig. Die italienischen Soldaten waren betrunken. Sie verfluchten die Offiziere und ihren General Cadorna und überließen den weiteren Kriegsverlauf dem Schicksal. Das sei eine erbärmliche und widerwärtige Szene gewesen, schreibt Blažević etwas herablassend.

Viele Offiziere gaben keine gute Figur ab: sie verließen ihre Einheiten, bemächtigten sich der Fahrzeuge und versuchten, sich schleunigst in Sicherheit zu bringen. Für die Masse der italienischen Soldaten war offensichtlich der Krieg zu Ende. Sie drangen in die Keller ein, tranken und sangen. Sie schauten unbeteiligt zu, wie der Gegner an ihnen vorbeizog. Mit den Händen zeigten sie die Richtung an, wo sich der verhaßte Cadorna befand. In knapp einer Woche machten die österreichisch-ungarischen und deutschen Truppen über 60.000 Gefangene, was ein großes logistisches Problem darstellte.

Der Zusammenbruch des italienischen Heeres

Als der letzte strategische Punkt vor der Tagliamento-Linie, der Monte Maggiore, in die Hände der Angreifer fiel, wurde die italienische militärische Führung endgültig aus allen Illusionen gerissen. Cadorna wollte zwar unbedingt einen Gegenangriff auf den Monte Maggiore durchführen, doch es standen ihm keine Verstärkungen mehr zur Verfügung.

Am späten Abend des dritten Tages entschied er sich für den Rückzug bis hinter den Tagliamento. Die Schlachten am Isonzo nahmen damit für die italienischen Truppen ein unrühmliches Ende. Der greise General rechnete damit, daß der Tagliamento mit seinen zahlreichen Befestigungsanlagen stark genug sein würde, um den hartnäckigen Gegner endlich aufzuhalten. Er benachrichtigte die Regierung von der starken Offensive der Mittelmächte. Angesichts des Debakels trat diese zurück und ließ das Land führungslos.

Der Appetit der militärischen Führung der Mittelmächte wurde aber mit dem schnellen Erfolg noch größer. Vereinzelt wurde die Idee geäußert, auch von Südtirol aus anzugreifen, um das italienische Heer vollständig zu vernichten und einen Separatfrieden mit Italien zu erzwingen. Aber die Mittelmächte waren nicht in der Lage, eine solche großangelegte Operation durchzuführen. Daß ihnen der Durchbruch bei Karfreit gelang, war an und für sich schon ein Wunder. Das Hauptziel war es gewesen, mit dieser Offensive die Lage Österreich-Ungarns etwas zu erleichtern. Für die völlige Vernichtung der italienischen Armee fehlte es jedoch sowohl am Willen wie auch an den notwendigen Mitteln.

Bei den Verbündeten rief die unerwartete Niederlage Italiens Entsetzen hervor. Der Durchbruch bei Karfreit kam für die Entente in einem denkbar ungünstigen Moment. Nach dem Zusammenbruch Rumäniens und dem Ausscheiden Rußlands mußte sie nunmehr auch um Standhaftigkeit Italiens fürchten. Franzosen und Engländer eilten darum den Italienern unverzüglich zu Hilfe.

Der vierte Tag der Schlacht

Cadorna befahl am Morgen des vierten Tages der 3. Armee, das Hochplateau Bainsizza zu räumen. Boroević entging das nicht, denn die Lagerhäuser der Italiener gingen in Flammen auf. Das war ein eindeutiges Zeichen. Seit Tagen hatte er auf diesen Augenblick gewartet. Er wußte sehr wohl, daß eine Armee beim Rückzug verwundbar ist und wollte diese Schwäche voll ausnutzen.

Boroević' Soldaten waren durch den Erfolg ihrer Kameraden im Norden ermutigt. Sie gingen beherzt zum Angriff über und folgten den Italienern auf Schritt und Tritt. Ohne nennenswerte Verluste gewannen sie die Hochebene Bainsizza wieder zurück. Im Morgengrauen besetzten sie das direkt am Isonzo gelegene Dorf Avšče. Am Abend fiel schließlich auch Görz in ihre Hände, das durch kroatische Truppen befreit wurde.

Die italienische 3. Armee zog sich geordnet zurück, dementsprechend gering waren ihre Verluste (in jedem Fall geringer als bei der 2. Armee). Herzog d'Aosta war sehr gut über die Ereignisse der vergangenen Tage informiert. Unter diesen Umständen versuchte er einfach nur zu retten, was zu retten war. Aber auch die 14. deutsche Armee nützte nicht alle Möglichkeiten, die ihr zu Verfügung standen. Sie hätte einen Großteil von d'Aostas Armee einschließen können, wenn sie ihren Umfassungsversuch zu Ende geführt hätte. Auch in ihren Reihen kam es zu gelegentlichen Ausfällen und zweifelhaften Entscheidungen, was aber angesichts der rasenden Eile des Vormarsches nur verständlich war.

Am vierten Tag der Schlacht drangen die Truppen der Mittelmächte bis in die Ebene von Friaul vor, und am folgenden Tag besetzten sie kampflos Udine. Ein Carabiniere „rettete die Ehre" des italienischen Militärs, indem er aus dem Hinterhalt den Kommandanten des 51. deutschen Armeekorps, General Albert von Berrer, erschoß.

Die Italiener fühlten sich in dieser Gegend völlig sicher. Davon zeugt auch der Umstand, daß zu diesem Zeitpunkt der italienische König Vittorio Emanuele in der Umgebung von Udine weilte und die Truppen inspizierte, als die Kampfhandlungen bereits voll im Gange waren. Der König war nur 151 Zentimeter groß, und die Offiziere nannten ihn spöttisch „Säbelchen". Es deutet jedoch alles darauf hin, daß der König trotz allem eine weniger realitätsferne Einstellung zu seinen Untergebenen hatte und die Verhältnisse auf dem Schlachtfeld nüchterner einschätzte. Über die zweifelhaften Fähigkeiten seiner Generäle konnte sich der König ja aus erster Hand überzeugen. Das dürfte ihn wohl nicht zuversichtlich gestimmt haben.

Wie bereits angedeutet, zeugen zahlreiche Fotos aus den ersten Tagen der 12. Isonzoschlacht vom völligen und gänzlich unkontrollierten Zusammenbruch des italienischen Heeres vor allem auf dem nördlichen Frontabschnitt. Auf diese Weise fielen zehntausende italienische Soldaten ohne Gegenwehr in die Hände der Mittelmächte,

Sieger und Besiegte: italienische Soldaten gehen in Massen in die Gefangenschaft, der Nachschub der 14. Armee rollt weiter in Richtung Italien.

Nach der 11. Isonzoschlacht glich der Monte San Gabriele einer Mondlandschaft.

Der italienische König Vittorio Emanuele III. beobachtet gemeinsam mit hohen Offizieren die Gefechte im Karst.

Italienische Flüchtlinge, eine Mutter mit zahlreichen Kindern und der wenigen Habe, die auf einem Fuhrwerk Platz fand.

die Unmengen an Geschützen, Munition und Ausrüstung erbeuteten. Die italienischen Einheiten leisteten in der Regel keinen organisierten Widerstand. Am selben Tag, an dem Udine von den Mittelmächten eingenommen wurde, veröffentlichte die italienische militärische Führung ein Kommuniqué, das auf die italienische Öffentlichkeit wie ein Schock wirkte. Zwar wußte diese schon, daß eine Offensive der Mittelmächte im Gange war (und daß sich auch die deutschen Truppen an ihr beteiligten). Niemand aber stellte sich nur annähernd vor, welche Ausmaße der Zusammenbruch des italienischen Heeres bereits angenommen hatte.

Mit der Flüchtlingswelle verbreiteten sich im Hinterland auch immer phantastischere Gerüchte über die Kämpfe. Völlig demoralisierend und für die italienische Regierung sowie das Königshaus geradewegs peinlich wirkte sich aber das Gerücht aus, daß die italienischen Soldaten ihre Waffen wegwarfen. Die Italiener wandten ihren Blick zu den Verbündeten: „Kommt doch endlich! Helft uns!"

Der Rückzug der italienischen Armee nahm auch entlang der Linie am Tagliamento kein Ende, wie es sich General Cadorna erhoffte. Eine panische Flucht des italienischen Heeres setzte ein. Die längste Strecke bis zum Tagliamento mußte die 3. italienische Armee zurücklegen. Etwa 800.000 Flüchtlinge (die Hälfte von ihnen Zivilisten) versperrten den Weg. Alles, was die Italiener nicht über den Fluß hinüberretten konnten, wurde von österreichisch-ungarischen und deutschen Truppen erbeutet (so auch 2500 Kanonen). Innerhalb einiger Tage erhöhte sich die Zahl der Gefangenen auf 260.000 und bis zum Ende der Aktion sogar auf 300.000. Cadorna hoffte weiterhin,

Der Tagliamento vermochte den Vorstoß der Mittelmächte nicht aufzuhalten. (Bild oben)

Bosniakische Einheiten überquerten auf Behelfsbrücken als erste den Tagliamento und errichteten einen Brückenkopf. Die Hoffnungen, die Cadorna in die gut ausgebauten Verteidigungsanlagen setzte, erfüllten sich nicht. Der Gegner konnte erst am Piave gestoppt werden. (Bild Mitte)

Ein Meer italienischer Gefangener nach dem Zusammenbruch bei Karfreit (Bild unten)

Reservat

№ 2238 Tagliamentobrücke bei Codroipo 19.1

daß der Gegner am Tagliamento doch noch haltmachen würde. Das italienische Heer hatte vor dem Zusammenbruch etwa 1,3 Millionen Soldaten, nach dieser Niederlage nur noch eine halbe Million. Die Franzosen und Engländer entsandten zur Unterstützung der Italiener zwar unverzüglich sechs Divisionen, diese griffen allerdings nicht mehr in die Kampfhandlungen ein.

Am vierten Tag wechselte das Wetter noch einmal. Ein Sturzregen verwandelte den Tagliamento in einen wilden Strom, der die italienischen Pontonbrücken mitriß und damit den Rückzug der italienischen Einheiten verhinderte. Am 1. November befand sich das ganze Gebiet am linken Ufer in den Händen der Angreifer. General Cadorna ordnete zwar die Verteidigung des Tagliamento an, aber zwei Tage später überquerte der Gegner den Fluß und am Morgen des darauffolgenden Tages errichtete er einen breiten Brückenkopf auf dem rechten Flußufer. Als erste passierten die bosniakischen Einheiten den Fluß.

888 Kampftage am Isonzo

General Cadorna ließ wieder Zeit verstreichen, statt sich unverzüglich an den Piave zu begeben. In der Nacht von 4. auf 5. November entschloß er sich endlich unter der Macht der Verhältnisse zum Rückzug bis hinter den Piave. Dieser Rückzug wurde am 9. November abgeschlossen, und noch am selben Tag ließ Vittorio Emanuele III. Cadorna durch General Diaz ablösen. Am nächsten Tag erließ der König eine dramatische Proklamation an das italienische Volk: „Seit der Vereinigung Italiens hatte unser

Das triumphale Zusammentreffen Karls I. mit Wilhelm II. im Herbst 1917 in Sesana nach dem erfolgreichen Durchbruch am Isonzo.

Volk keine größere Prüfung zu bestehen." Die Bürger und Soldaten müssen zusammentreten und eine einheitliche Armee bilden. Jeder Streit sei ein Verrat, jede Anschuldigung sei ein Verrat, beschwor der König sein Volk.

Die Niederlage bei Karfreit führte zur Ernüchterung in Italien. Mit dem vierten Tag der zwölften Isonzoschlacht gingen auch die 888 Tage der Kämpfe am Isonzo zu Ende. Von nun an gab es keine Front mehr am Isonzo. Diese wurde an den Piave verlegt, wo sie dann bis zum Ende des Krieges und dem Zerfall der Doppelmonarchie bestand. Die italienische 2. Armee bestand praktisch nicht mehr, und die Truppen der Mittelmächte besetzten Cividale und Udine.

Die Kriegspropaganda

Die Kriegspropaganda ist so alt wie der Krieg selbst. Die ersten schriftlichen Zeugnisse darüber aus China sind fast 2500 Jahre alt. Die Kriegspropaganda wurde im Ersten Weltkrieg zwar nicht erfunden, allerdings wurde sie organisatorisch und inhaltlich so perfektioniert, daß die Massenwirkung sogar für deren Urheber überraschend war. Die Nachwirkungen sind noch heute zu spüren. Und in mancher Hinsicht verhindert sie auch erheblich die Aufdeckung der Wahrheit über die Kämpfe an der Isonzofront sowie dem Durchbruch bei Karfreit.

Die Briten haben sehr ausgefeilte Propagandamethoden entwickelt. Der Grundstein dazu wurde mit Hilfe des parlamentarischen Ausschusses gelegt, der sich eigens mit den Kriegszielen befaßte. Am Ende des Krieges verfügten die Briten allerdings über eine Propagandamaschinerie, über die man noch heute staunen kann. (Wohlgemerkt, Goebbels entwickelte die nationalsozialistische Propaganda nach den Erfahrungen der Briten im Ersten Weltkrieg.) Jedenfalls war die britische Propaganda effektiver als die deutsche. Auf das Ergebnis ihrer Kriegspropaganda waren aber die Briten anscheinend nicht besonders stolz, denn bald nach dem Kriegsende wurde ein Großteil der diesbezüglichen Archive vernichtet.

Was diesen Sektor betraf, waren die Mittelmächte der Entente weit unterlegen. Und diesen Rückstand konnten sie im Verlauf des Krieges auch nicht aufholen. Deutschland mußte die „Alleinschuld" für den Krieg tragen, obwohl sich alle Mächte fieberhaft auf den Krieg vorbereitet hatten und man demnach auch kein Land als völlig unschuldig bezeichnen kann.

Die britische Propaganda verfügte über ein verzweigtes und ausgefeiltes System der „Zurechtschneidung" der Nachrichten von der Front und deren Verbreitung. Aber auch die Heere anderer Länder lernten sehr schnell, wie es die Kampfmoral der eigenen Truppen zu heben und den Gegner zu demoralisieren galt. Nicht die Wahrheit, sondern die Wirkung zählte. Die Zeitungen gingen den militärischen Führungen ihrer Länder an die Hand, denn die Neuigkeiten von der Front verkauften sich überaus gut.

Die britischen Militärbehörden drohten zu Beginn des Krieges jedem Kriegsberichterstatter mit Kerker, wenn er sich der Frontlinie zu weit näherte. Wer sich aber auf die Gegenseite begeben wollte, um Informationen einzuholen, dem wurde eine Anklage wegen Spionage angedroht. Die Deutschen waren zu Beginn des Krieges aufgeschlossener gegenüber Kriegsberichterstattern aus anderen Ländern, vor allem denjenigen aus neutralen Ländern. Das war irgendwie auch verständlich, denn sie konnten zu Beginn des Krieges auch größere Erfolge vorweisen.

Für die Kriegsberichterstatter galten überall feste Regeln. Sie bekamen Rangabzeichen, Uniformen, Ordonnanzen und Fahrzeuge. Andererseits wiederum wurden sie der Zensur durch die Meldeoffiziere unterworfen. Diese begleiteten sie auf Schritt und Tritt. Jede Nachricht wurde sehr genau geprüft, und es durften darin nicht die Namen der Personen oder Orte und erst recht nicht die Angaben über die eigene Truppenstärke oder die eigenen Verluste enthalten sein. Die Zahl der gegnerischen Verluste wurde in der Regel weit übertrieben. Bei den Militärbehörden bildete sich eine Clique, deren Aufgabe es war, die Wahrheit zu manipulieren. Als die Menschen zum Schluß des Krieges diese Manipulationen letztendlich begriffen, rief das zwar großes allgemeines Mißtrauen der Massen in die Medien, Journalisten und deren Arbeit hervor, die schlechtesten Noten bekamen allerdings die Kriegsberichterstatter. Am meisten betroffen waren wiederum die Soldaten selbst, denn sie wußten über die tatsächlichen Verhältnisse an der Front Bescheid: angeblich haßten sie die Kriegsberichterstatter noch mehr als die eigenen Vorgesetzten.

Die Amerikaner warfen den Briten gar das Vorenthalten von Informationen vor. Z. B. erfuhr die britische Öffentlichkeit von der Niederlage bei Le Mans am Anfang des Krieges, als die Franzosen innerhalb eines Monats ein Viertel ihres Heeres verloren, erst am Ende des Krieges. Ähnlich war es auch mit der Schlacht bei Tannenberg Ende August 1914, als die Russen wegen Schlamperei (über die Funkverbindung sandten sie unverschlüsselte Depeschen, was den Deutschen nicht verborgen blieb) in sehr kurzer Zeit gleich zwei Armeen verloren. Auch von den 600.000 Verlusten auf der Seite der Entente in der Schlacht an der Somme erfuhr die britische Öffentlichkeit erst sehr spät.

In England engagierten sich viele angesehene Persönlichkeiten und Institutionen gegen den Krieg. Bertrand Russell etwa verlor seine Stelle als Professor für Mathematik an der Universität Cambridge und verbrachte wegen seiner pazifistischen Gesinnung ein halbes Jahr im Gefängnis. Wenn die Öffentlichkeit im Bilde gewesen wäre, was an der Westfront tatsächlich passierte, hätte sie sich wohl gegen die Fortsetzung des Krieges ausgesprochen. Die Briten haben allein in den ersten Kriegsmonaten mehr Offiziere verloren als in allen ihren Kolonialkriegen die letzten hundert Jahre davor.

Auch an der Isonzofront erfüllte die Kriegspropaganda auf beiden Seiten ihren vorbestimmten Zweck. In der Doppelmonarchie wurde die Zensur sofort nach dem Ausbruch der Kampfhandlungen verhängt. Die Zeitungsredaktionen durften keinen Telegraphen mehr benutzen. Die Zensoren verhinderten den Druck zweifelhafter Nachrichten und Artikel, so daß die Zeitungen mit weißen Flecken oder leeren Seiten erschienen. Die konservativen Zeitungen, so sehr sie auch der Dynastie ergeben waren und den Krieg unterstützten, wurden davon nicht ausgenommen. Mit dem Druck der Zeitung wurde so lange abgewartet, bis die Zensoren ihre Arbeit abgeschlossen hatten. Die Zeitungen erschienen deshalb nicht immer pünktlich. Der Redaktion der slowenischen Zeitung „Slovenec" stand dafür gerade, daß die Leser wohl schneller über den Sieg informiert sein würden als die Wiener über Napoleons Niederlage bei Waterloo (auf diese Nachricht mußten diese nämlich ganze elf Tage warten). Während des Krieges bestand reale Gefahr, daß man für jede Kleinigkeit der Spionage oder des Hochverrats beschuldigt wurde. In Krain wurden zahlreiche Zeitungen verboten. Es handelte sich dabei um die sozialistischen Zeitungen „Rudar" und „Zarja" sowie die liberale Zeitschrift „Slovenska matica".

In Italien schien es völlig normal gewesen zu sein, daß die Zeitungen in den Dienst der militärischen Führung gestellt wurden. Die hohen italienischen Offiziere hatten genaue Order bezüglich des Umgangs mit Kriegsberichterstattern. Die Zeitungen mußten in jedem Fall die Veröffentlichung schlechter Nachrichten vermeiden, um die Bevölkerung nicht zu demoralisieren.

Der Gegner als Bestie

Vor allem aber war es die Aufgabe der Kriegsberichterstatter, die Gefahren an der Front zu bagatellisieren. Von allen Seiten wurde der Gegner als Bestie hingestellt, und die Nachrichten von der Front wurden erst dann veröffentlicht, wenn die militärische Führung den Zeitpunkt für geeignet hielt. In allen Zeitungen setzte sich die Praxis durch, daß weder Angaben über die Truppen noch der Zeitpunkt einer Aktion genannt wurden. Die österreichisch-ungarische Presse versuchte darüber hinaus, die Italiener als besonders hinterlistig, von verdorbenem Charakter und gierig nach fremdem Besitz darzustellen.

Eine wichtige Rolle in der Kriegspropaganda spielte die Karikatur. Vor allem mit Franz Joseph I. trieben die italienischen Karikaturisten Spott. Die Glatze und der Schnurrbart bildeten die idealen Zielscheiben für die Illustratoren. Einmal wird er als Bestie hingestellt, ein anderes Mal als Leiche und schließlich in einer Darstellung, wie er vor den schneidigen Bersaglieri flüchtet.

Die italienische Zensur war sehr streng. Es wurde untersagt, die militärischen Aktionen in irgendeiner Weise zu kommentieren oder kritisieren. Die Zeitungen dienten in erster Linie als Sprachrohr der militärischen Führung und zur Glorifizierung des italienischen Heldenmutes. Das Ansehen der militärischen Führung durfte in keiner Weise geschmälert werden. Die Kriegsberichterstatter durften nur das schreiben, was den Haß gegen den Feind noch mehr schürte, die Kampfbereitschaft der eigenen Soldaten stärkte und den Zustrom an Freiwilligen nicht versiegen ließ.

Wie sehr man die Wahrheit manipulierte, zeigt hinlänglich das folgende Beispiel. Nachdem die kaiserliche Regierung am 3. November 1918 ein Waffenstillstandsgesuch an Italien gerichtet hatte, feierte General Diaz mit folgenden Worten den vermeintlichen Sieg: „Im Krieg gegen Österreich-Ungarn, den die italienische Armee unter der Führung Ihrer königlichen Majestät am 24. Mai 1915 begann und mit unzerbrechlichem Willen, Heldenmut und Beharrlichkeit, geringer an Zahl und Mitteln, einundvierzig Monate lang führte, haben wir gesiegt." General Diaz nahm es mit der Wahrheit wohl nicht so genau. Zwangen ihn innenpolitische Verhältnisse dazu? Um auf diese Weise den 600.000 gefallenen italienischen Soldaten und deren Angehörigen Ehre zu erweisen? Oder um angesichts der allgemeinen Siegeseuphorie bei der Entente den Makel der Niederlage bei Karfreit loszuwerden?

Der erfolgreiche Verteidiger der Isonzofront Svetozar Boroević von Bojna blieb ihm natürlich die Antwort nicht schuldig. Von seinen Landsleuten zurückgewiesen, versuchte er im Klagenfurter Exil entrüstet, Diaz des Betruges zu überführen. Der Titel ei-

Boroević am Höhepunkt seines Ruhmes. Kaiser Karl I. zeichnet ihn für die erfolgreiche Verteidigung der Isonzofront im Herbst 1917 in Sesana mit dem Maria-Theresien-Ritterkreuz aus. Boroević wurde posthum 1932 erneut mit der höchsten Ehrung der österreichisch-ungarischen Armee für seine Verdienste in der Schlacht bei Komarow in Galizien geehrt.

nes Ehrenbürgers von Laibach und Agram wurde Boroević wieder aberkannt, da die neuen Machthaber des gerade entstandenen Königreiches der Serben, Kroaten und Slowenen nichts mehr mit ihm zu tun haben wollten.

In seinen Memoiren veröffentlichte er Kartenmaterial, das zeigt, wie die Truppen auf beiden Seiten am Tag der italienischen Kriegserklärung im Mai 1915 aufgestellt waren. Diese Karten beweisen eindeutig, daß die Italiener über fünfmal soviel Soldaten und zehnmal soviel Kanonen verfügten wie das österreichisch-ungarische Heer. Am Isonzo brachten die Italiener 250 Bataillone, 55 Schwadronen und 221 Batterien in Stellung. Die Verteidiger verfügten zu diesem Zeitpunkt gerade über 27 Bataillone, 5 Schwadronen und 18 Batterien. Wenn sich die Italiener damals für einen schnellen Durchbruchsversuch entschieden hätten, hätten sie mit einer dreizehnfachen Übermacht bei der Infanterie, achtzehnfacher bei der Artillerie und zwölffacher bei der Kavallerie angreifen können. Die Italiener waren stets in der Übermacht, nur wußten sie nicht, diese zu nutzen.

Zu Beginn der 12. Isonzoschlacht, am Donnerstag, den 25. Oktober, schrieb die italienische Zeitung „Corriere della sera", daß sich der Feind der italienischen Front im Abschnitt Cadore nähere (in Wahrheit begann der Angriff der Mittelmächte viel weiter nördlich). Wie man vielleicht auch ganz allgemein sagen kann, daß die italienischen Berichte über den ersten Angriffstag sehr konfus und vage waren. Die slowenische Zeitung „Slovenec" war da schon konkreter: Am ersten Tag berichtete sie über eine Offensive gegen Italien, am zweiten Tag, daß „Unsere" sich bereits auf dem italienischen Boden befänden und am dritten Tag – als mehr oder weniger schon alles entschieden war – daß hiermit die zwölfte und zugleich auch die letzte Isonzoschlacht stattfände.

Die niederschmetternden Nachrichten

Das italienische Kommando und die italienischen Kriegsberichterstatter gerieten in eine sehr schwierige Situation: Die militärische Führung versuchte um jeden Preis, die Bedeutung der niederschmetternden Nachrichten aus dem oberen Isonzolauf herunterzuspielen. „Corriere della sera" berichtete über die gegnerische Offensive überhaupt erst, als Cividale bereits von den Mittelmächten eingenommen worden war. Der angesehene italienische Journalist Barzini erlaubte sich sogar einen recht törichten Kommentar, um die aussichtslose Lage der italienischen Armee zu beschönigen: Das schöne Wetter hätte demnach dem Feind beim Vormarsch geholfen. Das entsprach ganz und gar nicht der Wahrheit. Gerade das nebelige Wetter und die dadurch bedingten schlechten Sichtverhältnisse ermöglichten den Mittelmächten, sich ungestört auf die militärische Operation hinter der Front vorzubereiten und den Angriff an einer völlig unerwarteten Stelle durchzuführen. Zudem täuschte sich General Capello darin, daß der Brückenkopf bei Tolmein zu klein für eine größere Konzentration von Truppen wäre. Deswegen faßten die Italiener ihre Einheiten südlich von Görz zusammen, weil sie auf diesem Abschnitt den Hauptangriff erwarteten.

Nach dem erfolgreichen Durchbruch der Mittelmächte bei Karfreit gaben am Samstag, den 27. Oktober, die italienischen Zeitungen zwar die Räumung des Hochplateaus Bainsizza und des Rombon zu. Zugleich aber wurde unbekümmert über die kulturellen Ereignisse in den italienischen Städten berichtet, als ob alles in bester Ordnung und an der Isonzofront nichts Ungewöhnliches passiert wäre. Im Gegensatz dazu sagte „Slovenec" am selben Tag den Rücktritt des italienischen Ministerpräsidenten und eine Revolution in Italien voraus. Sein Rücktritt erfolgte in der Tat binnen kurzer Zeit. Nach den Berichten der Zeitung gelang der Durchbruch auf 40 Kilometern Breite von Karfreit bis zur Adria. Und man sprach schon von großer Verwirrung im italienischen Heer und von 30.000 italienischen Gefangenen.

Das war auch der Tag, an dem Militär und Zivilisten Cividale fluchtartig verließen und es sodann von den Truppen der Mittelmächte besetzt wurde. Das italienische Kommando flüchtete über Treviso nach Padua. Unter der Zivilbevölkerung verbreitete sich eine Massenpanik, die zum größten Teil durch die italienische Kriegspropaganda verursacht wurde. Eine panische Angst vor der „blonden Bestie" ging um. Am 28. Oktober gab General Cadorna auch offiziell bekannt, daß sich die italienische 2. Armee kampflos zurückzog.

Die Nachrichten waren katastrophal. Wie konnte es nur passieren, daß in nur vier Tagen Udine fallen konnte und wie sollte das bloß dem italienischen Volk plausibel erklärt werden? Die Enttäuschung unter den Italienern war grenzenlos, denn die italienische Kriegspropaganda hatte in den vergangenen Jahren ausschließlich über die großen Erfolge des italienischen Militärs nicht nur an der Isonzofront berichtet. Man war fest davon überzeugt, daß sich die Doppelmonarchie bereits in Auflösung befände. Und man hatte die Hoffnungen auf einen baldigen Sieg geweckt. „Corriere della sera" gab an diesem Tag endlich die Wahrheit preis, die sie so lange einfach nicht über die Lippen zu bringen vermochte, nämlich, daß der Feind in die Heimat eingedrungen sei.

Mit der militärischen Niederlage ging für die Italiener letztendlich auch der Propagandakrieg verloren.

Die Verantwortlichen für die Niederlage bei Karfreit

In der italienischen Öffentlichkeit setzte sofort die Diskussion über die Verantwortlichen für die Niederlage bei Karfreit ein. Die Diskussion hält heute immer noch an, obwohl es kaum mehr Zeitzeugen der Geschehnisse gibt und mit der zeitlichen Distanz die Leidenschaften und der Haß von einst der Vernunft gewichen sind.

Wie bei allen großen Katastrophen in der Menschheitsgeschichte spielte auch bei der italienischen Niederlage bei Karfreit der Zufall mit. Darüber hinaus hatte die italienische militärische Führung ihre Chancen schon zu Beginn des Krieges sehr schlecht eingeschätzt. Es muß aber auch gesagt werden, daß sich Italien nicht sehr gründlich auf den Krieg vorbereitet hatte. Zudem wurde die militärische Stärke der Donaumonarchie im Jahre 1915 falsch eingeschätzt. Sie hatte in den ersten Kriegsmonaten große Verluste erlitten, erwies sich aber standhafter, als man ihr das zugetraut hätte. Man war davon ausgegangen, daß die Kämpfe an der Ostfront und auf dem Balkan ihr so zugesetzt hätten, daß sie mit dem italienischen Kriegseintritt in sich zusammenbrechen würde.

Die Kriegsbegeisterung in Italien riß das Volk von der Straße, die Irredentisten und die Jugend mit sich. Die italienischen Soldaten zogen in den ersten Kriegsmonaten mit Begeisterung an die Front und bewährten sich auch. Ihnen fehlten weder der Mut noch die Kampfbereitschaft. Die Behauptung, daß die Italiener schlechte Soldaten waren, ist falsch. So zu denken, wäre geradewegs ungerecht, vor allem gegenüber dem einfachen italienischen Soldaten.

Und doch blieb den Italienern der Erfolg bis zuletzt versagt. In Rovereto in Südtirol wurde vor kurzem eine Ausstellung „Von Caporetto bis Veneto" gezeigt. In ihr wurden sehr realistisch die beiden kämpfenden Seiten vorgestellt: Bewaffnung, Kommandeure, Kaiser und König, Ausrüstung, das Leben an der Frontlinie, Kriegspropaganda u. s. w. Sehr viel Raum widmete die Ausstellung dem italienischem Sieg bei Vittorio Veneto, d. h. der letzten erfolgreichen Aktion der italienischen Armee, die ihren Ausgang genau am Jahrestag des Durchbruchs bei Karfreit, nämlich am 24. Oktober 1918, nahm.

Über Caporetto wurde aber in dieser Ausstellung nur sehr wenig Bildmaterial gezeigt. Nichts deutete auf das Ausmaß und die Tragweite der Niederlage bei Karfreit hin. Woher dieser plötzliche Gedächtnisschwund? Oder aber waren die Organisatoren der Ausstellung einfach nur bemüht, das Militär nicht vor den Kopf zu stoßen? Wer erinnert sich schon gerne an die Niederlagen? Warum sollte es in diesem Fall anders sein?

Zweifelsohne war und ist die Niederlage bei Karfreit eine nationale Katastrophe für die Italiener. Wer war verantwortlich für diese Katastrophe? Die Verantwortung im Militär liegt bei dessen Führung. Das Militär ist hierarchisch gegliedert und duldet keine Funktionsstörungen. Es gilt das Prinzip der Subordination: zunächst muß der Befehl ausgeführt werden, dann erst kann man sich beschweren. Je höher die Position, umso größer die Macht und umso mehr Menschenseelen stehen einem zur Verfügung,

Ein Soldat der 14. Armee trennt Alpini von italienischen Zivilisten. Diese haben sich vom Schock der unerwarteten Niederlage der italienischen Armee noch nicht erholt.

vor allem in Kriegszeiten. Aber mit der Macht wächst auch die Verantwortung. Nach dieser Logik, und dazu tendieren die meisten Historiker, trägt die Verantwortung für die Niederlage bei Karfreit wohl die italienische militärische Führung. General Cadorna wälzte stattdessen die Verantwortung auf den einfachen Soldaten ab, weil der sich weigerte, weiterzukämpfen. Dem einfachen Soldaten kann man es jedoch kaum verübeln, er wollte dem Blutbad ein Ende setzen.

Die Verantwortung der Offiziere

General Cadorna war ein typischer Offizier der alten Schule mit allen guten und schlechten Eigenschaften. Darin ähnelte er seinen Standesgenossen in anderen europäischen Ländern. Diese schulten ihr taktisches und strategisches Geschick an den Napoleonischen Kriegen und den Schlachten des 19. Jahrhunderts wie der bei Novara oder Custozza. Alle Offiziere gingen von kurzen und kühnen Schlachten aus, mit schnellen und tiefen Manövern in den Rücken des Gegners. Die Betonung lag nach wie vor auf dem Angriff und der Offensive. Sie schmiedeten Pläne, wie sie in sehr kurzer Zeit den Gegner ausschalten und in seine Hauptstadt einmarschieren würden. Aber die gegnerische Verteidigung war zu stark für einen solchen Angriffs- bzw. Offensivkrieg. Die Vorstellung, daß Frankreich, Deutschland oder Österreich-Ungarn mit einem starken und schnellen Schlag in die Knie gezwungen werden konnten, erwies sich als Illusion.

Die Generäle hatten keine Ahnung von der Macht der modernen Technik. Die Eisenbahn hatte das Transportwesen und die militärische Logistik revolutioniert. Truppen und Ausrüstung konnten in sehr kurzer Zeit von einem Landesteil in den anderen befördert werden. Die Waffenleistung hatte sich bereits vor dem Krieg vergrößert, während des Krieges aber nahm sie um ein Vielfaches zu.

Zu Beginn des Krieges schickte man die Soldaten noch in geordneten Reihen ins Gefecht, und sie wurden jämmerlich vom Maschinengewehrfeuer und den Kartätschen niedergemetzelt. Der Krieg glitt seinen Planern aus den Händen. Man war von der eigenen Stärke, dem Erfolg der Massenmobilisierung und der ungeheuren Waffenleistung besessen. Keiner stellte sich nur annähernd ein jahrelanges Blutbad in den Schützengräben vor.

Nach der Vorstellung der Generäle hing der Ausgang einer Schlacht vor allem von der Kampfmoral der Truppen ab. Davon ging auch Cadorna aus. Er war überzeugt davon, daß mit dem Beginn des Krieges Italien eine langwierige und tiefe innere Krise überwunden war und der Kampf die entschlossene Energie der Jugend rechtzeitig gefordert hatte. Die Generäle, und nicht die Politiker, schmiedeten eine feste Einheit, eine Nation. Nicht einmal Hunderttausende junger Menschenleben vermochten General Cadorna von dieser Idee abzubringen.

Die hohen Verluste zwangen die Generalstäbe der kriegführenden Länder, ihre Strategie neu zu überdenken und Fachleute mit Verständnis für die veränderte Lage einzusetzen. Die Strategie mußte verändert werden, um Mensch und Material möglichst zu schonen. Der Krieg in den Schützengräben entwickelte sich aus der Notwendigkeit, die eigenen Soldaten vor der Wucht des gegnerischen Feuers zu schützen. Keiner hatte diesen langjährigen Krieg in den Schützengräben, der die Soldaten völlig zermürbte, geplant. Keiner hatte erwartet, daß der Krieg so lange dauern würde, und daß auch die Zivilbevölkerung derart darunter zu leiden hätte. Der Erste Weltkrieg war der erste totale Krieg, in dem gleichermaßen die Menschen und die materiellen Mittel aufs äußerste beansprucht und völlig ausgeschöpft wurden.

Die italienischen Offiziere waren in der 12. Isonzoschlacht dem Gegner und seiner überraschenden Strategie nicht gewachsen. Weil sie mit der Munition sparen mußten, wurde ihnen die Initiative genommen. Sie leisteten in den entscheidenden Augenblicken nicht genügend Feuerunterstützung. Sie gaben Befehle aus, die keinen Bezug zu den realen Verhältnissen auf dem Schlachtfeld hatten. Und als sie ihre Einheiten verließen, begingen sie Fahnenflucht, was zur Auflösung der 2. Armee führte.

Als eine besondere Kommission des italienischen Parlaments sich mit den Ursachen der Niederlage bei Karfreit befaßte, wurde stets nur die unkonventionelle Strategie des Gegners genannt. Wegen des schlechten Wetters konnte die italienische Armee keinen Gegenangriff unternehmen. Wer würde schon bei diesem schlechten Wetter und dieser schlechten Sicht eine Offensive wagen?

Das schlechte Wetter, der Nebel, begünstigte tatsächlich den Vormarsch der österreichisch-ungarischen und deutschen Verbände. Die Mittelmächte gingen sehr entschlossen vor. Nach dem politischen Übereinkommen entwarfen die Militärs beider Mächte zügig einen Angriffsplan und schafften die benötigten Truppen sowie das notwendige Material heran. Jede Einheit verfügte über ein ganz genaues Angriffsziel für jeden Tag. Nur die besten Einheiten wurden eingesetzt. Sie waren für den Kampf in den Bergen ausgebildet. Die Vorbereitungen auf eine umfangreiche Aktion konnte man nur sehr schwer verbergen. Viele Anzeichen sprachen für eine Offensive der Mittelmächte im oberen Isonzotal noch vor dem Winter. Allerdings bemühten sich diese sehr, ihre wahren Absichten vor dem Feind zu verbergen. Sie griffen auch zur List und täuschten damit die Italiener, die weder den Zeitpunkt noch den Ort des Angriffs zu erraten vermochten.

Auf der italienischen Seite war man auf ein langes gegnerisches Artilleriefeuer eingestellt, stattdessen erfolgte ein kurzer und präziser Artilleriebeschuß. Alles deutete darauf hin, daß nichts Außergewöhnliches passieren würde. Nach dem erfolgreichen Durchbruch blieben die österreichisch-ungarischen und deutschen Einheiten den italienischen Truppen stets auf den Fersen und ließen ihnen keine Ruhepause.

Warum „streikten" die Soldaten?

Die Italiener gingen hochmotiviert in den Krieg. Darin unterschieden sie sich überhaupt nicht von den Deutschen, Österreichern oder Franzosen. Am Anfang wollten alle den Krieg. Der Krieg versprach Ruhm und Gewinn, mit welchen Opfern der Krieg verbunden ist, wußten die jungen Leute aber nicht. Die Verluste waren hoch. Im ersten Weltkrieg fielen etwa 640.000 italienische Soldaten, doppelt so viele wurden verwundet, und sehr viele blieben für immer verkrüppelt.

Bis zum Oktober 1917 wurden annähernd 2,4 Millionen Italiener zu den Waffen gerufen. Die Söhne reicher Familien drückten sich vor der Uniform („imboscati") und brüsteten sich lediglich abseits der Front mit dem Schwingen der italienischen Fahne sowie mit Kampfaufrufen. Im Hinterland war man Zeuge zahlreicher Ungerechtigkeiten: Einige Kriegsgewinnler wurden sehr schnell reich, die ärmeren Schichten dagegen litten noch mehr Not. Auch das untergrub die Kampfmoral der italienischen Soldaten.

Die Angehörigen der Soldaten wurden nur unzureichend versorgt. Italien war überwiegend ein Agrarland. Der einfache ungebildete italienische Soldat glaubte zunächst, was ihm von den Vorgesetzten gesagt wurde und was die Kriegspropaganda von sich gab. Die Kriegsopfer, die bald jede Familie zu beklagen hatte, die drückende Armut und die Kriegsentbehrungen, die Heuchelei und das unrechtmäßige Handeln derjenigen, die sich dem Kriegsdienst entzogen oder vom Krieg profitierten, das alles zermürbte allmählich die Soldaten. Es war verboten, darüber öffentlich zu sprechen. Ein durchschlagender militärischer Erfolg, damit endlich wieder Frieden und Wohlstand im Lande herrschte, wollte sich einfach nicht einstellen. Das brachte das Faß zum Überlaufen. Bei einigen italienischen Eliteeinheiten wurden bis Oktober 1917 pro Infanteriestellung etwa neun von zehn Soldaten getötet, gefangengenommen oder verwundet. Die militärische Statistik war sehr grausam: nach ihr blieben einem Soldaten an der Isonzofront nicht mehr als drei Monate, bevor er starb, verwundet wurde, in die Gefangenschaft ging oder erkrankte. Die Gefangenschaft bedeutete dabei noch das geringste Übel.

Nach der Niederlage bei Karfreit wurde Cadornas Kopf gefordert. Sehr entschieden wurde diese Forderung von den Verbündeten vertreten, die mit Cadorna überhaupt nichts mehr zu tun haben wollten. Der General aber wies die Verantwortung für die Niederlage zurück und wälzte die Schuld auf seine Offiziere, die Truppen, die Friedensbewegung, die Sozialisten und ihren Defätismus ab. Seiner Meinung nach waren dies die Gründe, warum die Soldaten die Befehle verweigerten.

Die italienischen Soldaten waren des Krieges und der leeren Hoffnungen müde. Sie wollten um jeden Preis ein Ende des Krieges und des unmenschlichen Leidens. Die hohen italienischen Offiziere, wie auch ihre Kollegen von der anderen Seite, begaben sich nur selten in die Schützengräben. Damit vermieden sie zwar die Konfrontation mit der unmenschlichen Realität des Krieges und des Leidens, verloren aber auch den Kontakt zur kämpfenden Truppe. Die alltägliche Realität der einfachen Soldaten war durch überaus strenge Disziplin und harte Strafandrohungen gekennzeichnet.

Physische Torturen, Erniedrigungen und brutale Maßregelungen durch Militärgerichte gehörten zur gängigen Praxis in jedem Heer (das österreichisch-ungarische nicht ausgeschlossen). Ohne Gnade wurde zum Beispiel mit den Meuterern in Cattaro, Judenburg und anderswo verfahren. Damit sollte die eiserne Disziplin wiederhergestellt werden und erhalten bleiben. Andere Methoden zur Aufrechterhaltung von Gehorsam und Moral schienen nicht mehr zur Verfügung zu stehen, lediglich nackte Gewalt konnte noch etwas ausrichten. Erst Kaiser Karl schaffte nach seinem Regierungsantritt einige traditionelle Formen der militärischen Bestrafung ab.

Die italienischen Soldaten sahen Ende 1917 keinen Grund mehr, weiterzukämpfen. Grausame Strafen, die die Disziplin wiederherstellen und erhalten sollten, führten in dieser Situation geradewegs zum Gegenteil. Aus Furcht vor ihren Vorgesetzten brachten sie zwar ihre Kampfbereitschaft und ihren Patriotismus nach außen hin lauthals zum Ausdruck, ergaben sich aber bei erster Gelegenheit bereitwillig dem Feind oder begingen Fahnenflucht.

Die Gerechtigkeit während des Krieges

Der Psychiater Ivan Robida wurde durch einen Zufall zum Exekutionsarzt ernannt. Während des Krieges galten die Militärgerichte sowohl für die Soldaten als auch für die Zivilisten. In der Regel wurde binnen vierundzwanzig Stunden alles zu Ende gebracht: Arretierung, Schnellgerichtsverfahren, Verurteilung und Hinrichtung. Robida nahm an zwölf von insgesamt vierzehn Hinrichtungen teil. Sie wurden in Laibach unterhalb vom Berg Golovec durchgeführt. Das war wenig im Verhältnis zu anderen Teilen der Monarchie. Die meisten Hinrichtungen fanden nach den Berichten der Offiziere in Ungarn statt.

Wie Robida schreibt, wurde auf rechtliche Formalitäten nicht viel Rücksicht genommen. Er bekam üblicherweise zugleich eine Einladung zum Gerichtsverfahren sowie zur Hinrichtung einer Person, die noch gar nicht verurteilt worden war. Die Offiziere, die als Richter und Anwälte fungierten, nahmen keine Rücksicht auf die Einhaltung von Formalitäten, weil das möglicherweise ihre Versetzung an die Front bedeutet hätte.

Der Tatverdächtige wurde meistens am Tag zuvor festgenommen, am Vormittag des folgenden Tages verurteilt und am Nachmittag wurde dann die Hinrichtung vollzogen. Einmal, so erinnert sich Robida, traf im letzten Moment die Nachricht über die Begnadigung ein.

Das Exekutionskommando wurde vom Richter (Auditor) auf dem Pferde angeführt, begleitet von einem Arzt, der zugleich als Leichenbeschauer fungierte, einem Protokollführer und – ob der Verurteilte es wollte oder nicht – einem Geistlichen. Dieser begleitete den Verurteilten auf seinem letzten Weg, wobei eine Hälfte des Exekutionskommandos vor ihm und ein Teil hinter ihm marschierte. Der Richter verlas die Anklageschrift und schloß mit der Frage, ob der Verurteilte auch alles richtig verstanden habe. Dem Verurteilten wurden die Hände am Rücken zusammengebunden, dann wurden seine Augen mit einem Tuch verbunden und schließlich mußte er hinknien. Die Soldaten reihten sich links und rechts ein. Vier ausgewählte Soldaten richteten ein paar Schritte entfernt ihre Gewehre auf dessen Kopf und Herz. Der Offizier hob den Säbel und gab den Schießbefehl. Der Arzt mußte den Tod des Verurteilten feststellen, und wenn der Verurteilte sofort tot war, verkündete der Richter die Durchführung des Urteils und die Soldaten wurden zum Gebet aufgefordert. Die Offiziere hatten deswegen später große Probleme, die psychischer Natur waren, berichtete Robida.

Aber die Verurteilten waren nicht immer sofort tot, obwohl jeweils zwei Schüsse in die Herzgegend und den Kopf trafen. Robida erinnert sich an die Hinrichtung zweier Zigeuner, die sehr „zähe" waren. Die beiden wurden wegen Fahnenflucht und kleinerer Diebstähle zum Tode verurteilt. Der erste war nach dem Gnadenschuß tot, der zweite, ein zweiundzwanzigjähriger Bursche, gab den Geist erst nach dem elften Schuß auf. „Als der Arme nach der ersten Salve auf den Boden fiel, sagte ich dem Offizier, daß der Verurteilte noch immer atme. Der Offizier ordnete noch einen Schuß in den Kopf an. Auch dieser Schuß blieb erfolglos. Dann ordnete der Offizier einen Schuß ins Herz an. Auch dann trat der Tod noch immer nicht ein."

Robida verlangte nach einer erneuten Salve, die diesem qualvollen Schauspiel ein Ende bereiten würde. Der Offizier wollte nicht auf ihn hören und ordnete noch einen Gnadenschuß an, der wiederum erfolglos blieb. Diesmal verlangte der Arzt entschieden nach einer Salve, um schließlich den Qualen des armen Kerls ein Ende zu machen. So wurde es dann auch gemacht, und der Junge war endlich erlöst.

Der Arzt wohnte auch der Hinrichtung eines Rumänen bei, der wegen des Diebstahls von 40 Kronen zum Tode verurteilt war, des weiteren der eines Kroaten, des Stadtstreichers Butala von Laibach, der deswegen zum Tode verurteilt wurde, weil er betrunken die Militärpatrouille beschimpft hatte. Die letzte Hinrichtung in Laibach, der auch Robida beiwohnte, fand im Oktober 1917 statt. Und zwar wurde der Kaufmann Petri aus Laibach hingerichtet. Petri beobachtete im Stadtpark Tivoli einen Militärtransport. Der Militärpatrouille kam sein Verhalten merkwürdig vor, und er wurde an Ort und Stelle wegen des Verdachts der Spionage arretiert. Petri wurde allerdings von einem ordentlichen Militärgericht verurteilt und nicht im Schnellverfahren, wie es bei allen anderen zuvor der Fall gewesen war. Von seiner Hinrichtung machte ein unbekannter Photograph eine Serie von 25 Photos. Ihr wohnten zahlreiche Zivilisten aus Laibach bei, obwohl sie in den frühen Morgenstunden durchgeführt wurde, als keine Menschenmenge erwartet wurde. Petri kam zur Hinrichtungsstätte hoch aufgerichtet, ruhig, elegant angezogen. Zuerst legte er seine Weste ab und legte dann seinen Hut darauf ab. Er schaute die versammelten Menschen ganz ruhig an und hörte besonnen zu, als seine Klageschrift verlesen wurde. Nach der ersten Salve war er sofort tot.

Die allermeisten Verurteilten ergaben sich in ihr Schicksal. Wie Robida schreibt, konnte man sich des Eindrucks nicht erwehren, daß die Hinrichtungen mehr die Anwesenden als die Opfer selbst trafen. Für wen waren sie in der Tat bestimmt? Für die Opfer oder für die Abschreckung der Bevölkerung, die immer unzufriedener angesichts der katastrophalen Kriegsbedingungen wurde?

Die Gründe für die Niederlage bei Karfreit

Die Niederlage bei Karfreit war für die italienische militärische Führung umso kompromittierender, als die schon erwähnten drei desertierten Offiziere die detaillierten Pläne der Offensive verraten hatten. Damit wußte man im italienischen Generalstab eigentlich Bescheid über Organisation, Zeit und Ort des gegnerischen Angriffs. Die Informationen waren in jedem Fall so präzise, daß man am zweiten und dritten Angriffstag den Vormarsch der österreichisch-ungarischen und deutschen Verbände aufhalten hätte können, bevor sie die Ebene von Friaul erreicht hätten. Aus unerklärlichen Gründen aber maß der italienische Geheimdienst den Informationen der Deserteure keine Bedeutung bei. Man glaubte eher dem Scheinmanöver des Gegners und machte sich auf einen Durchbruchsversuch südlich von Görz gefaßt.

Zudem wurden die Kampfmoral und die Verfassung der eigenen Truppen falsch eingeschätzt. Man kann es kaum glauben, wie schwer sich die italienische militärische Führung gerade in diesem Punkt irrte. Daß der Zusammenbruch so schnell vor sich ging, läßt auf große Kriegsmüdigkeit bei den italienischen Truppen schließen. Vielleicht wollte einfach niemand – aus Furcht vor Sanktionen – General Cadorna die wahre Situation an der Front schildern.

Der General hätte wissen müssen, daß die deutschen Verstärkungen nicht grundlos eingetroffen waren. Er aber verließ sich darauf, daß die Deutschen den österreichisch-ungarischen Truppen lediglich deshalb zu Hilfe kamen, um den endgültigen Zusammenbruch zu verhindern (dem sie in den letzten beiden Schlachten so nahe gewesen waren). Cadorna hatte ein deutliches Übergewicht an Menschen und Material, von der besseren Ernährung und Ausrüstung erst gar nicht zu reden. Er vertraute zu sehr auf die Befestigungsanlagen entlang der Frontlinie. Die Stelle, wo der Gegner angriff, hielt er für unangreifbar und schloß diesen Frontabschnitt gar nicht in sein Kalkül mit ein. Die italienischen Ingenieure hoben in all den Monaten tiefe Schützengräben, Galerien

Erbeutete italienische Bohrmaschinen am Mt. S. Gabriele

Nº 1721 Erbeutete Bohrmaschinen am Mt. S. Gabriele 4.11.17.

und Kavernen aus oder gruben diese in den Berg, und die Mauerer sowie Zimmermänner gestalteten sie mit allen Annehmlichkeiten aus.

Auf dem rechten Frontabschnitt, zu der Seeseite hin, besaßen die Italiener zahlreiche Schützengräben und Befestigungen. Nach jeder Schlacht wurde eine Reihe neuer Schützengräben und Befestigungen angelegt. Für den Fall eines gegnerischen Angriffs hätten die Italiener also über genügend Reservestellungen verfügt, um sich schrittweise zurückziehen zu können. Und schließlich standen entlang des Tagliamento zahlreiche befestigte Anlagen bereit, um – falls notwendig – die gegnerische Offensive aufzuhalten.

Cadornas größter Feind war aber seine schablonenhafte Denkweise. Er war zwar in der Theorie sehr gut bewandert, aber nicht dazu in der Lage, den Charakter seines Gegners einzuschätzen. Dieser befand sich in einer aussichtlosen Lage und mußte gerade deshalb völlig unkonventionell agieren. Österreich-Ungarn blieb nichts anderes übrig, als die Initiative zu ergreifen und sich innovativ in Planung und Durchführung des Angriffs zu zeigen. Die gemeinsame Armee der Mittelmächte setzte alles auf Überraschung, gute Organisation und Entschlossenheit. Die österreichisch-ungarische Seite kannte die Kampfmethoden der Italiener sehr gut, und die zahlreichen Gefangenen erlaubten ihr, die Kampfbereitschaft der italienischen Truppen sehr realistisch einzuschätzen. Die Ereignisse gaben dem Angreifer recht, wobei sich die Italiener auf die Verteidigung nur sehr schlecht vorbereiteten.

Nach dem erfolgreichen Durchbruch bei Karfreit kehrten die Zivilisten wieder in ihre Wohnstätten zurück, die sie zu Beginn der Kampfhandlungen als Flüchtlinge hatten verlassen müssen.

N°1789. Heimkehrende Zivilbevölkerung bei Gradiska. 1.11.17.

Trotz starker Zentralisierung im italienischen Heer vertraten die hohen Offiziere unterschiedliche Standpunkte betreffend die Verteidigungsstrategie und dementsprechend konfus waren auch deren taktische Maßnahmen auf dem Terrain. Vor allem müssen hier nochmals die sich widersprechenden Ansichten der Generäle Cadorna und Capello erwähnt werden. Jener wollte sich hinter den Befestigungen verschanzen, dieser aber wollte einen oder mehrere Gegenangriffe unternehmen. Später mußte Capello auf Cadornas Druck klein beigeben. Die Verlegung der Artillerie entsprechend Cadornas Verteidigungsplan nahm zudem viel Energie und Zeit in Anspruch.

Erst beim Durchbruch der gegnerischen Truppen bei Karfreit wurde allmählich deutlich, daß die italienische 2. Armee denkbar schlecht organisiert und positioniert war. Sie war einfach viel zu groß und schwerfällig und verteidigte siebzig Kilometer Frontlinie im schwerzugänglichen Bergterrain. Aufgrund der unterbrochenen Kommunikationsverbindungen blieben die einzelnen Kommandostellen ohne Informationen von ihren Einheiten, und die Befehle erreichten nur mit großer Verzögerung die vorderste Frontlinie. Diese erwiesen sich dann vielfach angesichts der zwischenzeitlichen Veränderungen als völlig irrelevant.

Eine solche Armee war praktisch führungslos. Schließlich wurde die Armee mitten im Kampfgeschehen reorganisiert, was nicht mehr als ein Akt der völligen Verzweiflung war und ihre Kampfmoral vollends lähmte.

Unerklärlich war auch das Verhalten der Artillerieeinheiten. General Cadorna hatte so viele Geschütze zur Verfügung, daß er sich vor ihnen nicht zu retten wußte. Er hätte damit den Mittelmächten großen Schaden zufügen können, als diese ihre Einheiten in den engen Tälern konzentrierten. Jede Granate hätte ins Schwarze getroffen. Noch merkwürdiger erscheint uns aber die mangelnde Artillerieunterstützung in den entscheidenden Augenblicken. Die 22. österreichisch-ungarische Schützendivision und die Division „Edelweiß" sammelten sich im Tal von Flitsch, ohne daß die achtzig italienischen Geschütze an diesem Abschnitt eine einzige Granate abfeuerten.

Auch in den folgenden Tagen bewährten sich die italienischen Offiziere nicht. Sie bemächtigten sich der Transportmittel, begingen Fahnenflucht und ließen ihre Soldaten im Stich. Selbst Cadorna mußte viel Mühe darauf verwenden, um sein Verhalten am Tagliamento zu erklären. Mit seinem Stab flüchtete er nach Padua und meldete sich erst wieder nach zehn Tagen vom Piave.

Die italienische militärische Führung schien die Kontrolle über den Rückzug gänzlich verloren zu haben. Nirgendwo war eine starke Hand zu spüren. Die Führungslosigkeit und das allgemeine Chaos hatten zwangsläufig den Zusammenbruch des italienischen Heeres zur Folge.

Die Front an der Piave

Obwohl die Deutschen mit Schwierigkeiten an der Westfront zu kämpfen hatten (die Franzosen brachten eine neue Offensive in Gang, um den Italienern zu Hilfe zu kommen), führten die Mittelmächte den Angriff in Oberitalien fort. In den ersten Novembertagen überquerten die österreichisch-ungarischen und deutschen Truppen problemlos den Tagliamento. Die Straßen waren noch immer voll mit flüchtenden Soldaten und Zivilisten – eine halbe Million italienischer Soldaten und eine halbe Million italienischer Zivilisten befanden sich auf der Flucht. Sie verliefen sich im Inneren Italiens und verbreiteten Gerüchte.

General Cadorna beschloß, den Gegner am Piave abzufangen. Die Rede war zwar von einem Rückzug bis hinter den Po, doch am Piave hatten die Franzosen und Engländer bereits vierzehn Divisionen zusammengezogen, und auch die italienischen Strukturen erholten sich allmählich wieder.

Am Piave entstand die neue Verteidigungslinie. Dieser Fluß sollte das Symbol für eine der größten Niederlagen in der Militärgeschichte werden. Die Italiener verloren ein großes Territorium und über 700.000 Soldaten: die Zahl der Gefallenen fiel mit 10.000 – gemessen an den 300.000 Gefangenen und etwa 400.000 Desertierten – recht gering aus. Die Verluste der Mittelmächte betrugen insgesamt etwa 70.000 Mann.

Plötzlich war Italien selbst in Gefahr. Doch in dieser Situation erwies es sich als ein durchaus vitaler Staat. Es ging jetzt nicht mehr um einen Eroberungskrieg, sondern um die Befreiung italienischen Bodens und italienischer Bevölkerung. In einem sehr kurzen Zeitraum wurden die schweren Verluste an Material durch eigene Industrieressourcen ersetzt. Aber die Armee Italiens, in der vor der Niederlage bei Karfreit etwa 1,3 Millionen Männer unter den Waffen waren, verfügte jetzt nur noch über eine halbe Million Soldaten.

1918
Das Ende des Krieges

I prigionieri

Der Sieg bei Karfreit entspannte die militärische und politische Situation Öster-reich-Ungarns. Nach dem Ausscheiden Rußlands aus dem Krieg zog sich nun auch das italienische Heer weit ins Hinterland zurück. Der Krieg neigte sich offen-sichtlich seinem Ende zu, das von allen Beteiligten herbeigesehnt wurde. Es nahte aber auch das Ende der altehrwürdigen Donaumonarchie. Die schwierigen sozialen Ver-hältnisse und die drückende Not bildeten den Nährboden für revolutionäre Umtriebe überall in Europa. Deutschland und Österreich-Ungarn blieben davon nicht verschont.

Die Arbeiterschaft befand sich in einer hoffnungslosen Lage, den Bauern erging es diesmal etwas besser. Mit der zentralistischen Staatsführung und der Planwirtschaft holte man aus der Industrie das Letzte heraus und das zumeist auf Kosten der Arbei-terschaft. Nur auf diese Weise blieb eine ungestörte Versorgung der Front gewährlei-stet. Die Bauern ließen sich allerdings nicht so zentralistisch organisieren und in die Planwirtschaft einspannen. In Österreich-Ungarn kam mit der Geldentwertung viel Geld in Umlauf und die Bauern nutzten die Gunst der Stunde, um ihre Schulden zu be-gleichen. Zudem wurden während des Krieges die Schuldenrückzahlungen ausgesetzt, und davon konnten die Bauern wiederum mehr profitieren als die Arbeiterschaft. Al-lerdings setzte den Bauern der Mangel an Arbeitskräften sehr zu, denn die Männer wurden zu den Waffen gerufen. Man behalf sich mit Kriegsgefangenen oder Soldaten, die während der kurzen Kampfpausen auf Fronturlaub waren.

Die Frauen kamen nun überall verstärkt zur Geltung: Sie übernahmen die Führung der Bauernhöfe und damit die Männerarbeiten. Aber auch in der Industrie setzten sie

Metallverarbeiten-der Betrieb in Laibach, der Gulaschkanonen für Feldküchen fertigte. Der Krieg brachte auch die Emanzipa-tion der Frauen in traditionellen Männerberufen mit sich.

sich durch. Im Krieg selbst wurden die Sanitätsdienste – und das war bei allen kriegführenden Nationen so – zu einem großen Teil von Frauen geleistet. Auf den ersten Blick erscheint es widersprüchlich, aber der Krieg stärkte das Selbstbewußtsein der Frauen und wertete ihre Rolle in der Gesellschaft auf.

Wilsons Angebot

Die städtische Mittelschicht löste sich während des Krieges praktisch auf. Die slowenische Zeitung „Slovenec" zog daraus – nicht ohne gewisse Schadenfreude – Konsequenzen für die gesellschaftliche Entwicklung und sah die Bedeutung des Bauernstandes im Verhältnis zum städtischen Bürgerstand gewachsen. In den Städten herrschten Hunger und Not. Die Stadtbewohner waren vom langen Krieg völlig erschöpft, und keine Familie blieb vom Krieg verschont. Viele junge Männer ließen ihr Leben und vielen Soldaten blieb die Ungewißheit der Kriegsgefangenschaft nicht erspart. Die Kriegsinvaliden und die vom Krieg gezeichneten Männer erzählten ihren Angehörigen und Nachbarn zu Hause die Wahrheit über die Grausamkeit des Krieges, wie man sie aus den Zeitungen und der offiziellen Kriegspropaganda so nicht erfahren konnte. Die Unzufriedenheit mit den bestehenden Verhältnissen bildete den Nährboden für den Umsturz. Zugleich aber nährte sie die Hoffnung auf soziale Veränderungen. Die altehrwürdigen Autoritäten brachen vor den Augen des Volkes wie ein Kartenhaus zusammen.

Wilsons Plan, mit dem in vierzehn Punkten eine neue Nachkriegsordnung vorgestellt wurde, löste bei den Massen heftige Debatten und große Aufregung aus. Es sollte Schluß mit der Geheimdiplomatie sein, die die Völker Mitteleuropas wie Objekte der Sieger behandelte. Wilson forderte die freie Schiffahrt und setzte sich für den freien Welthandel ein. Die Kolonialfragen sollten „objektiv" gelöst werden. Die Deutschen sollten Elsaß und Lothringen räumen, Belgien und Rumänien sollten wiederhergestellt werden, und ein polnischer Staat sollte wieder entstehen. Italien sollte alle Gebiete zugesprochen bekommen, in denen die italienische Bevölkerung die Mehrheit bildete.

Vor allem aber sollte den Völkern Österreich-Ungarns die Selbstbestimmung zugesagt werden, was die Doppelmonarchie ins Wanken brachte und wesentlich zur Entstehung der nationalen Nachfolgestaaten beitrug. Im letzten Punkt sprach Wilson die Idee eines Völkerbundes aus, um künftige Kriege zu vermeiden und den Weltfrieden zu erhalten. Die Idee der nationalen Selbstbestimmung blieb ein Streitpunkt, denn die Italiener versteckten ihre territorialen Ambitionen nicht, um deren Willen sie ja eigentlich auch in den Krieg gezogen waren.

Die letzte österreichisch-ungarische Offensive

Im Frühjahr 1918 wurde Boroević von seinem Freund Barac aufgesucht. Der Agramer Theologieprofessor überbrachte dem Feldmarschall eine geheime Botschaft des Südslawischen Ausschusses, laut dem Boroević' Einheiten in das Lager der Entente überwechseln sollten. Boroević war skeptisch: „Wird dann der Londoner Pakt hinfällig?" Sein Mißtrauen war durchaus berechtigt, denn die künftige europäische Ordnung stand bereits fest und Wilsons Plan bestätigte das nur noch nachdrücklich. Der Feldmarschall blieb den Habsburgern bis zum bitteren Ende treu. Unmittelbar vor dem Zusammenbruch wandte er sich noch an den Kaiser mit dem Vorschlag, mit militärischer Gewalt den Bestand der Monarchie zu sichern. Boroević wollte mit seinen durchaus noch einsatzfähigen Truppen nach Wien marschieren und dort alle revolutionären Bestrebungen niederschlagen. Dieser Vorschlag wurde allerdings von Kaiser Karl I. zurückgewiesen.

Im Januar 1918 kam es zu den ersten Streiks in Deutschland und auch in der Donaumonarchie. In der österreichisch-ungarischen Flottenbasis Cattaro meuterten die Matrosen (die Historiker sehen die Ursachen für diese Meuterei im großen Anteil an Kroaten und Italienern in der Kriegsflotte), und schon bald darauf auch Einheiten im Hinterland. In Judenburg meuterten slowenische Soldaten, und ihre Anführer wurden im Schnellverfahren zum Tode durch Erschießen verurteilt. Immer mehr Soldaten desertierten. Ganze Einheiten verweigerten den Befehl, so auch das 2. Laibacher Schützenregiment. Flüchtige Soldaten versteckten sich in den kroatischen Wäldern. Die reichen Vorräte, die von den Italienern beim Durchbruch bei Karfreit erbeutet wurden, waren schnell aufgebraucht, und die Nahrungsknappheit setzte den Soldaten an der Front sehr zu.

Die Zivilbehörden versuchten das Leben im Hinterland zu regeln, so gut es unter diesen erschwerten Umständen eben ging. Im Januar 1918 wurde eine Gewerbeschule für die Kriegsinvaliden eröffnet, die zunächst in drei Baracken untergebracht war. Obwohl vorerst nicht mitgeteilt wurde, wie viele Schüler aufgenommen werden sollten, so handelte es sich angesichts des breiten Fächerangebots und der vielen Fachrichtungen um eine große Zahl an Gesellen bzw. Invaliden, die in dieser Schule Platz finden sollten.

Der Schwarzmarkt blühte. Der Preis für einen Kilogramm Fleisch schoß im Februar 1918 auf 28 Kronen hoch. Wie soll man da bloß überleben, fragten sich beispielsweise die Lehrer in Krain, deren monatliches Anfangsgehalt 80 Kronen betrug. Das reichte für gerade mal zweieinhalb Kilo Fleisch. Und noch ein Beispiel: Auch den Schulleitern erging es nicht viel besser. Die Ausschreibung für die Schulleiterstelle in Jelse im Küstenland bot ein Jahresgehalt von tausendzweihundert Kronen und zwei Ladungen

Brennholz. Um ein ganzes Rind kaufen zu können, hätte dieser Schulleiter zehn Jahre sparen müssen.

Immer wieder findet man Hinweise in den Zeitungen, daß es bei der Verteilung der Nahrungsmittel zu großen Unregelmäßigkeiten kam. Es wurde zwar sehr viel über die Hungersnot in der Hauptstadt geschrieben, doch Wien wurde im Verhältnis zur Bevölkerung ein Fünftel und Oberösterreich sogar ein Drittel mehr Lebensmittel zugesprochen. Krain und das Küstenland wiederum mußten (wohl wegen des vermuteten höheren Selbstversorgungsgrades) mit einem Drittel weniger auskommen. Galizien ging fast leer aus, denn es bekam nur zwei Fünftel von der vorgesehenen Versorgungsmenge.

Der junge Kaiser versuchte auf dem Wege der Geheimdiplomatie einen günstigen Frieden für Österreich-Ungarn zu erreichen, was Mißtrauen beim deutschen Nachbarn hervorrief. Die Entente aber ließ sich von den Bemühungen Karls I. nicht beeindrucken und war fest entschlossen, die Mittelmächte in die Knie zu zwingen.

So entschloß sich die Donaumonarchie, noch einen Durchbruchsversuch über den Piave in Angriff zu nehmen, in der Hoffnung einen erneuten Erfolg zu erzielen, ähnlich dem bei Karfreit. Das hätte sicherlich die Stimmung im Lande wieder gebessert, und auch die Aussicht auf reiche Beute spielte dabei eine Rolle. Man spekulierte damit, daß Italien nach einem abermaligen Rückschlag möglicherweise aus dem Krieg ausscheiden würde.

Das österreichisch-ungarische Heer befand sich zu diesem Zeitpunkt allerdings in einer schlechten Verfassung. Die Soldaten litten an Unterernährung. Es stand ihnen zwar ein halbes Kilogramm Brot täglich zu; was sie aber da zu sich nahmen, verdiente die Bezeichnung Brot meist gar nicht. Mehrere Tage hindurch bekamen sie oft überhaupt nichts. In jedem Fall aber waren es an keinem Tag mehr als 125 Gramm. Der durchschnittliche österreichisch-ungarische Soldat wog gegen Ende des Krieges nicht mehr als fünfzig Kilogramm. In der Regel wurden Männer mit diesem Gewicht bei der Musterung für untauglich erachtet. Und mit solchen Truppen wollte das österreichisch-ungarische Kommando den Durchbruch über den Piave wagen. Aber auch das italienische Heer litt sehr unter den Lebensmittel-Spekulationen und der schlechten Logistik. Allerdings war angesichts der Leistungsfähigkeit der italienischen Industrie die Schlagkraft der italienischen Armeen größer.

Nach der Niederlage bei Karfreit lernten die Italiener, sich auch zu verteidigen. Die Verbündeten boten ihnen jede nur erdenkliche Hilfe, und zusätzlich wurden neue Sturmeinheiten ausgebildet. Die Kampfbereitschaft der italienischen Soldaten war wesentlich größer als noch vor einem Jahr, denn nun wurde im Herzen Italiens gekämpft. Ebenso verbesserte sich das Verhältnis der Offiziere zu ihren Untergebenen, und es gab weniger gewalttätige Exzesse. Die italienische Kriegspropaganda nahm allerdings ungeahnte Ausmaße an. In gewisser Weise führte dieses Gift zum faschistischen Italien hin.

Feldmarschall Boroević wollte das Ende des Krieges am Piave abwarten und begeisterte sich ganz und gar nicht für eine Offensive, die von der militärischen Führung der Doppelmonarchie immer wieder gefordert wurde. Aber seine Warnungen wurden

Eine österreichisch-ungarische Pioniereinheit bereitet den Bau einer Pontonbrücke über den Piave vor.

N° 3065 Vorbereitung für die Überbrückung der Piave 16.(

überhört. Die Versorgung der Armee verbesserte sich zwar in Erwartung der Offensive etwas, aber noch immer nahm ein österreichisch-ungarischer Soldat nicht mehr als 250 Gramm Brot und 160 Gramm Fleisch an einem Tag zu sich.

Der Angriff war schlecht geplant, und dennoch erhoffte man sich einen ähnlich schnellen Erfolg wie bei Karfreit. Die Schlacht begann am 13. Juni 1918, und bereits der Anfangserfolg war bescheiden. Aber auch das Wetter war den Angreifern nicht gewogen, denn die heftigen Regenfälle verwandelten den Piave in einen reißenden Strom. Österreich-Ungarn verlor über 140.000 Soldaten, und nach einigen Tagen befahl der Kaiser auf Boroević' Verlangen den Rückzug auf die Ausgangspositionen. Angesichts dieses Desasters wurde Conrad von Hötzendorf entlassen.

Deutscher Durchmarsch an der Ostfront

Auch in Deutschland nahmen die sozialen Spannungen zu. Der Reichstag war einer Fortsetzung des Krieges nicht gewogen, die Arbeiter und Soldaten hatten genug vom

Nach Beginn der Piaveoffensive im Juni 1918 mahnte Boroević erfolglos, die Kräfte zu schonen. Diese endete dann auch katastrophal und beschleunigte die Auflösungserscheinungen im österreichisch-ungarischen Heer.

Krieg. Der deutsche Kaiser geriet unter den Einfluß Ludendorffs, der im Ausscheiden Rußlands aus dem Krieg die einmalige historische Chance für den endgültigen Sieg über Frankreich sah. Ludendorffs Optimismus nährte sich davon, daß Deutschland praktisch nur noch an einer Front kämpfte, denn Rußland stellte nun keine Gefahr mehr dar.

Die Verhandlungen mit den neuen Machthabern Rußlands waren nicht gerade vielversprechend. Die territorialen Ambitionen der Deutschen waren sehr groß (hundertfünfzigtausend Quadratkilometer wurden beansprucht). Die österreichisch-ungarische Seite zeigte sich nachgiebiger, obwohl ihr die bolschewistische Forderung nach dem Selbstbestimmungsrecht der Völker ganz und gar nicht behagte. Im Februar unterbrachen die Russen einseitig die Verhandlungen wegen der ultimativen Ansprüche der Deutschen. Daraufhin entschlossen sich diese kurzerhand zu einer neuerlichen militärischen Aktion und besetzten im Osten weite Gebiete und erbeuteten große Mengen an Nahrung und Material. Die Russen leisteten keinen Widerstand, und die Bolschewiki lenkten bald ein. Diesmal allerdings schienen die Deutschen den Abschluß der Verhandlungen hinauszuzögern. Am 3. März wurde sodann der Friede von Brest-Litowsk geschlossen.

Die Deutschen unterstützten gleichzeitig auch die Weißgardisten, die auch von der Entente unterstützt wurden. Somit fanden sich in einer kurzen Phase des Kriegsgeschehens die Mittelmächte und die Entente auf der selben Seite kämpfend wieder. In Finnland halfen die Deutschen aktiv dem Anführer der Weißgardisten General Mannerheim. In schweren Kämpfen wurde die rote Armee zurückgedrängt. Aber auch in der Ukraine halfen die Deutschen nach Kräften den Weißgardisten.

Je tiefer die Deutschen in das russische Gebiet vorstießen, desto größer wurde der bolschewistische Widerstand. Sie drangen bis zur Krim vor und sicherten dadurch die ukrainische Selbständigkeit. Allerdings reichten die Truppen der Mittelmächte nicht aus, als daß die ukrainische Regierung die Kontrolle über das Land hätte behalten können. Nach der Unterzeichnung des Waffenstillstandes am 11. November 1918 zogen sich die deutschen Truppen zurück, und die Ukraine wurde ihrem Schicksal überlassen.

Die deutschen Siegeshoffnungen

Das Ausscheiden der Russen aus dem Krieg erlaubte den Deutschen, fast ihr gesamtes militärisches Potential (rund vier Fünftel) auf die Westfront zu konzentrieren. Die deutschen Armeen waren das erste Mal seit Kriegsbeginn stärker als die englischen und französischen. Im Vergleich zu Kriegsbeginn verdoppelten die sie damit 1918 ihre Streitmacht an der Westfront. Bei den Deutschen – gleich ob Offizier oder einfacher Soldat – herrschte große Zuversicht, aus dem Krieg doch noch siegreich hervorzugehen.

Allerdings war bei den deutschen motorisierten Einheiten Treibstoff Mangelware, und es fehlten dem deutschen Heer auch die Gespanne. Aufgrund der Blockade war Benzin knapp, und im Militär der Mittelmächte überwog noch immer die klassische Form des Transports mit Zugpferden. Die Alliierten befanden sich auf dem Gebiet des Transports und der Beweglichkeit klar im Vorteil. Das bedeutete, daß sie mit schnellen Truppenbewegungen dank ihrer motorisierten Einheiten einen möglichen Durchbruch der Deutschen in künftigen Schlachten vereiteln konnten. Und schließlich machte der energische Einsatz der USA den zahlenmäßigen Vorteil der Deutschen zunichte.

Ludendorff war fest entschlossen, sein Vorhaben – einen großen Angriff an der Westfront – durchzuführen. Der Übermacht der Entente aufgrund der Ausnutzung ihrer größeren materiellen Ressourcen sollte damit ein Ende gesetzt werden, denn die Westmächte waren sowohl an Mensch als auch an Material nach wie vor überlegen.

Der Stellungskrieg sollte wieder zum Bewegungskrieg werden. Aus den mehrjährigen Erfahrungen wußte Ludendorf nun, daß einzig und allein die Überraschung einen Sieg herbeiführen könnte.

Die Deutschen bereiteten sich gründlich vor. Es wurden neue Anlagen gebaut, Bahn- und Kommunikationsverbindungen getarnt. Die Truppenbewegungen wurden ausschließlich bei Nacht und Nebel durchgeführt, um der Beobachtung durch die gegnerischen Aufklärungsflugzeuge zu entgehen. Man griff zu einer neuen Taktik. Die verbesserten Meßmethoden ermöglichten der Artillerie einen gezielten Beschuß ohne die verräterischen Nachbesserungen. Eine Luftflotte wurde aufgestellt, die allerdings nicht sofort zum Einsatz kam, um den Gegner irrezuführen.

Am 21. März standen von Arras bis La Ferea sechsundsiebzig Divisionen, zehntausend Geschütze und über eintausend Flugzeuge zum Angriff bereit. Die Tarnung gelang vollends, und die Alliierten wurden völlig überrascht.

Bei der Koordination ihrer militärischen Aktionen sahen sich die Westmächte größeren Schwierigkeiten ausgesetzt als die Deutschen. Die Strategie der Entente-Armeen wurde aus mehreren Zentren geplant und nicht nur aus einem Büro wie im Falle von Ludendorff. Das französische Heer hatte in den Wintermonaten aufgerüstet: die materiellen Bedingungen bei den Franzosen waren weit besser als bei den Deutschen. Das französische Heer verfügte über dreitausend Flugzeuge und genauso viele Batterien. Die französische Industrie blieb zwar weit hinter den Erwartungen der Generäle zurück, sie war aber in einer wesentlich besseren Lage als die deutsche Industrie, die unter ständigem Rohstoffmangel litt. Dem französischen Heer gingen allerdings die Soldaten aus, denn Frankreich war zu diesem Zeitpunkt völlig erschöpft.

Der gescheiterte Angriff

Die Deutschen gingen am 21. März 1918 in der Picardie zum Angriff an der Nahtstelle zwischen den französischen und englischen Truppen über. In zwei Tagen erzielten sie einen Durchbruch und vernichteten eine englische Armee. Die Franzosen schafften neue Truppen heran und leisteten erbitterten Widerstand. Immer spürbarer war auch die Anwesenheit der Amerikaner, die allerdings nur langsam in die Kämpfe eingriffen. Die Amerikaner wollten sich erst recht nicht anderen Armeen unterordnen, sondern weitgehend selbständig agieren. Bald aber erreichte ihre Unterstützung ein beachtliches Potential von dreihunderttausend Mann pro Monat, welche über den Atlantik nachgeführt wurden. Mit einem solchen Potential konnten die Mittelmächte natürlich nicht mithalten, und sie hatten Mühe damit, alle wiederhergestellten Verwundeten und Kranken zurück an die Front zu schicken.

Den Deutschen fehlten die Reserven zur nachhaltigen Sicherung der erreichten und eroberten Linien, und der Angriff blieb nach einer Woche stecken. An den Schlüssel-positionen bei Amiens konnten die Alliierten ihre Verteidigung verstärken. Die Front-lücke konnte sechzig Kilometer hinter der früheren Linie geschlossen werden und der weitere Vormarsch der Deutschen somit verhindert werden. Anfang April kam der Angriff zum Stillstand. Auf den ersten Blick schienen die deutschen Truppen einen großen Erfolg erzielt zu haben: auf einem Abschnitt von achtzig Kilometern stießen sie fünfundsechzig Kilometer weit vor. Allerdings war der Preis sehr hoch: In dieser kur-zen Zeit hatten beide Seiten Verluste von jeweils einer Viertelmillion Soldaten.

Die neue Frontlinie hatte sich gegenüber der bisherigen von neunzig auf hundert-fünfzig Kilometer verlängert, was vor allem für die Deutschen erhebliche Versorgungs-schwierigkeiten und allgemeine logistische Probleme mit sich brachte. Für sie bedeute-te das einen Nachteil bei der nun notwendigen Verteidigung der neuen Front. Im großen und ganzen erwies sich Ludendorffs Offensive trotz anfänglicher Erfolge lang-fristig als ein strategischer Mißerfolg. Die Frontlinie wurde zwar durchbrochen, das gegnerische Potential an Mensch und Material aber nicht ernsthaft angegriffen. Dafür fehlten den Deutschen schlicht und ergreifend die Reserven.

Am 9. April unternahmen sie am Fluß Lys in Flandern einen weiteren Angriff, wo-bei es ihr Ziel war, bis zum Meer vorzurücken. Die Engländer, die an diesem Front-abschnitt eingesetzt waren, wurden sehr übel zugerichtet und verloren wieder eine Armee. Die Entente verlor hunderttausend und die Deutschen hatten etwa zwanzig-tausend Soldaten zu beklagen. Drei Wochen nach Beginn der Offensive mußten sie allerdings den Angriff stoppen, ohne das vorgegebene Ziel erreicht zu haben. Und auch hier verlängerte sich die Frontlinie, was die Deutschen vor erneute logistische Probleme und Versorgungsschwierigkeiten stellte. Weitere Angriffe unternahmen sie vorerst nicht mehr, dazu war das Terrain zu aufgeweicht. Die Westmächte waren im Vorteil, denn sie karrten auf befestigten Straßen ihre Truppen, Ausrüstung und Muni-tion heran, wogegen sich die Deutschen nur mühsam im Schlamm weiterbewegten.

Ende Mai wagten sie einen dritten Angriff, und zwar auf der Linie von Soissons und Reims in der Champagne. Soissons konnten sie zwar einnehmen, ihre Anläufe auf Reims blieben aber erfolglos. Es gelang den deutschen Truppen auch, die Marne zu überqueren, was die Pariser Bürger in Angst und Schrecken versetzte, obwohl die deut-schen Geschütze keine wirkliche Gefahr für die französische Hauptstadt darstellten.

Mitte Juli begannen die Deutschen eine letzte Offensive, die allerdings nach kurzer Zeit steckenblieb. Innerhalb von lediglich drei Tagen – vom 15. bis zum 18. Juli – führ-te diese mißglückte Offensive zum Zusammenbruch der Westfront. Die Alliierten wa-ren den Deutschen jetzt weit überlegen und konnten nunmehr auch massiv Tanks ein-setzen. Die deutsche militärische Führung unterschätzte die Schlagkraft der Panzerfahrzeuge, außerdem hatte sie erst gar nicht die materiellen Voraussetzungen, um solche herzustellen. Die Franzosen gingen zum Gegenangriff über und warfen die Deutschen weit hinter die Marne zurück. Von diesem Zeitpunkt an war die Initiative bei der Entente, und die deutschen Verluste stiegen. Vor allem wurden deutsche Gefangene in großer Zahl gemacht, was bisher nicht der Fall gewesen war, und das deutsche Heer konnte seine Verluste nicht mehr wettmachen.

Die italienische Offensive am Piave

Karl I. bemühte sich redlich um einen Frieden, allerdings sollte daraus nichts werden. Die Entente wollte den Gegner nicht nur besiegen, sie wollte ihn auch noch demütigen. Überall befanden sich die Mittelmächte und ihre Verbündeten in der Defensive. Auf dem Balkan durchbrachen die Alliierten im September 1918 die Front in Mazedonien, woraufhin sich das bulgarische Heer auflöste. Am 30. September unterzeichnete Bulgarien den Waffenstillstand. Die serbische Armee kehrte in ihre befreite Heimat zurück. Die isolierte Türkei unterzeichnete am 30. Oktober den Waffenstillstand.

Noch immer aber tobte der Kampf am Piave. Die Italiener begannen ihre Offensive am Jahrestag der Niederlage bei Karfreit (in der Nacht vom 23. auf den 24. Oktober). Die italienische Kriegspropaganda feierte den Sieg bei Vittorio Veneto (diese Stadt wurde als erste befreit) deshalb so überschwenglich, um den bitteren Beigeschmack der Niederlage ein Jahr zuvor loszuwerden. Die Italiener entschieden sich trotz der Vermittlungsversuche des Papstes für diese Offensive. Mit geringem Wagnis und ohne nennenswerte Verluste gelang die Bezwingung des „sterbenden Löwen". Die italienische Öffentlichkeit durchlebte die Katharsis des Sieges.

Aber nicht nur Revanchegelüste veranlaßten die Italiener zur militärischen Aktion. Der Londoner Pakt galt zwar noch weiterhin, aber nicht alle Verbündeten befürworteten eine Expansion Italiens. Die Italiener „mußten" die im Londoner Pakt freigegebenen Territorien besetzen, um eventuellen Unannehmlichkeiten bei den Friedensverhandlungen aus dem Wege zu gehen. Niemand sollte den Italienern ihre Kriegsbeute streitig machen.

Der Londoner Pakt war eine Ungerechtigkeit gegenüber den Völkern und Minderheiten, die auf diesem Gebiet ansässig waren und noch immer sind (sowohl gegenüber den Slowenen und Kroaten im Küstenland als auch gegenüber den Deutschsprachigen in Südtirol). Sowohl der Südslawische Ausschuß als auch Serbien sprachen sich gegen den Londoner Pakt aus (obwohl eher aus strategischen als aus völkerrechtlichen Gründen). Durch den Londoner Pakt schuf sich Italien einen Brückenkopf an der Adria, um seinen Einfluß auf dem Balkan geltend zu machen.

Im Oktober 1918 war die Auflösung der Doppelmonarchie bereits weit fortgeschritten. Auf dem Papier verfügte Österreich-Ungarn Anfang Oktober noch über 3,8 Millionen Soldaten und zweihunderttausend Offiziere. In Wahrheit aber waren es um die Hälfte weniger. Zuerst begehrten die slawischen Völker auf, am Ende des Krieges aber erhoben sich alle, sogar die Deutsch-Österreicher und Magyaren. Die Versorgung brach zusammen, die Soldaten waren praktisch ohne Wäsche, nur jeder Vierte hatte einen Mantel, viele waren barfuß.

Das italienische und das österreichisch-ungarische Heer waren nur noch auf dem Papier gleich stark. Boroević' fünfundfünfzig Divisionen standen fünfundfünfzig italienische, eine tschechische, drei britische, eine französische sowie ein amerikanisches Regiment gegenüber. Die Italiener waren gut vorbereitet, und es fehlte ihnen an nichts. Die Kampfmoral war in Erwartung des Sieges dementsprechend sehr hoch. Auf der anderen Seite aber stand ein Heer, das vollends verbraucht, vom Hunger zermürbt, schlecht ausgerüstet und kriegsmüde war. Und der Staat, für den es hätte kämpfen sollen, befand sich in Auflösung. Die innenpolitischen Wirren übertrugen sich auch auf die einfachen Soldaten. Zahlreiche Truppen meuterten – die ungarische 38. Division verweigerte bereits am ersten Angriffstag den Befehl.

Der erste italienische Angriff auf dem Bergmassiv Grappa in der Nacht vom 23. auf den 24. Oktober mißglückte. Die Kämpfe dauerten vier Tage, und die österreichisch-ungarische Armee vermochte noch einmal, den Angreifer zurückzuschlagen. Den Italienern gelang es erst in der Nacht vom 26. auf den 27. Oktober, den Piave zu überqueren, als nämlich mehrere österreichisch-ungarische Divisionen von der Heeresgruppe Belluno und der 11. Armee einfach die Verteidigungsstellungen verließen. Am 28. Oktober griffen die Italiener erneut an und zwangen die 6. österreichisch-ungarische Armee zum Rückzug auf die Reservestellungen. Am selben Tag proklamierten die nationalen Ausschüsse in Prag, Laibach und Agram die Loslösung aus dem österreichisch-ungarischen Staatsverband.

Die Wiener Hofburg versuchte, in diesen Tagen die Katastrophe doch noch abzuwenden und wollte einen separaten Frieden schließen. In Trient wurde eine militärische Kommission einberufen, um mit den Italienern einen Waffenstillstand auszuhandeln. Die Italiener dachten aber erst gar nicht daran und griffen am 29. Oktober erneut auf dem Monte Grappa an.

Trotz der schwer angeschlagenen österreichisch-ungarischen Armee gelang den Italienern noch immer nicht der entscheidende Durchbruch. Auf anderen Frontabschnitten verteidigten sich die österreichisch-ungarischen Truppen allerdings nur noch sporadisch und in der Verteidigung entstanden allmählich kilometerweite Lücken, die nicht einmal mehr mit Reserveeinheiten geschlossen werden konnten. Der italienische Durchmarsch konnte somit beginnen. Boroević' Armeen zogen sich zunächst bis hinter die Livenza und dann bis hinter den Tagliamento zurück. Die österreichisch-ungarischen Soldaten wollten nicht mehr kämpfen. Das Ende der Doppelmonarchie war endgültig besiegelt.

Am selben Tag, den 29. Oktober, ersuchte das österreichisch-ungarische Oberkommando um einen Waffenstillstand, um einen geordneten Rückzug der Truppen zu gewährleisten. Die Italiener schlugen das Angebot ab, weil sie den Vorteil ausnützen wollten. In den nächsten Tagen rückten sie ohne Widerstand vor.

Am 2. November wurden die ungarischen Soldaten vom neuen ungarischen Kriegsminister aufgefordert, in die Heimat zurückzukehren. Am Tag zuvor hatte der italienische General Badoglio die Waffenstillstandsbedingungen diktiert. Italien forderte den Rückzug der österreichisch-ungarischen Truppen hinter diejenige Linie, die vom Londoner Pakt vorgesehen war. Zudem wurde festgelegt, daß die Feindseligkeiten sofort beendet werden sollten. Doch Italien hatte bekanntgegeben, 24 Stunden zu benötigen, um den Waffenstillstand allen seinen Truppen mitzuteilen. Da die Österreicher jedoch sofort mit Unterzeichnung des Vertrages am 3. November die Waffen niederlegten, rückten die Italiener nochmals vor und machten, ohne auf Widerstand zu stoßen, 360.000 Gefangene.

Der Anfang vom Ende

Das österreichisch-ungarische Heer bestand nicht mehr. Die restlichen Einheiten lösten sich schnell auf, und die Soldaten machten sich auf den Weg nach Hause.

Die Italiener feierten einen „überwältigenden" Sieg und revanchierten sich damit nicht nur für die Niederlage bei Karfreit. Ihre Verhandlungsposition war nun eine völlig andere als noch einen Monat zuvor. Wenn man sich allerdings vor Augen hält, unter welchen Umständen das italienische Heer den Sieg bei Vittorio Veneto errang, dann kommen Zweifel auf. Der Durchbruch bei Karfreit war in der Tat ein militärischer Sieg, errungen über einen weit größeren und besser ausgerüsteten Gegner. Der Sieg bei Vittorio Veneto war ein Sieg über einen geschlagenen und sich in Auflösung befindlichen Gegner. Ein Vergleich hält nicht stand.

Am 8. November existierte das österreichisch-ungarische Heer nicht mehr. Neue Staaten entstanden, und nationale Armeen begannen sich allmählich zu formieren. Die Magyaren fürchteten sich völlig zu Recht vor den siegreichen Rumänen in Siebenbürgen und vor den Serben in der Vojvodina. Tschechen und Slowaken, Polen, Slowenen und Kroaten kehrten mit neuer Hoffnung nach Hause zurück. Gott sei Dank! Der Krieg ist zu Ende. Die Monarchie gibt es nicht mehr! Die Republik bringt die Freiheit! So hoffte man.

Nach dem Desaster bei Vittorio Veneto fielen über 400.000 Soldaten der ehemaligen Monarchie in italienische Hände. Etwa ein Zehntel von ihnen kehrte nicht mehr nach Hause zurück. (Bild oben)

Ein italienischer Carabinieri mit zwei österreichisch-ungarischen Gefangenen (Bild links)

Nicht immer ging der Rückzug der heimkehrenden Soldaten friedlich vor sich. Die Zeitungen schrieben in diesen Tagen sehr ausführlich über Plünderungen durch heimkehrende Soldaten. Polizei oder Bürgerwehren gab es anscheinend nicht, um solche Ausschreitungen zu verhindern. Die Zeitungen schrieben von Mobilisierungen für neu aufzustellende Bürgerwehren, aber die Realität schaute völlig anders aus. Die Soldaten hatten endgültig genug von Waffen und militärischem Drill.

Die Italiener besetzten das Trentino, Venetien und Istrien. Sie wollten sich von niemandem ihre Beute streitig machen lassen. Hunderttausende Deutsch-Österreicher, Slowenen und Kroaten verblieben in den Grenzen Italiens. Sie sahen sich dem italienischen Nationalismus ausgeliefert. Das Ende des Krieges bedeutete für viele den Beginn neuen Leidens, verursacht durch den hemmungslosen Nationalismus, dem nach und nach die meisten europäischen Staaten verfielen.

Neue Kriegstechnik
Die ersten Funkgeräte

Die Nachrichtenübermittlung war im Ersten Weltkrieg noch ein großes logistisches Problem. Neben dem Telefon nützte man im Gebirge die optische Verbindung mit Lichtblitz, die aber wetterabhängig war. So begann man Funkgeräte zu erproben. Julius Kugy, der Erschließer der Julischen Alpen, leitete die Versuche. Wegen seiner Kurzsichtigkeit bei der Musterung 1876 als wehruntauglich befunden, ging er mit 58 Jahren im Ersten Weltkrieg dennoch freiwillig an die Front, und zwar als Zivilist, als Alpinreferent, u. a. zur Vermeidung von Lawinenunfällen.

Insgesamt fielen 40.000 bis 80.000 österreichisch-ungarische und italienische Soldaten während des Ersten Weltkriegs Lawinen zum Opfer, nur in dem von Kugy betreuten Abschnitt hielt sich die Zahl der Toten in bescheidenen Grenzen. Er berichtet von den Versuchen mit den ersten Funkgeräten der Geschichte in den Julischen Alpen:

„Im Jahre 1916 tauchte die Idee auf, Radioapparate einzusetzen. Da aber ein Spannen der Antenne im schwierigen Felsen untunlich war, so mußten Apparate konstruiert werden, bei denen die gespannte Antenne entfiel.

Oberleutnant Scheuble vom Armeekommando übernahm deren Herstellung. Als sie fertiggestellt waren – Empfangsstation gespannte, Gebestation lose über die Felsen gelegte oder über den Abgrund hängende Antenne –, schritten wir zu Erprobungsversuchen. Ich schlug dazu den Raibler Fünfspitz und den Mangart vor. Meine Empfangspatrouille (sechs Mann, drei Offiziere, Oitzinger und ich) nahmen den ersten Berg. Dr. Mayer führte die Gegenpatrouille (Oblt. Scheuble, Obltn. Chiaris,

Dibona und Dovgan) auf den letzteren. So kam ich, zu meiner Freude, mit dem Sohne Ottokar Chiaris in denselben Julischen zusammen, in denen vor 40 und mehr Jahren der Vater, einer meiner vielbewunderten Vorbilder, gewesen ist.

Mein Ausmarsch begann unter trüben Auspizien. Die vollständig bergungeschulte Mannschaft war vom besten Willen erfüllt, aber sie wurde bald müde und litt unter den schweren Lasten. Mein kleiner Radiokadett Wrba sah mich besorgt an. Es war auch für ihn die erste wirkliche Bergtour, er fürchtete für die Unternehmung. Eine entsprechende Verlangsamung des Marschtempos, einige wohlgemeinte Worte der Aufmunterung, einige eingeschobene kleine Rasten stellten den gesunkenen Mut wieder her, und wir erreichten, wenn auch spät in der Nacht, so doch wohlbehalten das Greuther Aibl. Dort war uns das reizende Jagdhaus des Herzogs von Sachsen-Altenburg zur Verfügung gestellt worden, und wir verbrachten darin eine sehr gute Nacht.

Am nächsten Morgen war es bitterkalt und die Nebel hingen so tief herab, daß wir erst nach einigen kurzen Irrgängen an den richtigen Felseinstieg kamen. Trotzdem hatte ich schon um 8 Uhr die Genugtuung, meine Mannschaft vollzählig und in bester Verfassung am Gipfel versammelt zu sehen. Ich hatte mit Vorbedacht den höchsten Fünfspitz ausgesucht. Dessen Nord- und Südgipfel stehen gerade weit genug auseinander, um das Spannen der Empfangsantenne zu ermöglichen. Dann machten wir ein Feuer an und es entwickelte sich eine richtige Spitzenstimmung, obwohl wir fortgesetzt im dichtesten Nebel standen. Man sah nicht Täler noch Berge.

Um 10 Uhr war Rendezvous an den Apparaten. Wir hatten die Hörmuschel angeschnallt und horchten gespannt. Da hob der Kadett den Finger und sagte: ‚Es brüllt‘! Ich hörte nichts als das leise Surren im Uhrwerk des Schleifdetektors.

‚Es brüllt‘, wiederholte er aufgeregt, indem er mitzuschreiben begann. Und da hörte ich es auch, ganz leise wie ferne, ferne Amsellaute: lang – kurz, lang – kurz, lang! Das waren die tönenden Morsezeichen, unsere Verbindung war hergestellt. Ich lauschte ergriffen und ehrfürchtig diesem Triumph technischen Wissens und Könnens; die drüben sandten einen frierenden Wetterbericht und unterschrieben jammervoll ‚Cadorna‘.

‚Sehr leise!‘ bemerkte ich zum Kadetten. ‚O nein‘, belehrte mich der, das nennen wir ‚es brüllt‘. Wäre es ein wenig lauter, so würden wir sagen, ‚es schmeißt einen um‘.

Ich staunte, als ich vernahm, daß es von diesem ‚Gebrüll‘ noch viele Abstufungen nach abwärts gäbe: ‚Es brüllt‘, ‚sehr laut‘, ‚laut‘, ‚leise‘, ‚sehr leise‘, ‚kaum mehr vernehmlich', ‚noch vernehmlich, doch unverständlich', ‚nicht mehr vernehmlich'. Ich hätte unser Gespräch mit ‚kaum mehr vernehmlich' klassifiziert und beneidete die Radiomänner um ihr fein ausgebildetes Gehör.

Erst in den Nachmittagsstunden dachten wir an den Abstieg. Ich war mir meiner Verantwortlichkeit voll bewußt. Aber alles ging vortrefflich, die Mannschaft hatte an der Unternehmung Freude gefunden und benahm sich auch an den steilen Stellen ganz ausgezeichnet. Als ich meinen lieben Artilleriereferenten mitten in der letzten Wand am Seil hinabließ, da kratzte und krabbelte etwas hinter mir. Ich sah mich um, der kleine Kadett kletterte im Zwischenraum zwischen meinem Rücken und der Wand herab und sah mich vertrauensvoll an. Ich stellte ihn zur Rede, warum er nicht oben warte, bis ich ihn abhole, aber er bat mich, ihn unangeseilt nachklettern zu lassen, das mache ihn so froh und er fühle sich ‚in dem Spalt' hinter mir ganz sicher.

Die Wolken öffneten sich plötzlich, blauer Himmel wurde sichtbar. Die Sonne trat hervor, und das Haupt des Mangart sah im Neuschnee erstrahlend, von Königsglanz umwoben, rein und klar aus gewaltiger Höhe zu uns herüber. ‚Der Mangart', stellte ich dem Kadetten vor. Der stand lange sprachlos vor der märchenhaften Schönheit dieses Bildes, dann sagte er ganz überwältigt: ‚Das ist der Mangart! Mit dem habe ich gesprochen!' Er kannte die Wunder seiner Hertz'schen Wellen und fing die drahtlos durch die Lüfte fliegenden Depeschen gleich kostbaren Schmetterlingen in seinem Herzen.

Die Wunder der Bergwelt haben sich ihm an diesem Tage zum ersten Male erschlossen, und er schaute staunend und ahnungsvoll in das neue Zauberland."

1915–1917
Zwölf Isonzo-Schlachten

1. Isonzoschlacht (23. Juni – 7. Juli 1915)

Die erste Isonzoschlacht begann einen Monat nach dem Ausbruch der Feindseligkeiten zwischen Italien und Österreich-Ungarn. Eingeleitet wurde sie durch einen siebentägigen Artilleriebeschuß, allerdings konnte die italienische Artillerie dem Gegner keinen größeren Schaden zufügen, weil sie nicht zentriert und präzise genug war.

Die Truppenstärken: Die Italiener verfügten über 252 Bataillone und 111 Schwadronen sowie 700 Geschütze. Die österreichisch-ungarischen Verteidiger hatten lediglich 84 Bataillone und 13 Schwadronen sowie 354 Geschütze zur Verfügung.

Das Ziel des italienischen Angriffs: Die 3. Armee sollte einen Durchbruch zwischen Monfalcone und Sagrado in Richtung des Hochplateaus von Doberdo erzwingen. Die 2. Armee sollte den Brückenkopf bei Görz erobern, den Isonzo überqueren und die beiden Berge Kuk und Prižnica (Kote 383) erobern sowie den Brückenkopf bei Tolmein von Süden aus angreifen. Die Hauptrichtung des Vorstoßes lag zwischen dem Monte Sabotino und Podgora im Karstgebiet.

Den Angreifern gelang es trotz heftiger Angriffe der Infanterie nicht, die vorgesteckten Ziele zu erreichen. Die Italiener mußten sich mit Teilerfolgen zufrieden geben und befestigten sich unterhalb der Hochfläche von Doberdo. Bis zum Rand des Hochplateaus gelangten sie nur bei Sagrado auf Höhe 143.

Die Verluste: Die gesamten Verluste der italienischen Truppen betrugen etwa 15.000 Mann, davon etwa 2.000 Tote. Die österreichisch-ungarischen Verteidiger mußten Verluste von etwa 10.000 Mann hinnehmen.

2. Isonzoschlacht (17. Juli – 10. August 1915)

Die Italiener leiteten diesmal den Angriff mit einem kürzeren, nur zwei Tage dauernden Artilleriebeschuß ein.

Die Truppenstärken: Die Italiener verfügten über 260 Bataillone und 840 Geschütze. Bis zum Ende der Schlacht wurden etwa 290.000 Soldaten eingesetzt. Die österreichisch-ungarischen Verteidi-

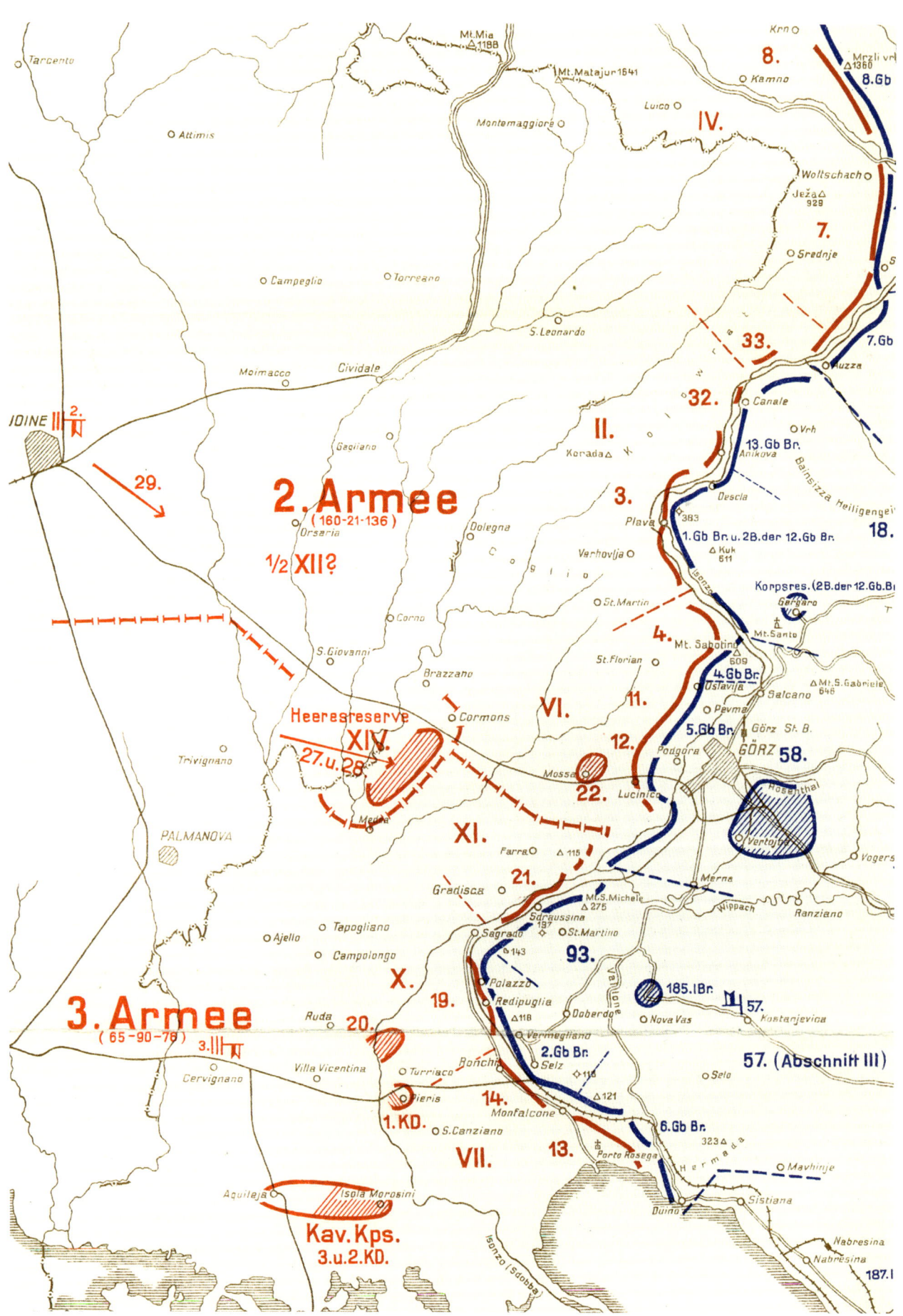

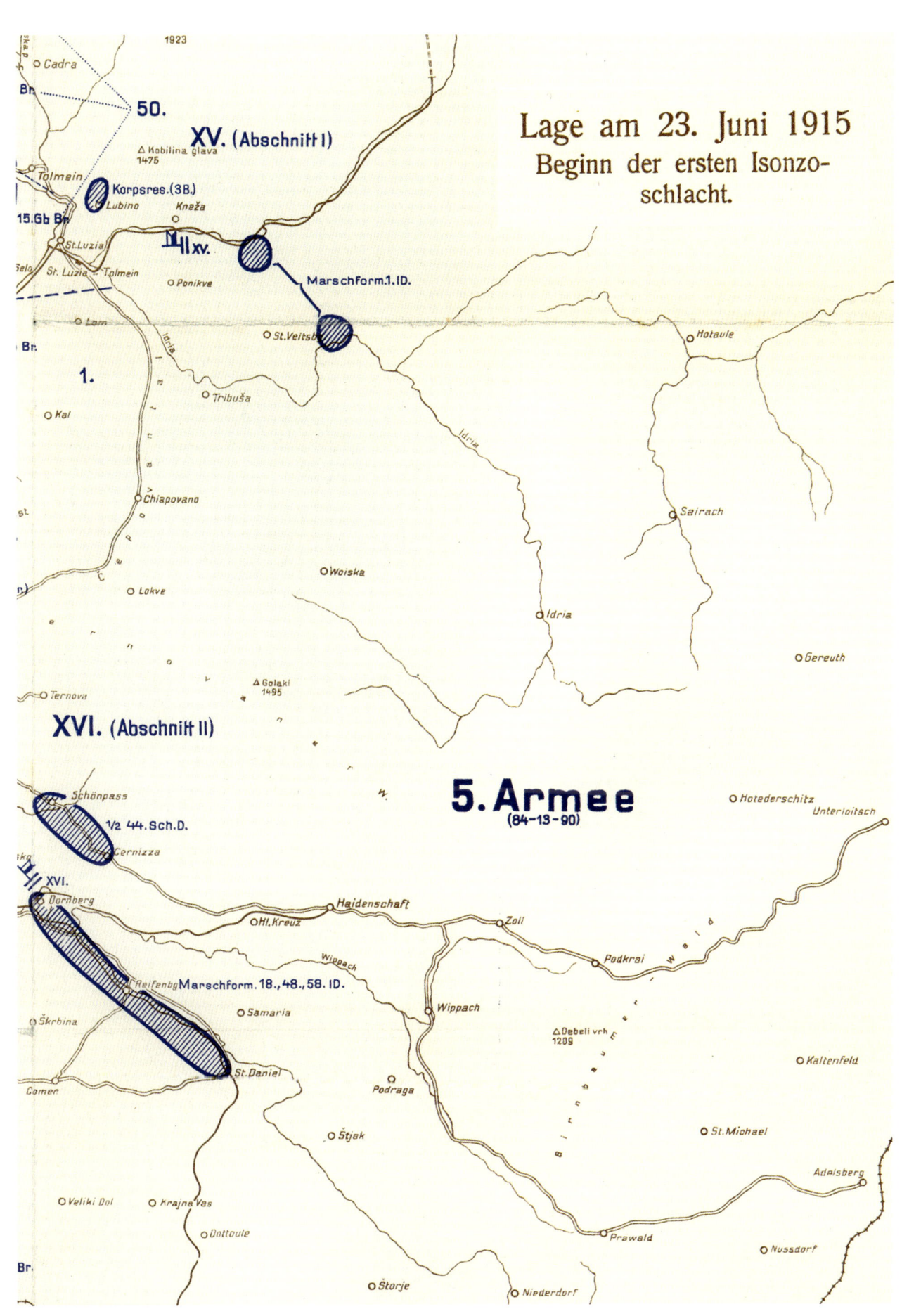

Lage am 23. Juni 1915
Beginn der ersten Isonzo-
schlacht.

ger hatten 105 Bataillone und 420 Geschütze zur Verfügung. Bis zum Ende der Schlacht stockten sie ihre Truppen um weitere 25 Bataillone auf.

Das Ziel des italienischen Angriffs: Den Angriff sollte die 3. Armee durchführen, um den Durchbruch in Richtung Monte San Michele und Kote 118 zu erzwingen. Die 2. Armee sollte die Brückenköpfe bei Görz und Tolmein erobern.

Die Italiener konnten nur mäßige Erfolge verzeichnen. Sie eroberten einen vier Kilometer langen Streifen zwischen den Koten 197 und 118 unterhalb der Anhöhe Doberdo in einer Tiefe von 100 bis 500 Metern. Es kam zu blutigen Kämpfen bei Podgora und am Berg Krn, wo es ihnen schließlich gelang, die Kote 2163 zu erobern.

Die Verluste: Die Angreifer verloren 42.000 Mann, die Verteidiger wegen schlechter Fortifikationen sogar 46.000 Mann. Anderen Angaben zufolge verloren die Italiener 50.000 Mann.

3. Isonzoschlacht (18. Oktober – 4. November 1915)

Die Truppenstärken: Die Italiener gingen mit 338 Bataillonen und 130 Schwadronen sowie 1.372 Geschützen zum Angriff über. Die österreichisch-ungarischen Verteidiger hatten 137 Bataillone und 634 Geschütze (davon 40 schwere Geschütze) zur Verfügung. Bis zum Ende der Kämpfe erhielten sie zusätzlich 47 Bataillone an Verstärkungen.

Der Durchbruch in Richtung Monte San Michele gelang den Italienern nicht, sie eroberten nur einige Schützengräben unterhalb des Hochplateaus von Doberdo. Auch ihre Angriffe auf den Brückenkopf bei Görz mißlangen völlig.

Die Verluste: Beide Seiten waren sehr erschöpft. Die Italiener verloren 68.000 Mann (davon etwa 11.000 Tote). Die Verteidiger verloren 42.000 Mann (davon etwa 9.000 Tote).

4. Isonzoschlacht (10. November – 14. Dezember 1915)

Diese Schlacht wurde auch „Schlacht für das Parlament" genannt. General Luigi Cadorna wollte um jeden Preis noch vor dem Beginn der Parlamentssaison einen großen Erfolg erzielen. Das Hauptziel des Angriffs war die Besetzung von Görz, denn bisherige Mißerfolge und Verluste drohten eine innenpolitische Krise heraufzubeschwören.

Die Truppenstärken: Die Italiener verfügten über 370 Bataillone und 1374 Geschütze, die österreichisch-ungarischen Verteidiger wiederum hatten 155 Bataillone und 626 Geschütze zur Verfügung.

Der Angriffsablauf: Die Italiener bombardierten systematisch Görz. Sie konnten aber wie in den Schlachten zuvor den Brückenkopf bei Görz nicht erobern. Auch einen erfolgreichen Angriff auf die Anhöhe von Doberdo konnten die Verteidiger immer wieder vereiteln.

Die Verluste: Die Italiener verloren etwa 50.000 Mann (davon 7.500 Tote). Die Verteidiger verloren etwa 30.000 Mann (davon 4.000 Tote).

5. Isonzoschlacht (11. – 16. März 1916)

Eine der kürzesten Schlachten, die Offensive wurde von den Italienern auf Verlangen der Entente durchgeführt, um die Verbündeten in der Schlacht von Verdun zu entlasten. Das italienische Oberkommando überließ die Initiative völlig den Kommandos der 2. und 3. Armee.

Die Truppenstärken: Die Angreifer verfügen über die dreifache Stärke der Verteidiger. Die beiden italienischen Armeen hatten insgesamt 286 Bataillone und 1.360 Geschütze zur Verfügung. 90 Bataillone standen als Reserve bereit. Boroević' 5. Armee verfügte über 100 Bataillone und 470 Geschütze. 30 Bataillone wurden in der Reserve gehalten.

Die Kämpfe fanden unterhalb des Hochplateaus von Doberdo und bei Görz statt. Der Angreifer konnte keine Geländegewinne erzielen.

Die Verluste waren im Verhältnis zu anderen Schlachten relativ klein. Beide Seiten verloren jeweils etwa 2.000 Mann.

6. Isonzoschlacht (4. – 15. August 1916)

Für die italienische Seite war das sicherlich die erfolgreichste Schlacht am Isonzo, denn sie konnten Görz sowie die Hochfläche von Doberdo erobern. Die Offensive wurde sehr gut vorbereitet und noch besser durchgeführt. Allerdings gingen den Italienern die Umstände zur Hand: die Mittelmächte befanden sich überall in der Defensive, und Boroević waren zuvor die besten Truppen entzogen worden.

Die Truppenstärken: Die Italiener verfügten über 270 Bataillone, 48 Schwadronen und 1.700 Geschütze. Die österreichisch-ungarischen Verteidiger konnten nur 105 Bataillone und 584 Geschütze aufbringen.

Der Angriffsablauf: Die Italiener gingen bei Monfalcone zum Angriff über. Später wurde die Hauptrichtung des Vorstoßes etwas weiter nach Norden verlagert. Bereits nach zwei Tagen gelang ihnen der Durchbruch der österreichisch-ungarischen Verteidigungslinien bei Podgora, Pevma und auf dem Monte Sabotino. Sie eroberten auch den Monte San Michele und stießen bis zum Isonzo vor. Damit war der Weg bis zur Stadt Görz offen. Boroević' Armee zog sich geordnet auf die zweite Verteidigungslinie zurück: Salcano – San Marko (Kote 227) – Fluß Vrtojbica – Nova Vas – Debeli vrh (Kote 144) – Duino. Die Italiener setzten dem Gegner nicht sofort und entschieden nach. Die 5. österreichisch-ungarische Armee konnte sich daher in aller Ruhe auf ihren neuen Verteidigungsstellungen eingraben und den italienischen Vormarsch zu stoppen.

Die Italiener eroberten in dieser Schlacht Görz und die Hochfläche von Doberdo und drangen auf einem 20 Kilometer langen Abschnitt etwa fünf Kilometer in die Tiefe vor.

Die Verluste: Die Italiener verloren etwa 50.000 Mann (nach einigen Angaben sogar noch mehr). Die österreichisch-ungarischen Verteidiger beklagten etwa 40.000 Mann Verluste.

7. Isonzoschlacht (14. – 18. September 1916)

In dieser Offensive griffen die Italiener im Karst von der Adria bis nach Görz an. Den Angriff führte die 3. Armee an, um den Durchbruch über die Anhöhe Fajti hrib (Kote 432) in Richtung Trstelj zu erzwingen und die Verteidigung von Triest zu gefährden.

Die Truppenstärken: Die Italiener hatten 240 Bataillone und 1.150 Geschütze zur Verfügung, die österreichisch-ungarischen Verteidiger 150 Bataillone und 770 Geschütze.

Die Resultate des italienischen Angriffs waren bescheiden: Eroberung einiger Stellungen im Süden und eines Schlosses bei Merna im Norden.

Die Verluste: Die Italiener verloren 17.000 Mann, während die österreichisch-ungarischen Verteidiger 15.000 Mann an Verlusten zu beklagen hatten.

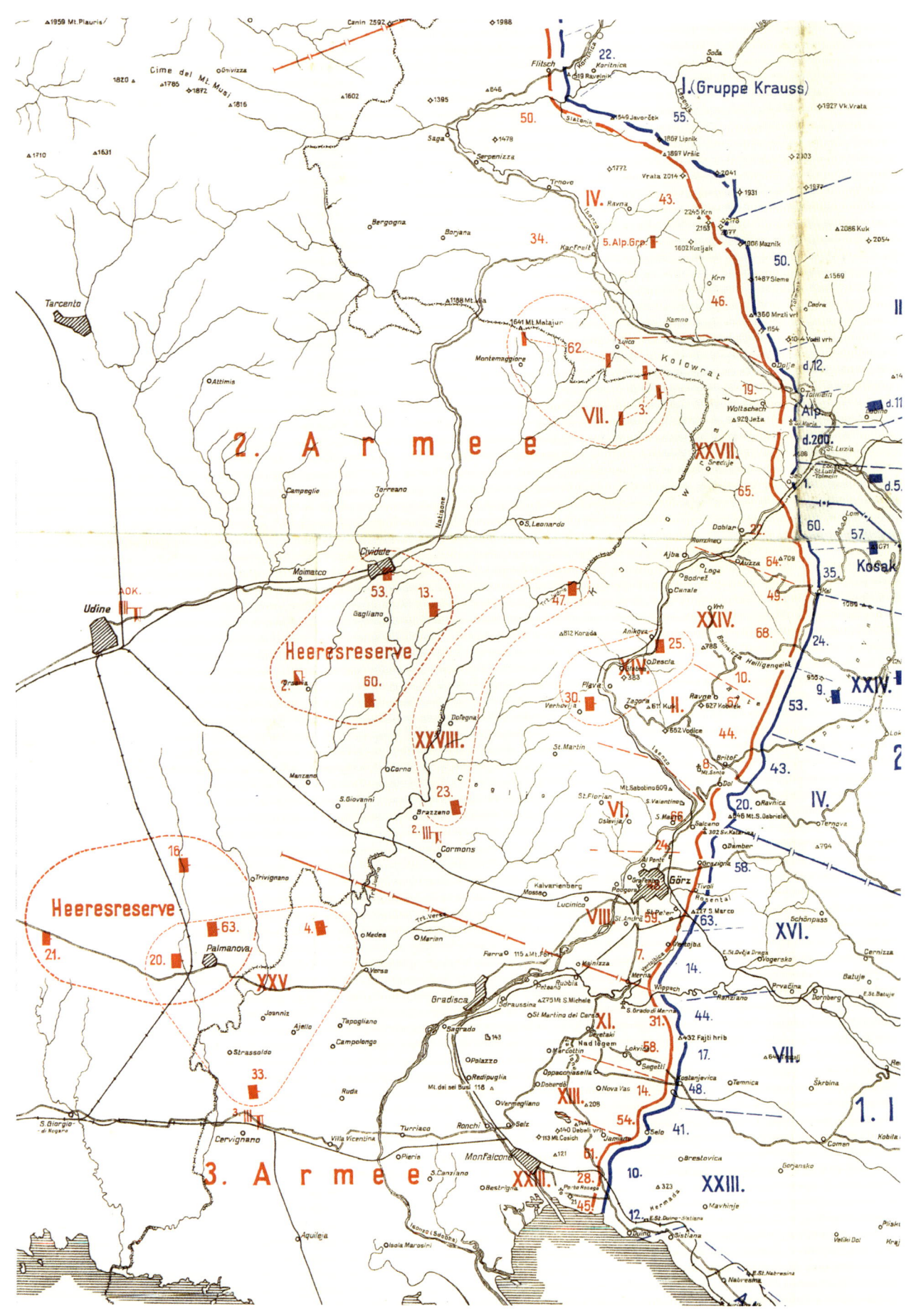

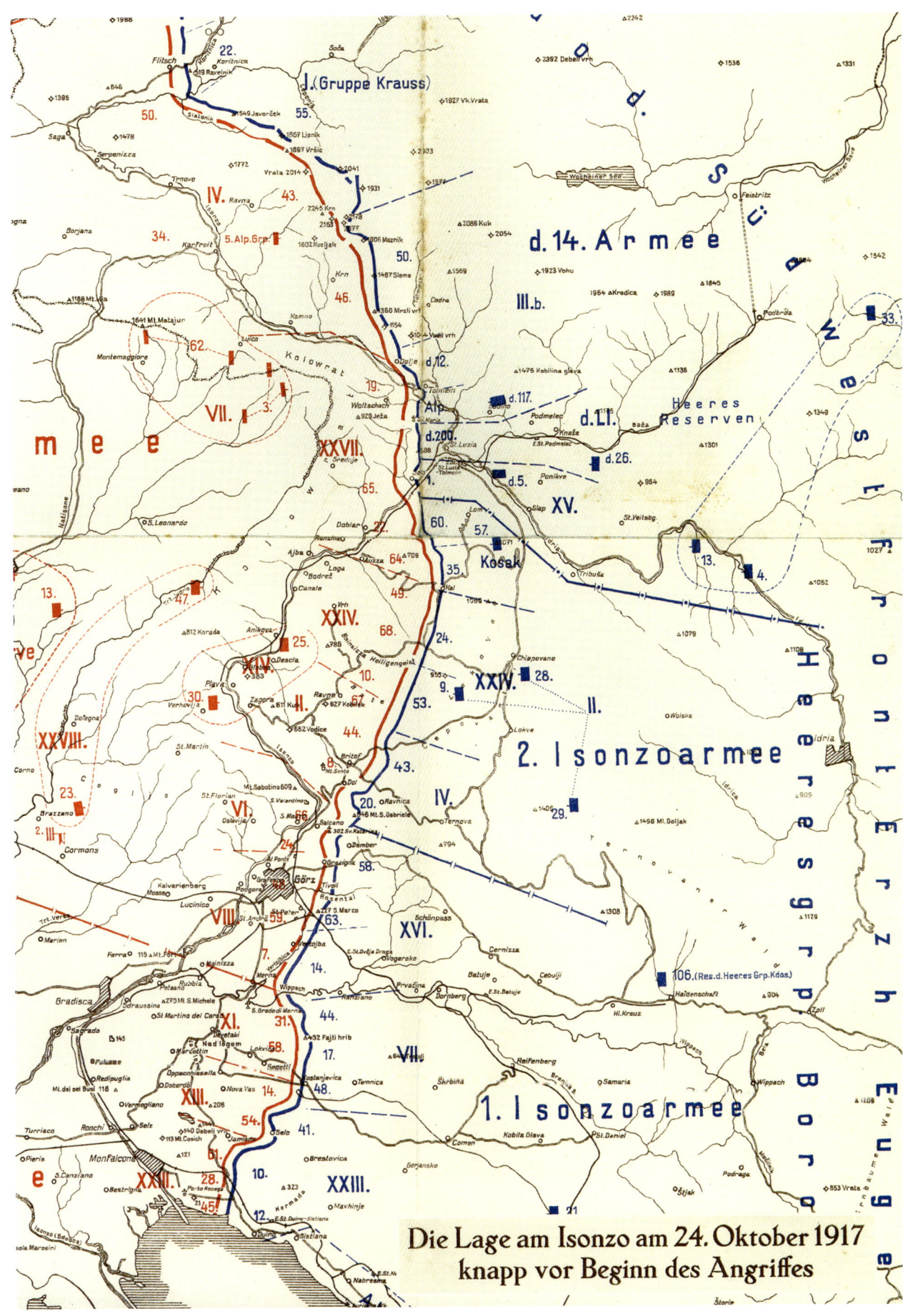

Die Lage am Isonzo am 24. Oktober 1917
knapp vor Beginn des Angriffes

8. Isonzoschlacht (9. – 12. Oktober 1916)

Diese Schlacht war eine Fortsetzung der vorherigen in jeder Hinsicht. Ein Ablenkungsangriff wurde auf dem Abschnitt von der Wippach bis Sankt Peter bei Görz durchgeführt. Das eigentliche Ziel des Angriffs war jedoch ein Durchbruchsversuch im Süden, um die Verteidigung von Triest zu gefährden.

Die Truppenstärken: Die Angreifer stellten 220 Bataillone, 24 Schwadronen und 1.200 Geschütze auf. Die 5. österreichisch-ungarische Armee verteidigte sich mit 100 Bataillonen und 450 Geschützen.

Östlich von Görz konnten die Italiener einige Stellungen erobern, im karstigen Süden konnten sie wiederum Geländegewinne in Richtung Hudi log und Kostanjevica verzeichnen.

Die Verluste: Die Angaben über die Verluste variieren: die Italiener verloren demnach zwischen 20.000 und 25.000 Mann, während die österreichisch-ungarischen Verteidiger geringfügig kleinere Verluste zu verzeichnen hatten.

9. Isonzoschlacht (31. Oktober – 4. November 1916)

Der eigentliche Vorstoß der Italiener richtete sich gegen den Süden, wobei sie um Görz herum lediglich Ablenkungsmanöver durchführten. Auf einem Abschnitt von nur 8,5 Kilometer konzentrierten die Italiener ganze acht Divisionen. Der Artilleriebeschuß dauerte fünf lange Tage.

Die Truppenstärken: Die Italiener mobilisierten 225 Bataillone und 1.400 Kanonen, während die Verteidiger 150 Bataillone und 800 Geschütze aufbrachten.

Den Italienern gelang es zwar, die Verteidigungslinien auf dem Berg Volkovnjak (Kote 284) zu durchbrechen und die Höhe Fajti hrib zu erobern. Sie drangen bis Kostanjevica vor und umfaßten das Dorf Hudi log. Borović' Armee wurde zwar schwer bedrängt und stand kurz vor dem Zusammenbruch, trotzdem wußten die Italiener den Vorteil nicht zu nutzen. Die 5. österreichisch-ungarische Armee sammelte sich und schlug die Angreifer wieder über die Anhöhe Fajti hrib zurück.

Die neue Frontlinie streckte sich von Fajti hrib – Kostanjevica – Korita zum Fluß Timava.

Die Verluste: Die Angaben darüber unterscheiden sich sehr. Die Italiener verloren allem Anschein nach über 37.000 Mann, die Verluste der Verteidiger waren etwas geringer.

10. Isonzoschlacht (12. Mai – 5. Juni 1917)

In dieser Schlacht wollten die Italiener unbedingt bis Triest vorstoßen. Die Schlacht begann mit einem zweieinhalbtägigen Artilleriebeschuß von Tolmein bis zur Adria. Zuerst wurde ein Täuschungsangriff auf den Brückenkopf bei Görz eingeleitet. Der Hauptangriff verlagerte sich dann auf den Abschnitt südlich von Görz.

Die Truppenstärken: Die Angreifer konnten 430 Bataillone und 3.800 Geschütze aufbringen. Die Verteidiger stellten sich ihnen mit 210 Bataillonen und 1.400 Geschützen entgegen.

Den Italienern gelang es zwar, das Dorf Jamiano zu erobern, sie wurden aber von der Höhe Hermada aus von den Verteidigern wieder zurückgeworfen. Nördlich von Görz zwischen Zagora und dem Monte Santo gelang es den Italienern, den Isonzo zu überqueren und sich dort auch zu halten.

Die Verluste: Den Angaben zufolge waren die Verluste auf beiden Seiten sehr hoch. Die Italiener verloren insgesamt 160.000 Mann (davon 36.000 Tote). Nach anderen Angaben überstiegen die Verluste der Italiener sogar die Zahl von 200.000. Die Verteidiger verloren mindestens 77.000 und nach anderen Angaben sogar 125.000 Mann. Sowohl auf der einen wie auch auf der anderen Seite gab es sehr viele Gefangene (etwa 27.000 Italiener und 23.000 österreichisch-ungarischen Soldaten). Das zeigt die Schwächung der Kampfmoral auf beiden Seiten.

11. Isonzoschlacht (17. August – 12. September 1917)

Die Lage auf den anderen europäischen Schlachtfeldern hatte sich zu Ungunsten der Entente entwickelt, denn Rußland war faktisch als aktiver Kriegspartner ausgeschieden und Rumänien lag besiegt am Boden. Italien war sich der Gefahr eines Großangriffs von Seiten Österreich-Ungarns bewußt. Trotz dieser widrigen Umstände gehört diese Schlacht zu den erfolgreichsten für die Italiener, denn es gelang ihnen, das Hochplateau Bainsizza zu erobern. Das Ziel war aber weit höher gesteckt, denn sie wollten weiter vorstoßen und die gegnerischen Verbindungswege von Süden nach Norden unterbrechen, während das Hauptziel im Süden Triest war.

Die Truppenstärken: Die Italiener konnten die bislang stärksten Kräfte einsetzen und hatten über 600 Bataillone und 5.200 Geschütze zur Verfügung. Boroević' Armee wurde gleichfalls verstärkt und konnte diesmal 250 Bataillone und 2.200 Geschütze aufstellen.

Der Angriffsablauf: Den italienischen Truppen gelang es, an mehreren Stellen den Isonzo zu überqueren. Die 2. Armee konnte das Hochplateau Bainsizza besetzen. Die Verteidiger allerdings zogen sich geordnet auf die Linien Monte Santo (Kote 682) – Vodice (Kote 652) – Kobilek (Kote 627) – Jelenik (Kote 788) – Levpa zurück. Die Italiener versäumten es neuerlich, die Verteidiger konsequent zu verfolgen und ließen ihnen Zeit, sich auf ihren neuen Stellungen einzugraben. Die 3. Armee im Karst hatte weniger Erfolg, und der Versuch, bis zur Höhe Hermada vorzustoßen, mißlang. Die neue Verteidigungslinie im Süden verlief von Log über Hoje und Zagorje bis San Gabriele.

Die Verluste: Auch diesmal waren die Verluste auf beiden Seiten sehr hoch, obwohl sich die Angaben sehr stark unterscheiden. Die Italiener verloren beinahe 170.000 und die Verteidiger etwa 100.000 Mann. Die Italiener hatten etwa 40.000 Tote zu beklagen. Von den Verteidigern wurden etwa 10.000 getötet. Aufgrund der unmenschlichen Lebensbedingungen erkrankten zudem auf beiden Seiten je über eine halbe Million Soldaten, die allerdings nicht als Verluste gezählt wurden. Nach dieser Schlacht gaben die Italiener ihre Offensivpläne auf und verharrten in der Defensive.

12. Isonzoschlacht (24. – 27. Oktober 1917)

Die Truppenstärken: Vom Rombon im Norden bis zur Adria im Süden hatten die Italiener über 600 Bataillone bzw. beinahe 49 Divisionen aufgestellt. Sie verfügten über 3.790 Geschütze und 2.400 Minenwerfer. Die österreichisch-ungarischen Verteidiger stellten dagegen 470 Bataillone bzw. 34 Divisionen auf und hatten etwa 3.600 Geschütze und etwa 900 Minenwerfer zur Verfügung.

Im äußersten Norden der Front vom Rombon bis Log auf dem Hochplateau Bainsizza, wo die entscheidenden Kämpfe der letzten Isonzoschlacht stattfanden, hatten die Italiener 400 Bataillone, 1.500 Geschütze und 1.200 Minenwerfer konzentriert, während die Mittelmächte an dieser Stelle 180 Bataillone, 1.850 Geschütze und über 300 Minenwerfer in den Kampf warfen.

1. Tag der Schlacht (24. Oktober)

Der Artilleriebeschuß der italienischen Stellungen vom Hochplateau Bainsizza bis Flitsch fing um 2 Uhr früh an und dauerte bis 6 Uhr morgens. Darauf wurden gezielt italienische Verteidigungsstel-

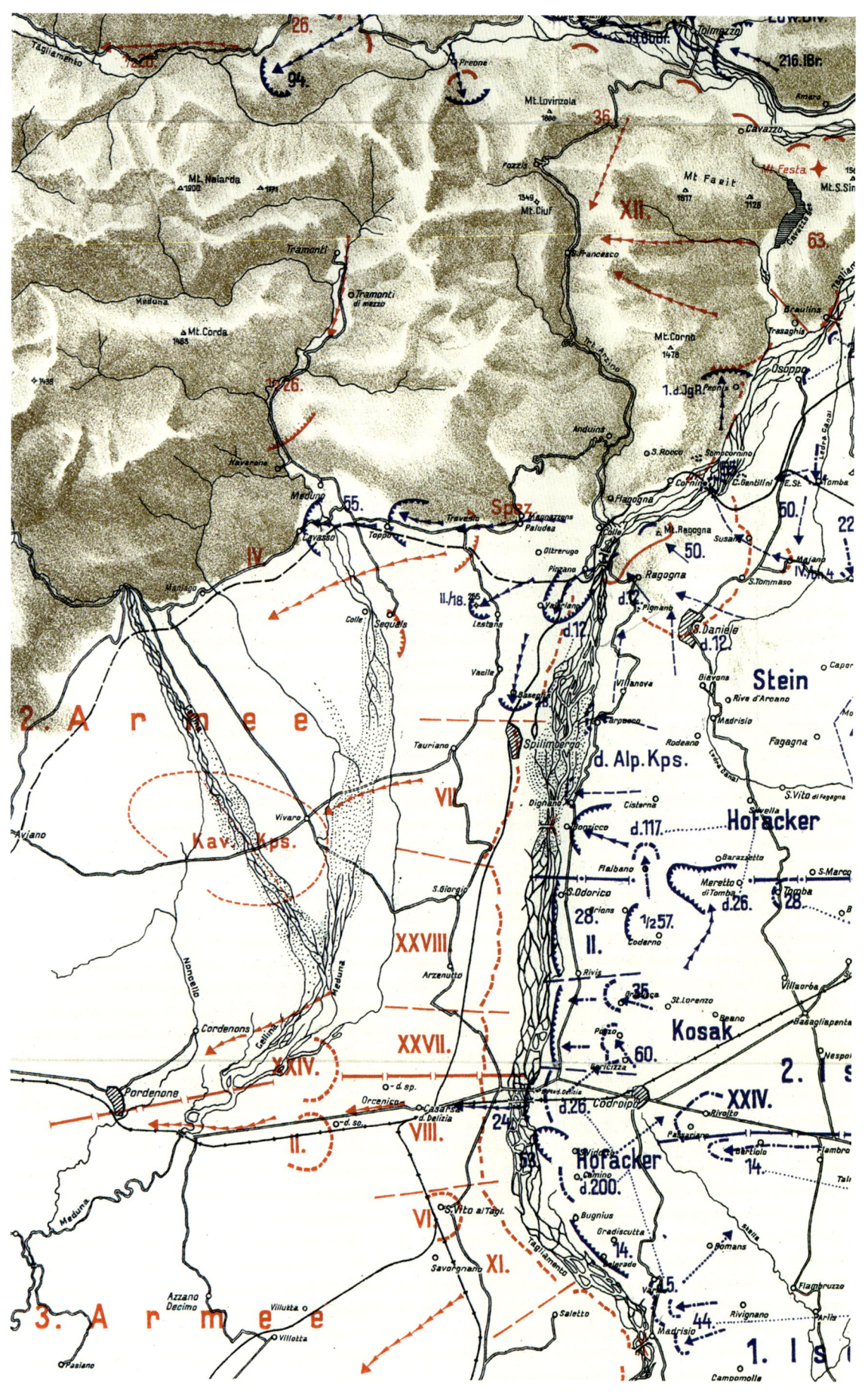

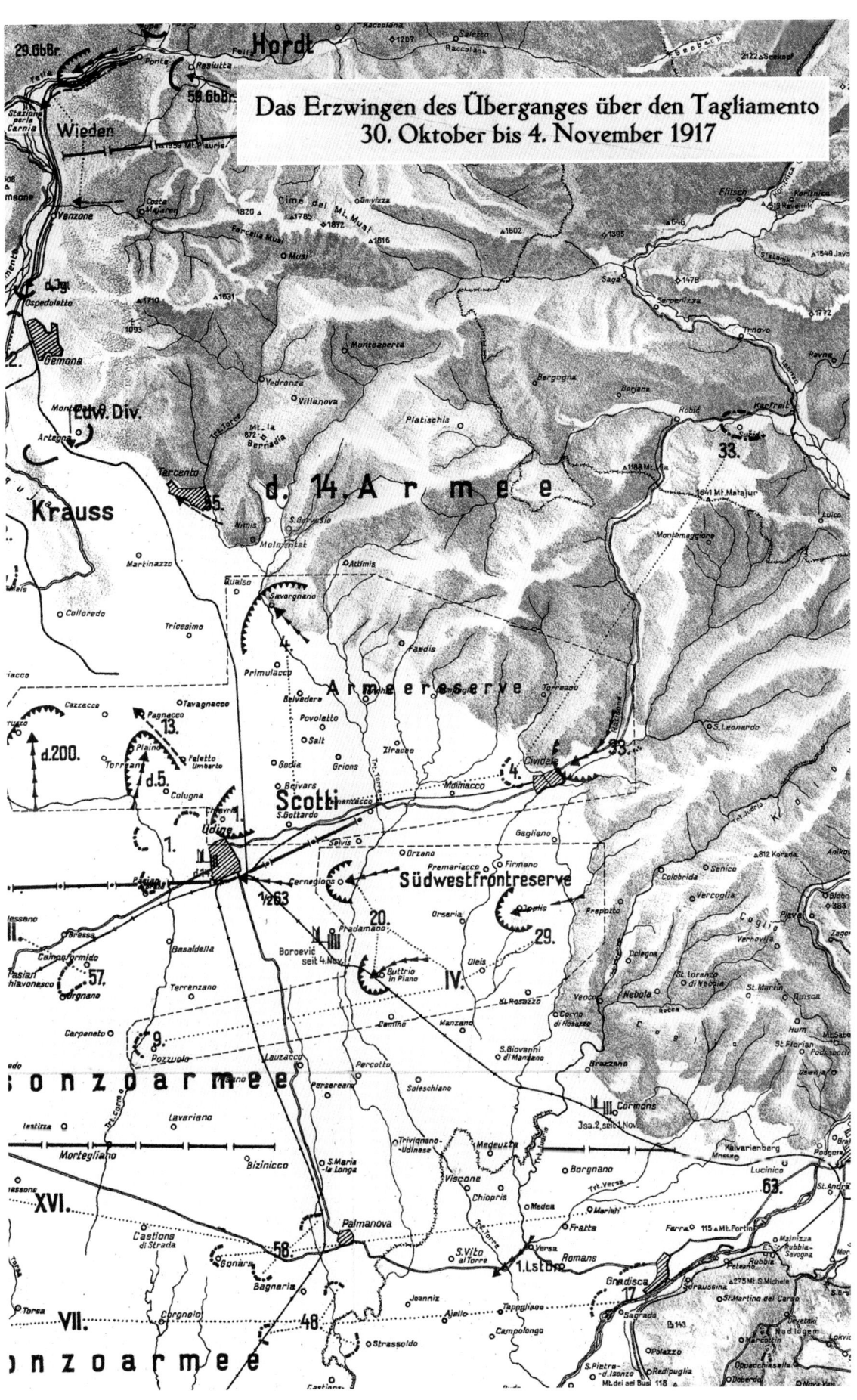

Das Erzwingen des Überganges über den Tagliamento
30. Oktober bis 4. November 1917

lungen unter Beschuß genommen und mehr oder weniger stark zerstört. Die ersten Meldungen, die das Kommando der 2. italienischen Armee erreichten, waren noch recht optimistisch. Der Artilleriebeschuß sei demnach nicht besonders effektiv gewesen und deutete auf keinen größeren Offensivschlag hin. Allerdings waren schon sehr bald die Kommunikationsverbindungen auf der italienischen Seite völlig zerstört. Dadurch wurde die Koordination verschiedener italienischen Einheiten bereits in dieser frühen Phase unterbunden. Der Angriff der Mittelmächte zeigte schon an diesem ersten Tag Wirkung. Bis zum Abend drangen sie auf einem 30 Kilometer langen Abschnitt vier bis neun Kilometer in die Tiefe und durchbrachen alle drei dicht gestaffelten italienischen Verteidigungslinien. Die Italiener leisteten keinen nennenswerten Widerstand.

2. Tag der Schlacht (25. Oktober)

Alle italienischen Verteidigungsstellungen von Kambreško bis zum Rombon wurden zerstört und eingenommen. Lediglich die italienischen Stellungen auf dem Monte Matajur griffen die Truppen der Mittelmächte noch nicht an. Am Abend erreichten die Truppen der Mittelmächte die Linie Prestreljenek – Kanin – Skutnik – Uccea – Stol – Monte Mia – Prapotnizza – Globočak – Kambreško – Ronzina – Kanalski vrh – Bate. Im oberen Isonzotal wurde die Staatsgrenze erreicht und das erste operative Ziel damit umgesetzt. Nun konnten Boroević' Verbände im Süden zum Angriff übergehen.

3. Tag der Schlacht (26. Oktober)

Die Mittelmächte waren bereit für einen Offensivschlag in die Ebene von Friaul. Am Abend erreichten die 14. deutsche Armee und die ihr unterstellten k. u. k. Truppen die neue Linie Prevala über Rombon – Kanin – Stolvizza – Nizki vrh – Passo di Tanamea – Monte Maggiore – Monte Cavallo – die Dörfer Platischis, Prosenicco, Robedišče – Clenia – San Leonardo – San Giovanni – Zapotok.

4. Tag der Schlacht – 27. Oktober

Am letzten Tag der Schlacht brach die italienische 2. Armee endgültig zusammen. Cividale war bereits am Abend zuvor von den Mittelmächten eingenommen worden. An diesem Tag wurde auch Udine besetzt, wo der Sitz des italienischen Oberkommandos war. General Cadorna befahl den Rückzug der 3. Armee vom Hochplateau Bainsizza. Auch die beiden Armeen, die unter dem Befehl von Boroević standen, gingen nunmehr zum Angriff über. Sie verfolgten konsequent die flüchtenden Italiener, die keinen nennenswerten Widerstand mehr leisteten. Die Mittelmächte konnten ungehindert in Görz einmarschieren. In den darauffolgenden Tagen wurden die Italiener zunächst bis zum Tagliamento und dann weiter bis zum Piave zurückgetrieben. Die italienische 3. Armee zog sich geordneter zurück und hatte deshalb auch keine allzu großen Verluste vorzuweisen. Damit ging die letzte Schlacht am Isonzo zu Ende. Die Italiener zogen sich fast 300 Kilometer tief ins Hinterland bis über den Piave zurück. Über 300.000 italienische Soldaten gingen in die Gefangenschaft, während über 400.000 einfach ihre Waffen wegwarfen und in das Landesinnere desertierten. Etwa 10.000 italienische Soldaten wurden getötet, während die Verluste der Mittelmächte nur ein Zehntel davon betrugen. Darüber hinaus ließen die Italiener über 3.000 Geschütze und Unmengen an Material und Ausrüstung zurück. General Cadorna wurde angesichts des Ausmaßes der Niederlage seines Kommandos enthoben. Das italienische Heer verfügte nunmehr nur noch über 500.000 einsatzbereite Soldaten, während es vor der Offensive 1,3 Millionen unter Waffen hatte. Diese Niederlage führte zu einer Ernüchterung der italienischen Öffentlichkeit, aber dennoch erlangte das italienische Heer mit Hilfe der Alliierten innerhalb weniger Monate wieder die volle Kampfkraft.

Das Schicksal des
Nachlasses von Boroević

Der Autor bemühte sich im Frühjahr 2001, brauchbare Karten vom Anfang des 20. Jahrhunderts zu finden, um auf deren Grundlage Skizzen der zwölf Isonzoschlachten auszuarbeiten. In der kartographischen Abteilung der National- und Universitätsbibliothek in Ljubljana wurde ihm ein Umschlag mit 30 Karten übergeben. Die Karten stammten aus der Zeit der Österreich-Ungarischen Monarchie. Die Landschaft in diesen Gebieten hat sich im vergangenen Jahrhundert sehr verändert: Die Flüsse sind heute wesentlich schmaler als damals, die Städte wiederum waren damals teilweise wesentlich kleiner und einige existierten gar nicht. Die Karten waren sehr gut erhalten, und sie waren sehr genau.

Als Reserveoffizier ist sich der Autor sehr schnell darüber klar geworden, daß die Mehrzahl der Karten militärischen Zwecken diente und während der schweren Kämpfe am Isonzo entstanden sein mußte. Auf den ersten Blick schien es, als ob sie zu Schulungszwecken in einer der Militärschulen verwendet worden waren. Aber die Karten rochen förmlich nach Pulver, als ob sie mitten im Kampf verwendet worden wären. So stellte der Autor die Vermutung an, daß es sich um Militärkarten aus Boroević' Generalstab handelte. Aber es fehlten schriftliche Aufzeichnungen, die in irgendeiner Weise darauf hinweisen könnten.

Später stellte sich heraus, daß der Umschlag nur einer von dreien war. Und es wurde ziemlich schnell klar, daß es sich dabei in der Tat um Originale aus dem Generalstab des Feldmarschalls Boroević handelte. Das bestätigten sowohl die schriftlichen Aufzeichnungen auf einigen der vorgefundenen Karten als auch die beigefügten Protokolle. Es handelt sich bei dem gesammelten Bestand um etwa hundert Karten: Landkarten, Generalstabskarten, zusammengeklebte Blätter und Skizzen. Es besteht kein Zweifel, daß es sich bei dieser Entdeckung um bislang noch nirgendwo registriertes Material, und zwar um Dokumente über die Kriegsführung der österreichisch-ungarischen Monarchie in den Jahren 1915 bis 1918 am Isonzo und am Piave handelt. In diesem Buch werden einige von ihnen das erste Mal der Öffentlichkeit präsentiert.

Wie aber geriet dieses Kartenmaterial des Generalstabes von Boroević in die Archivdepots? Zunächst muß allerdings ganz klar gesagt werden, daß gerade deshalb, weil die Karten durch ihr Verschwinden in den Archivdepots völlig vergessen und der Öffentlichkeit entzogen wurden, sie auch alle Stürme der Zeit überdauerten.

Es gibt einige Anhaltspunkte, um das Schicksal dieser überaus wertvollen Karten zu rekonstruieren. Als sich im November 1918 Boroević nach Österreich durchschlug, wurde der Zug mit allen seinen Archivbeständen in Kranj von der hungernden und unzufriedenen Volksmenge geplündert. Kein Soldat aus der sich auflösenden österreichisch-ungarischen Armee setzte sich der aufgewühlten Menschenmenge entgegen, und diese hatte ein leichtes Spiel, den Zug auszuräumen. Es wurde alles mitgenommen, was in diesen äußerst unbeständigen Zeiten irgendeinen Wert zu haben schien: vor allem Nahrung, Kleidung, Geschirr usw. Dokumente hatten in den Augen der Menschen keinen Nutzen und wurden einfach weggeworfen.

Zum Glück hatte der Dechant von Kranj, Anton Koblar, eine historische Ader und erkannte sofort die Bedeutung der herumliegenden Schriftstücke. Er ließ sie aufsammeln und deponierte das ursprünglich angeblich sieben Wagenladungen umfassende Material vorläufig in seinem Pfarrhaus. Der Dechant wollte die Dokumentation dem Nationalmuseum in Ljubljana aushändigen. Die serbische Armee, die sich brennend für die Schriftstücke interessierte, kam ihm jedoch zuvor. Der Dechant sah in Eile die Papiere durch und versteckte einige der interessantesten Dokumente. Möglicherweise wurden sie aber von den serbischen Soldaten auch einfach übersehen.

Im Pfarrhaus von Kranj wurden in den folgenden Jahrzehnten somit einige der interessantesten Schriftstücke und Karten aufbewahrt, ohne daß sie irgend jemand angerührt hätte. Erst nach dem Zweiten Weltkrieg wurde das übriggebliebene Material vorläufig im Staatsarchiv untergebracht und 1954 dann sortiert in drei Mappen der National- und Universitätsbibliothek übergeben. Mit Boroević beschäftigte sich im sozialistischen Staat keiner mehr und darum wurde auch niemals nach den Dokumenten gefragt.

Das Schicksal des größten Teils der Dokumente, die von den serbischen Soldaten mitgenommen wurden, ist ungewiß. Möglicherweise werden die serbischen Archive in der nächsten Zeit die eine oder andere Überraschung an den Tag fördern. Das Material erlaubt teilweise einen völlig neuen Einblick in die Kriegsführung der österreichisch-ungarischen Armee an Isonzo und Piave. So läßt sich aus den Dokumenten etwa ersehen, daß während der 11. Schlacht in Boroević' Armee völliges Chaos herrschte und der Rückzug vom Hochplateau Bainsizza völlig unkoordiniert verlief; vieles deutete schon auf Auflösung und Zusammenbruch hin. Boroević hatte Glück, daß der Gegner dieses Chaos nicht für sich zu nutzen wußte und zu spät vorrückte. In Boroević' Einheiten ereignete sich das, was später den Italiener bei Karfreit widerfuhr. So z. B. forderte der Kommandant der 73. Infanteriedivision vom Kommando der 2. Armee eine Untersuchung, warum die Artillerie beim Rückzug den eigenen Infanterieeinheiten keine Rückendeckung zu gewähren vermocht hatte. Stattdessen hatte die Artillerie sogar eigene Infanterieeinheiten beschossen. Soldaten, die beim Artillerierückzug mitgeholfen hatten, verschwanden in der Nacht. Weiterhin läßt sich aus den Dokumenten ersehen, daß die führungslosen Soldaten panisch flüchteten. Das hatte zur Folge, daß es zu einem Stau auf der einzigen vorhandenen Straße kam, was aber von der gegnerischen Luftaufklärung unbemerkt blieb. Das alles zeugt von einer schweren Krise in Boroević' Armee.

Nach dem Vordringen der österreichisch-ungarischen Streitkräfte bis zum Piave wurden die Soldaten von einer neuen schweren Plage heimgesucht: der Malaria. Vom Kampf gegen die Überträger dieser heimtückischen Krankheit existiert ebenfalls eine Karte. Zur Eindämmung der Malariaüberträger wurden verschiedene Maßnahmen getroffen. Den schriftlichen Aufzeichnungen ist auch zu entnehmen, daß man sich bei der Behandlung der Malaria auf die Erfahrungen mit Chinin stützte. Die Zahl der Malariaopfer war sehr groß, sie läßt sich aber nicht mit Gewißheit nachweisen. Eine weitere schlimme Krankheit war die Ruhr, die täglich über siebzig Soldaten kampfunfähig machte.

Die Versorgung der österreichisch-ungarischen Truppen in den letzten Kriegsmonaten

Der Nachlaß von Boroević gibt auch einen Einblick in die Versorgung der österreichisch-ungarischen Truppen in den letzten Kriegsmonaten. Nach dem Durchbruch bei Karfreit im Oktober 1917 verbesserte sich die Versorgung angesichts der zusätzlichen Ressourcen aus Italien. Aber schon in den ersten Tagen des Jahres 1918 versiegten allmählich diese neuen Quellen, und Mitte Januar kam es in den beiden österreichisch-ungarischen Armeen am Piave zu Versorgungsengpässen. Die Krise dauerte weiterhin an und erreichte ihren Höhepunkt Ende März. Die Soldaten litten sehr unter der mangelnden und einseitigen Ernährung: Die Rationen bestanden aus 125 bis 500 Gramm Brot und etwa 150 Gramm Fleisch pro Tag für die Soldaten an der Front, während die anderen oft gar nichts erhielten; zusätzlich gab es etwa 8 Gramm Fett und meistens getrocknete Hülsenfrüchte, die ziemlich unbeliebt waren. Das durchschnittliche Gewicht der Soldaten fiel auf 50 Kilogramm.

Zufällig ist eine Depesche des Erzherzogs Joseph an Boroević erhalten geblieben: „Bei der heutigen Frontbesichtigung wurde ich von einer Deputation eines Infanterieregimentes angesprochen, um eine Verbesserung der Tagesration zu erwirken, weil sie sonst des Hungertodes sterben würden. Ich habe mich vergewissert, daß 50 Gramm Fleisch auf einen Mann entfällt. Bei dieser Menge muß in der Tat in kürzester Zeit die Arbeitsfähigkeit des Regimentes versagen. Auch was das Mehl angeht, scheint es nicht besser zu sein. Eine Erhöhung der Tagesration darf nicht länger hinausgeschoben werden."

Der Generalstabsoberst und spätere Generalstaatsarchivar des Militärarchivs Rudolf Kiszling beschrieb diese Begebenheit in seinem Buch „Österreich-Ungarns letzter Krieg 1914–1918", verschwieg dabei aber vollkommen Boroević' Antwort an Erzherzog Joseph, er solle doch energisch gegen solche Erscheinungen vorgehen, weil sie die Moral der Truppen gefährlich untergraben. Kein Militärreglement kenne eine Deputation und er hätte diese darum kompromißlos zurückweisen sollen. Er solle ihm unverzüglich die Nummer des Regiments telegraphieren.

Mit solchen schlechternährten und halbverhungerten Soldaten wurde die letzte österreichisch-ungarische Offensive am Piave begonnen. Als die Schlacht im Veneto völlig erfolglos abgebrochen werden mußte, brach eine regelrechte Hungersnot aus. Im Juli und August 1918 gab es oft keinen einzigen Happen Fleisch und kein einziges Gramm Fett, dafür morgens und abends den faden Kaffee, mittags die Hülsenfrüchte, kleine Brotrationen und vielleicht noch Kürbis. Nur um die Bekleidung der Soldaten war es noch schlechter bestellt als um ihre Versorgung mit Nahrung.

Bildquellenverzeichnis

Državni arhiv Slovenije: Seite 132, 165, 186, 193 m.
Goriški muzej Nova Gorica: Seite 36, 37 o., 108, 198
Haus Habsburg: Seite 100 r.
„*Il. Glasnik*": Seite 35, 42, 43, 49, 50, 58 (2), 63, 82, 85 o.r., 109, 112, 114, 115, 118, 127, 133, 151 (2), 160 r., 167 l., 192 l., 193 u., 194
Museo della Grande Guerra Gorizia: Seite 15, 28, 29, 31, 33 (2), 34 (3), 38 (2), 46, 47, 51, 53, 54, 57, 61, 77, 83, 85 o.l., u., 86, 87, 88, 90 (2), 91 (2), 94, 130, 144 u., 147, 149 (2), 158 (2), 160 l., 167 r., 183 (2), 191 u., 193 o., 209, 210, 213, 219, 220, 227 (2)
Muzej novejše zgodovine Ljubljana: Seite 144 o., 186 l., 191 o., 192 r., 202, 215
NUK Ljubljana: Seite 40/41, 44 u., 45, 48 o., 100 l., 113 o., 116, 117, 120, 121, 124 u., 125, 128, 155

Das übrige Bilder- und Kartenmaterial entstammt den Archiven des Autors und des Verlages.